改革中的中国金融

石莉萍 等 编著

世界图书出版公司

广州·上海·西安·北京

图书在版编目(CIP)数据

改革中的中国金融 / 石莉萍等编著. —广州：世界图书
出版广东有限公司, 2012.8
ISBN 978-7-5100-4979-8

Ⅰ. ①改… Ⅱ. ①石… Ⅲ. ①金融改革－研究－中国
Ⅳ. ①F832.1

中国版本图书馆 CIP 数据核字(2012)第 159558 号

改革中的中国金融

责任编辑	李　素　侯　婧
封面设计	兰文婷
出版发行	世界图书出版广东有限公司
	广州市新港西路大江冲 25 号　　邮编 510300
电　　话	020-84451969　84459539
印　　刷	东莞虎彩印刷有限公司
版　　次	2013 年 5 月第 2 版　　2013 年 9 月第 3 次印刷
开　　本	890mm×1240mm　1/32
字　　数	207 千字
印　　张	9.5

ISBN 978-7-5100-4979-8/F·0072

定　　价	34.00 元

序

　　美国次贷危机和欧洲主权债危机，给全球金融业的持续健康发展增添了许多不确定性，也把21世纪的世界经济带进了一个黑暗的深渊。令人欣喜的是，中国金融业"弯道超车"，化"危险"为"机会"，迎来了以金融规模迅猛增长、金融结构持续优化为核心的金融发展新格局，成为彰显"中国崛起"的重要标志之一。但是，我们应该清醒地认识到，中国金融体系是中国宏观经济结构中最脆弱的一环，我们今天面临的不少经济难题都与金融问题息息相关，进一步深化中国金融改革、提升金融业的整体竞争能力，依然是我们必须面对的十分重大而现实的课题。因此，持续、系统、深入地研究中国金融的改革问题，不仅十分必要，而且也是广大金融理论与实践工作者的神圣使命。

　　本书的作者们既有高等院校的金融专业教师，也有金融理论研究者和金融实践工作者。十多年来，他们一直辛勤耕耘在金融这片沃土上，也一直关注着中国金融业改革与发展的全局，从1997年开始，便陆续出版了《改革中的中国金融》系列专著，按照时间顺序研究中国金融改革中的重大问题。本书是在对2006—2011年间大量金融改革与发展史料进行梳理研究的基础上，从八个方面真实再现这一时期中国金融业改革的历史背景、发展脉络、改革效果与影响，探索我国金融业持续改革与发展的基本思路。它的面世，凝聚了十多位中青年金融学者、金融工作者的心血，是他们集体智慧的结晶。

　　纵观全书，主要有以下几个鲜明特点：一是视野开阔、观察敏锐。该书把金融放到经济社会大背景中去分析，把中国金融放到金融全球化进程中去比较、去研究，抓住了当代金融中的一些热点问题、敏感问题、关键问题和前沿问题，具有较高的学术价值和现实意义。二是资料翔实、内容丰富。该书涉及货币政策的灵活运用、银行业的有效监管、国有商业银行改革的深化、证券市场风险的防范、保险法律体系的健全、民间融资的规范、金融创新步伐的加快、金融业的国际化等方面，为我们展示了近6年中国金融改革的历史画卷，也引发我们对金融业进一步改革发展进行更深入的思考。三是述评结合、史论结合。该书对近年来我国金融业的重大改革进行了全面反映，涉及到金融业的各个主要领域，具有很强的针对性，既有"史"可查，富于资料性，又有"论"可思，富于启发性，可供金融理论工作者、金融实际工作者和金融教学人员参考。

金融业的改革和发展是一个庞大复杂的系统工程，中国金融的改革之路充满着艰辛，但发展之路蕴含着无穷希望。我坚信，中国金融业的明天会更好，我也同样坚信，《改革中的中国金融》一定会伴随着中国金融业的改革与发展而茁壮成长。

是为序。

方林佑

2012 年秋

目 录

第一章

货币政策传导相对顺畅 宏观调控能力提升

货币政策是中央银行为实现宏观经济目标而采取的控制和调节货币供应量的方针和各种措施的总称，是国家宏观经济政策的重要组成部分。货币政策传导是否有效，主要看货币政策最终目标能否实现，中央银行基础货币的创造及其结构是否合理，货币政策工具和货币政策标的是否恰当，货币政策工具作用于货币政策标的进而作用于实际经济变量的过程是否顺畅，当然也包括货币政策传导机制是否规范、外部经济及金融生态环境是否得以净化，等等。

第一节 从应对国际金融危机看我国货币政策实践

时间指向 2008 年 9 月 15 日，具有 158 年历史的美国第四大投资银行——雷曼兄弟正式宣布申请破产保护。由此使得新兴市场国家的金融脆弱性更加突出，欧洲金融机构资金链条断裂，全球金融市场流动性骤然吃紧，国际金融危机愈演愈烈。

一、金融危机波及全球,中国难以独善其身

面对严峻形势,中国难以独善其身。首先,对外部门受到冲击。由于我国经济的外贸依存度居高不下，发达国家的经济衰退便通过对我国出口行业的冲击,直接危及我国实体经济的增长。其次,这种冲击开始全面对国内经济增长产生负面影响:工业生产快速下滑,房地产市场持

续低迷,居民消费信心逐步下降,就业状况日趋恶化,CPI 和 PPI 全面下行,电力消费急剧萎缩,税收增长出现拐点,经济出现了加速下滑的趋势。此时党中央、国务院审时度势,及时出台了"国十条"和"金九条",工作重心转变为防止经济增长由偏快转为过热、防止价格由结构性上涨演变为明显通货膨胀(即"双防"目标),迅速将 2007 年年中提出的"一保一控"目标,转变为"一保一促",即"保增长、促发展"。与此同时,我国政府积极参与国际合作,坚定不移地调整宏观经济政策,实行积极的财政政策和适度宽松的货币政策,并出台一系列旨在扩大内需、促进经济平稳和较快增长的明智举措,为我国应对世界性经济金融危机带来了崭新的发展契机。

二、美国人开动印钞机,中国人争取话语权

人们没有忘记,为应对国际金融危机,美联储推出了一项"量化宽松"计划,动用极端手段刺激经济。有人说,所谓"量化宽松"其实就是央行开动印钞机器的一种委婉说法,实际上是美联储主席伯南克"从直升机上撒钱"。因为在已经进入"零利率"时代后,美联储需要印钞票来购买国债,通过购买长期国债,美联储将增加货币供应量,起到类似于降息的作用, 目的就是为市场提供更加充沛的流动性。2009 年 3 月 18日,美联储宣布,在今后 6 个月内购进最多 3000 亿美元长期国债;同时进一步购入 7500 亿美元抵押贷款相关证券和 1000 亿美元房贷公司债券。这项高达 1.15 万亿美元的"输血"立即作用于全球市场,股市、债市、汇市、大宗商品市场均出现强烈反应。1.15 万亿美元的"输血量",顿时令美国各主要资本、商品市场激动不已。此时,除了美元狂贬值,似乎什么都疯涨。美联储为何如此"不顾一切"地使出"撒手锏"? 显然,利率已经降无可降,"传统手段"已经难以力挽狂澜。

在 2008 年 10 月 15 日至 10 月 16 日召开的欧盟 27 国领导人峰会上,欧盟各国提出了对现有国际货币金融秩序进行"大洗牌"的主张,并倡议在 2008 年年底前召开一次包括主要发达国家和发展中国家在内

的全球性峰会,以推动建立一个全新的"布雷顿森林体系"。在此10天后闭幕的第七届亚欧首脑会议上,亚欧各国领导人也发出了对国际货币与金融体系进行有效和全面改革的呼声。2008年11月15日,20国集团(G20)领导人齐聚华盛顿,举行金融市场和世界经济峰会,共商应对全球金融危机对策。峰会中各国领导人就国际货币体系的相关问题进行了讨论,中国人民银行行长周小川在G20峰会上正式提出了创造一种与主权国家脱钩并能保持币值长期稳定的国际储备货币,以避免主权信用货币作为储备货币的内在缺陷的构想,这一构想立即引起国际社会的强烈关注。各国与会首脑普遍认为,中国人话语权必不可少,而只有包括中国在内的广大发展中国家有了影响国际规则的决策权,IMF组织在维护国际货币体系稳定的过程中才具有更大的权威性和独立性,未来的世界经济秩序也才会真正恢复平衡。

中国人的声音是有科学根据的。事实上,超主权储备货币不仅克服了主权信用货币的内在风险,也为调节全球流动性提供了可能。设想由一个全球性机构管理的国际储备货币将使全球流动性的创造和调控成为可能,当一国主权货币不再作为全球贸易的尺度和参照基准时,该国汇率政策对失衡的调节效果会大大增强,它会极大地降低未来危机发生的风险,增强危机处理的能力。例如,IMF于1969年创设的特别提款权(SDR),缓解了主权货币作为储备货币的内在风险。遗憾的是由于分配机制和使用范围上的限制,SDR的作用至今没有能够得到充分发挥,但不可否认,SDR的存在为国际货币体系改革提供了成功经验。

诚然,重建具有稳定的定值基准并为各国所接受的新储备货币将是一个长远目标,建立凯恩斯设想的"国际货币单位"更是人们的超前设想,它需要各国政治家超凡的远见、勇气和魄力。从长期来看,建立一个多元的储备货币体系可能是今后的发展方向,比如美元、欧元、日元和人民币等,这样使得不同的国家选择储备货币的余地将会加大。如果美国采取不负责任的政策而我国采取较负责任的政策,那其他国家就会舍弃美元而改用人民币为储备货币,这是一个市场决定的机制。我国

004

改革中的中国金融

中央银行行长提出的这个建议本意也是确定一个长远的建设目标,不求一蹴而就。

三、货币政策在"稳健"与"从紧"间徘徊

(一)货币政策由"从紧"转向"适度宽松"

2008 年 11 月 5 日,国务院常务会议决定出台更加有力的扩大内需措施,加快基础设施、民生工程、生态环境建设和灾后重建,提高城乡居民特别是低收入群体的收入水平,促进经济平稳较快增长,"保增长"目标也成为我国这一时期各项宏观、中观、微观政策的首要实现目标。

为实现上述目标,我国财政货币两大宏观调控政策也从 2008 年年初的"稳健的财政政策和从紧的货币政策"调整为"积极的财政政策和适度宽松的货币政策"相互搭配的格局。在新的宏观调控格局下,政府相继推出了一系列刺激政策。仅在货币政策方面,就包括连续下调法定存款准备金率、降低利率、取消商业银行信贷额度限制、促使商业银行将资金投向实体经济领域、满足企业生产经营的资金需求等。

值得着重指出的是,在 2007 年 12 月 5 日结束的中央经济工作会议中,所定的宏观调控基调是:2008 年要"实施稳健的财政政策和从紧的货币政策"。这是实施 10 年的货币政策基调首次转为从紧,当时曾引起人们的广泛关注。人们从不同角度、不同方位纷纷论证:怎样使从紧的货币政策与稳健的财政政策有效配合;怎样使货币政策的从紧与经济结构的调整紧密结合;怎样在开放的条件下推动货币政策的从紧;怎样用市场化的有关政策工具来推进货币政策从紧……诸此种种,众说纷纭,这些话题当时已成为人们迫切关注和亟待解决的问题。

然而,在人们热议和争论之余,国际经济金融形势却急转直下。财政与货币两大政策不得不随之调整。当货币政策基调从 2008 年 11 月起转为"积极的财政政策和适度宽松的货币政策"后,经济增长的重心也随即转向全面扩大国内需求。由于国内投资对拉动中国经济增长发挥着至关重要的作用,扩大内需的措施便首先指向了国内投资。在国务

院公布的 4 万亿元投资拉动计划中,其投资重点集中于基础设施、民生工程、生态环境建设和灾后重建,并多次重申防止高耗能、高污染、低水平重复建设死灰复燃的一贯主旨。

　　货币政策的调整,充分体现出我国政府及决策部门以科学发展观为指导,在拉动经济增长的同时,推动经济结构转型和产业升级的政策意图。应予充分肯定的是 2008 年 11 月 5 日国务院常务会议发布的进一步扩大内需,促进经济平稳较快增长的"国十条"。"国十条"重在提高低收入群体的收入水平,提高居民收入在国民收入分配中的比重,通过结构性减税提高城乡居民收入水平,加大对低收入家庭的补贴和救助力度,继续加大对"三农"、中小企业、就业、社会保障、医疗、教育的支持力度,努力提高国内消费需求在总需求中的比重。2008 年 11 月 26 日,中国人民银行决定下调金融机构一年期人民币存贷款基准利率各 1.08个百分点,同时下调中央银行再贷款、再贴现等利率。大型存款类金融机构和中小型存款类金融机构人民币存款准备金率分别下调 1 个百分点和 2 个百分点。2008 年 12 月 22 日,中国人民银行再次决定下调存贷款基准利率和存款准备金率,这也是中国人民银行当年第五次减息、第四次下调存款准备金率。此举旨在全面贯彻落实适度宽松的货币政策,保证银行体系流动性充分供应,促进货币信贷稳定增长,发挥货币政策在支持经济增长中的积极作用。

　　为全面落实"国十条",2008 年 12 月 3 日,国务院常务会议进一步研究部署,出台了金融促进经济发展的九条政策举措,将"加大金融对经济增长的支持力度"的要求具体化,后来被社会广泛称之为金融"国九条"或"金九条"。主要包括:一是落实适度宽松的货币政策,促进货币信贷稳定增长;二是加强和改进信贷服务,满足资金合理需求;三是加快建设多层次资本市场体系,发挥市场的资源配置功能;四是发挥保险的保障和融资功能,促进经济社会稳定运行;五是创新融资方式,通过并购贷款、房地产信托投资基金、股权投资基金和规范发展民间融资等多种形式,拓宽企业融资渠道;六是改进外汇管理,大力推动贸易投资便利化；七是加快金融服务现代化，全面提高金融服务水平；八是加大财税政策支持力度，发挥财政资金的杠杆作用，增强金融业化解不良资产和促进经济增长的能力；九是深化金融改革，完善金融监管体系，强化风险监测和管理，切实维护金融安全稳定。国务院办公厅还于同年12月13日发布了《关于当前金融促进经济发展的若干意见》，可以说是向社会进一步明确了金融"国九条"的详细内容。

上述一系列政策、举措的颁布与实施，标志着我国以紧缩为基本特征的货币政策的结束，货币政策开始全面走上刺激经济的扩张路径。这是我国政府和宏观调控部门面对国际金融和经济形势急剧变化及国内经济形势显著逆转所做出的"与时俱进"的选择。它不仅有利于我国应对全球性金融危机的冲击，而且也符合保持我国经济"又好又快"发展的可持续发展战略。人们从各个方面感受到了政府刺激经济增长的决心，也亲眼目睹了在应对经济金融危机中因财政、货币两大政策的调整及经济增长方式的转型所带来新的发展机遇。

2009年是中国经济奋力走出"最困难时候"的一年，也是宏观调控经受最严峻考验的一年。2009年的实践证明，在国际金融危机的重创下，适度宽松的货币政策得到了有效传导。2009年，货币信贷总量快速增长，信贷结构继续优化，对扭转经济增长下滑趋势、提振市场信心发挥了重要作用。实践证明，适度宽松的货币政策，为经济发展创造了良好的货币信贷环境，充分发挥了货币政策在支持经济发展中的积极作用，是完全正确和及时有效的。

诚然，我国经济社会发展仍处在企稳回升的关键时期，仍然面临不少困难和问题。从外部环境看，全球经济复苏将是一个缓慢曲折的过程，外需不足的局面及影响仍在持续。从国内情况看，经济回升的基础还不稳定、不巩固、不平衡，一些深层次矛盾特别是结构性矛盾仍然突出。经济增长的内生动力不足，民间投资意愿不强；产能过剩的问题更加凸显，产业结构调整压力和难度加大；信贷结构也不尽合理，流动性管理难度增加。

逆水行舟,不进则退。在这样一个关键时期,适度宽松的货币政策如果"见好就收",就有可能出现反复,"关键期"很可能演变为"反复期",使经济发展的好势头发生逆转。随着我国经济率先企稳回升,保持政策的连续性和稳定性,坚定不移地继续实施适度宽松的货币政策是十分必要的。

(二)货币政策由"适度宽松"转向"稳健"

近年来,我国货币政策从整体上看来,体现为"徘徊"性政策举措。

1.2008 年 11 月实施适度宽松的货币政策

2008 年 11 月 5 日召开的国务院常务会议提出,为应对国际金融危机,抵御国际经济环境对我国的不利影响,必须采取灵活审慎的宏观经济政策,当前要实行适度宽松的货币政策。这次也是中国 10 多年来货币政策中首次使用"宽松"的说法。适当宽松的货币政策意在增加货币供给,在继续稳定价格总水平的同时,要在促进经济增长方面发挥更加积极的作用。

2.2008 年 12 月积极发挥货币政策促进经济增长作用

中国人民银行于 2008 年 12 月 10 日召开会议,研究部署贯彻落实中央经济工作会议部署的具体措施。会议提出要积极发挥货币政策在促进经济增长方面的重要作用。

3.2009 年 6 月部署继续落实适度宽松的货币政策

中国人民银行货币政策委员会于 2009 年第二季度例会提出,要认真贯彻党中央、国务院关于宏观调控的决策部署,落实适度宽松的货币政策,保持政策的连续性和稳定性,引导货币信贷合理增长。进一步理顺货币政策传导机制,优化信贷结构,加大对"三农"、中小企业等薄弱环节的金融支持,努力发展消费信贷,支持自主创新、兼并重组、产业转移和区域经济协调发展。严格控制对高耗能、高污染和产能过剩行业企业的贷款。继续推进金融改革和创新,大力加强风险管理,增强金融企业防范风险能力。

4.2010 年 1 月继续实施适度宽松的货币政策, 防范系统性金融风险。

2010年中国人民银行工作会议确定其工作的总体要求是,保持货币政策的连续性和稳定性,继续实施适度宽松的货币政策,着力提高政策的针对性和灵活性,支持经济发展方式转变和经济结构调整,推动金融改革,加快金融创新,切实维护金融稳定,防范系统性金融风险,全面提升金融服务水平,完善人民银行系统自身建设,更好地履行中央银行职责。然而,鉴于美国实施的量化宽松政策,包括中国在内的世界主要市场在这一年度内大多都表现为一种流动性泛滥,此时的热钱流入数量已不容忽视。

5.2011年调整为实施稳健的货币政策

根据中央对2011年经济工作的部署,我国的货币政策由此前的适度宽松调整为稳健。中国人民银行对其工作的总体要求是实施稳健的货币政策。首要任务是稳定物价,把稳定物价总水平放在金融宏观调控更加突出的位置,提高调控的针对性,有效管理流动性,控制物价过快上涨的货币条件;其他任务是"促、防、推、保",即:促转变、防风险、推改革、保持汇率基本稳定。实际上,为治理资产泡沫和应对严重通货膨胀,2011年货币政策的内涵已明显表现出"从紧"趋向。

第二节 从货币政策工具的运用看我国货币政策实践

一、提高"两率"表明我国货币政策再次步入"从紧"周期

近年来,中国人民银行运用的宏观调控工具,主要表现为存贷款利率的调整和存款准备金率政策的运用,实践证明这种调控组合拳发挥了较好的宏观调控作用。

(一)罕见的存贷款利率政策调整

中国人民银行决定,自2011年4月6日起上调金融机构人民币存贷款基准利率。金融机构一年期存贷款基准利率分别上调0.25个百分

点,使一年期存贷款利率分别达到 3.25% 和 6.31%。这也是 2010 年 10 月 20 日以来,中国人民银行连续四次上调金融机构人民币存贷款基准利率,四次合计上调金融机构人民币存贷款基准利率 1 个百分点。此前,为应对国际金融危机,中国人民银行曾在 2008 年 9 月 16 日至 2008 年 11 月 27 日 70 余天时间内,连续四次下调金融机构人民币存贷款基准利率共 1.89 个百分点,尤其是从 2008 年 11 月 27 日起,一次性下调金融机构一年期人民币存贷款基准利率各 1.08 个百分点,此次利率调整幅度,在中国人民银行利率调整史上并不多见;配合本次利率下调,还同时下调了中央银行再贷款、再贴现等利率。

值得着重指出的是:从 2006 年 4 月 28 日上调金融机构贷款利率时算起,至 2007 年 12 月 20 日,在约 20 个月的时间里,中国人民银行先后 8 次上调金融机构人民币存贷款基准利率或存款利率、贷款利率,使金融机构人民币存款利率从 2.25% 一路攀升至 4.14%,其中 2007 年加息 6 次。进一步分析,从 2006 年 4 月 28 日至 2011 年 4 月 6 日,在近五年时间里,中国人民银行连续 15 次调整金融机构人民币存贷款基准利率;而有关资料证实,在 1993 年 5 月 15 日至 2004 年 10 月 29 日间,中国人民银行仅进行了 3 次金融机构人民币存贷款基准利率调整或操作。相比之下,近年来我国货币政策利率工具对经济金融的调节频率是越来越快,其调节力度是越来越大。(详见表 1-1)

表 1-1　2006 年 4 月至 2011 年 4 月利率调整一览表

利率调整时间	存款基准利率			贷款基准利率		
	调整前	调整后	调整幅度	调整前	调整后	调整幅度
2011 年 07 月 07 日	3.25%	3.50%	0.25%	6.31%	6.56	0.25%
2011 年 04 月 06 日	3.00%	3.25%	0.25%	6.06%	6.31%	0.25%
2011 年 02 月 09 日	2.75%	3.00%	0.25%	5.81%	6.06%	0.25%
2010 年 12 月 26 日	2.50%	2.75%	0.25%	5.56%	5.81%	0.25%
2010 年 10 月 20 日	2.25%	2.50%	0.25%	5.31%	5.56%	0.25%

改革中的中国金融

2008 年 12 月 23 日	2.52%	2.251%	−0.27%	5.58%	5.31%	−0.27%
2008 年 11 月 27 日	3.60%	2.52%	−1.08%	6.66%	5.58%	−1.08%
2008 年 10 月 30 日	3.87%	3.60%	−0.27%	6.93%	6.66%	−0.27%
2008 年 10 月 09 日	4.14%	3.87%	−0.27%	7.20%	6.93%	−0.27%
2008 年 09 月 16 日	4.14%	4.14%	0.00%	7.47%	7.20%	−0.27%
2007 年 12 月 21 日	3.87%	4.14%	0.27%	7.29%	7.47%	0.18%
2007 年 09 月 15 日	3.60%	3.87%	0.27%	7.02%	7.29%	0.27%
2007 年 08 月 22 日	3.33%	3.60%	0.27%	6.84%	7.02%	0.18%
2007 年 07 月 21 日	3.06%	3.33%	0.27%	6.57%	6.84%	0.27%
2007 年 05 月 19 日	2.79%	3.06%	0.27%	6.39%	6.57%	0.18%
2007 年 03 月 18 日	2.52%	2.79%	0.27%	6.12%	6.39%	0.27%
2006 年 08 月 19 日	2.25%	2.52%	0.27%	5.85%	6.12%	0.27%
2006 年 04 月 28 日	2.25%	2.25%	0.00%	5.58%	5.85%	0.27%

(二)罕见的存款准备金政策调整

存款准备金政策是中央银行在法律赋予的权力范围内，通过提高或降低商业银行缴存中央银行存款准备金比率来增加或降低商业银行的超额准备金，控制商业银行的信用创造能力，达到借以调节货币供应量目的的一种货币政策工具。存款准备金政策同时又是中央银行体制和中央银行作为"银行的银行"职能的集中体现。从1984年中国人民银行正式履行中央银行的职能时起，我国便开始实施存款准备金政策，经过近30年的实践，存款准备金制度正日趋完善。一般说来，中央银行设立存款准备金的目的有两个方面：一是保持商业银行的清偿力；二是调控货币供应量。对于商业银行来说，存款准备金比率越高，它所需要的储备资产就越多，可用于贷款或投资的超额储备金就越少，从而使信用收缩。相反，存款准备金比率越低，它所需要的储备资产就越少，就越能用超额储备部分扩大贷款或投资。中央银行提高或降低存款准备金比率并不影响商业银行的准备金总额，而是改变商业银行准备金总额中的超额准备金量,使其发生变化。由此看来,超额准备金就成为货币倍数扩张与信用收缩的基础。中央银行无论是紧缩银根或是放松银根,都必须启动存款准备金政策这个"闸门"来调控货币供应量,以实现其货币政策目标。

人们清晰地记得,距上一次上调存款准备金率不到一个月时间,中国人民银行再次宣布,从 2011 年 5 月 18 日起,再度上调存款类金融机构人民币存款准备金率 0.5 个百分点。此次上调之后,大型金融机构存款准备金率已达 21%,是除我国中央银行成立之初的 1984 年外,27 年以来的历史新高。

这次的存款准备金率调整,已是中国人民银行 2011 年以来第 5 次上调存款准备金率。2011 年以来,中国人民银行以每月一次的频率,在 5 个月里先后 5 次上调存款准备金率。这次调整,实际上也是自 2010 年以来法定存款准备金率的第 11 次上调。(详见表 1-2)

表 1-2　存款准备金率历次调整一览表

次数	时间	调整前	调整后	调整幅度
43	2011 年 12 月 05 日	(大型金融机构)21.50%	21.00%	-0.5%
		(中小金融机构)18.00%	17.50%	-0.5%
42	2011 年 06 月 20 日	(大型金融机构)20.50%	21.05%	0.5%
		(中小金融机构)17.00%	18.00%	
41	2011 年 05 月 18 日	(大型金融机构)20.50%	21.00%	0.5%
		(中小金融机构)17.00%	17.50%	0.5%
40	2011 年 04 月 21 日	(大型金融机构)20.00%	20.50%	0.5%
		(中小金融机构)16.50%	17.00%	0.5%
39	2011 年 03 月 25 日	(大型金融机构)19.5%	20.00%	0.5%
		(中小金融机构)16.00%	16.50%	0.5%
38	2011 年 02 月 24 日	(大型金融机构)19.00%	19.50%	0.5%
		(中小金融机构)15.50%	16.00%	0.5%

改革中的中国金融

37	2011 年 01 月 20 日	(大型金融机构)18.50%	19.00%	0.5%
		(中小金融机构)15.00%	15.50%	0.5%
36	2010 年 12 月 20 日	(大型金融机构)18.00%	18.50%	0.5%
		(中小金融机构)14.50%	15.00%	0.5%
35	2010 年 11 月 29 日	(大型金融机构)17.50%	18.00%	0.5%
		(中小金融机构)14.00%	14.50%	0.5%
34	2010 年 11 月 16 日	(大型金融机构)17.00%	17.50%	0.5%
		(中小金融机构)13.50%	14.00%	0.5%
33	2010 年 05 月 10 日	(大型金融机构)16.50%	17.00%	0.5%
		(中小金融机构)13.50%	不调整	–
32	2010 年 02 月 25 日	(大型金融机构)16.00%	16.50%	0.5%
		(中小金融机构)13.50%	不调整	–
31	2010 年 01 月 18 日	(大型金融机构)15.50%	16.00%	0.5%
		(中小金融机构)13.50%	不调整	–
30	2008 年 12 月 25 日	(大型金融机构)16.00%	15.50%	−0.5%
		(中小金融机构)14.00%	13.50%	−0.5%
29	2008 年 12 月 05 日	(大型金融机构)17.00%	16.00%	−1%
		(中小金融机构)16.00%	14.00%	−2%
28	2008 年 10 月 15 日	(大型金融机构)17.50%	17.00%	−0.5%
		(中小金融机构)16.50%	16.00%	−0.5%
27	2008 年 09 月 25 日	(大型金融机构)17.50%	17.50%	–
		(中小金融机构)17.50%	16.50%	−1%
26	2008 年 06 月 07 日	16.50%	17.50%	1%
25	2008 年 05 月 20 日	16%	16.50%	0.50%
24	2008 年 04 月 25 日	15.50%	16%	0.50%
23	2008 年 03 月 18 日	15%	15.50%	0.50%

22	2008 年 01 月 25 日	14.50%	15%	0.50%
21	2007 年 12 月 25 日	13.50%	14.50%	1%
20	2007 年 11 月 26 日	13%	13.50%	0.50%
19	2007 年 10 月 25 日	12.50%	13%	0.50%
18	2007 年 09 月 25 日	12%	12.50%	0.50%
17	2007 年 08 月 15 日	11.50%	12%	0.50%
16	2007 年 06 月 05 日	11%	11.50%	0.50%
15	2007 年 05 月 15 日	10.50%	11%	0.50%
14	2007 年 04 月 16 日	10%	10.50%	0.50%
13	2007 年 02 月 25 日	9.50%	10%	0.50%
12	2007 年 01 月 15 日	9%	9.50%	0.50%
11	2006 年 11 月 15 日	8.50%	9%	0.50%
10	2006 年 08 月 15 日	8%	8.50%	0.50%
9	2006 年 07 月 05 日	7.50%	8%	0.50%
8	2004 年 04 月 25 日	7%	7.50%	0.50%
7	2003 年 09 月 21 日	6%	7%	1%
6	1999 年 11 月 21 日	8%	6%	−2%
5	1998 年 03 月 21 日	13%	8%	−5%
4	1988 年 09 月	12%	13%	1%
3	1987 年	10%	12%	2%
2	1985 年	央行将法定存款准备金率统一调整为 10%	—	—
1	1984 年	央行按存款种类规定法定存款准备金率，企业存款 20%，农村存款 25%，储蓄存款 40%	—	—

（资料来源：中国证券报·中证网，2011−05−12）

改革中的中国金融

二、货币政策调控"组合拳"有待改进

(一)改进利率定价权,通畅货币政策传导

实事求是地说,利率作为一种货币政策工具,不是只有优点没有缺点,每一项政策都有正的作用和负的作用。其缺点主要在于当全球流动性充裕时,若我国利率工具用得太猛太多,可能会导致大量热钱、资本流入我国市场,从严格意义上说,它对我国这个发展中国家市场来说是个莫大的冲击。党的十七届五中全会提出的"十二五"规划建议,提出要"逐步推进利率市场化改革",这即为金融改革指明了方向。可以认为,我国中央银行今后将不失时机地加快和推进利率市场化改革进程,以发挥利率杠杆对资金要素的市场配置功能,并充分协调金融运行中的经济关系。

这里有必要谈谈利率市场化问题。利率市场化是指金融机构在货币市场融资的利率水平由市场供求来决定,包括利率决定、利率传导、利率结构和利率管理的市场化。说到底就是将利率的决策权交给金融机构,由金融机构自己根据资金状况和对金融市场动向的判断来自主调节利率水平,最终形成以中央银行基准利率为基础,以货币市场利率为中介,由市场供求决定金融机构存贷款利率的市场利率体系和利率形成机制。利率市场化是引导金融全面走向市场的核心环节。存贷款利率的不完全放开,在很大程度上阻滞了货币政策对实体经济的顺畅传导。

伴随着利率市场化进程的不断推进,我国中央银行的基准利率实质上是在朝市场基准利率演进,而市场基准利率的最终形成,离不开中央银行的推进与放权,离不开政府的支持和企业客户的理解,进而建立科学有效的形成机制。

首先,确立市场主体的定价自主权,奠定市场基准利率的形成基础。市场基准利率形成于市场,其重要的前提条件就是要利率首先市场化。目前我国在许多领域还存在着较为严格的利率管制,绝大部分利率

是由中央银行制定,市场基准利率的形成缺乏必要的基础。因此,应加快利率市场化的改革步伐,使市场主体能够充分行使其在交易中的定价自主权,为我国市场基准利率的形成打下良好的基础。

其次,推动货币市场与资本市场发展,为市场基准利率的形成创造条件。货币市场与资本市场的发展,特别是金融机构同业市场与国债市场的发展将会对我国市场基准利率的形成起到重要作用。必须从加速培育和改造市场交易主体、丰富交易品种、扩大交易规模、完善市场管理等多方面入手,加快市场发展,提高市场的运行效率,为市场基准利率的形成创造条件。

再次,充分发挥市场中介机构作用,为市场基准利率的形成提供制度保障。市场中介机构,包括市场的交易组织者与服务供应商,可以在市场基准利率形成过程中发挥重要作用。我国全国银行间同业拆借中心、中央国债登记结算有限责任公司等中介机构,已有条件、有能力成为我国市场基准利率的确立机构。当务之急是要建立系列配套管理办法,为市场基准利率的形成提供制度保障。

最后,构建逆周期的金融宏观审慎管理框架,确保市场基准利率的公信度。市场基准利率产生于市场的交易价格,存在着人为操纵价格的可能性,特别是市场基准利率作为金融产品的定价依据,与众多交易主体的切身利益直接相关,要防止价格被人为操纵是确保市场基准利率公信度的重要手段。建议市场主管部门认真贯彻落实党的十七届五中全会在"十二五"规划建议中关于构建逆周期的金融宏观审慎管理框架的构想,加强对市场交易主体行为的监管,尽量避免银行产品的过分交叉,建立健全自律性竞争秩序,引导交易主体规范地参与交易活动,在制度上杜绝大的金融风险发生。

总之,利率市场化反映了国家宏观调控的需要,更能反映出差异性、多样性金融产品和服务的供求关系以及金融企业对风险的判断和定价。利率作为非常重要的资金价格,能够有效地发挥市场配置资源作用,从而实现资金流向和配置的不断优化。推进利率市场化改革,可以较好地尊重企业定价自主权,在金融企业与客户之间进行双向选择,金融机构则可通过量体裁衣,为不同的客户提供多样化的金融产品和服务。为此,政府和金融当局必须要有规划、有步骤、坚定不移地推进利率市场化改革。诚然,利率市场化是一个渐进过程。政府、金融当局等应妥善解决历史积弊,积极培育和创造市场条件;货币政策传导机制应基本顺畅;建立一个充分公平的市场竞争环境,用财务硬性指标进行约束;政府、企业、客户等相互配合,客户能够勇于接受和认可利率市场化,主动进行"货比三家";商业银行要对风险溢价做出独立判断,并且敢于承担风险定价责任,等等。

(二)改进单一制度,实行差别存款准备金率调控

1998 年后,我国开始实行单一的存款准备金制度,即中央银行对所有法人金融机构实现统一的存款准备金率。在这种存款准备金制度不分银行类型、规模,不分地区,不分存款种类等实施"一刀切"的情况下,中央银行缺乏对金融机构区别对待的正向激励机制。因此,经国务院批准,中国人民银行从 2004 年 4 月 25 日起实行差别存款准备金率制度。差别存款准备金率制度的主要内容是,金融机构适用的存款准备金率与其资本充足率、资产质量状况等指标挂钩。金融机构资本充足率越低、不良贷款比率越高,适用的存款准备金率就越高;反之,当金融机构资本充足率越高、不良贷款比率越低时,适用的存款准备金率就越低。实行差别存款准备金率制度可以制约资本充足率不足且资产质量不高的金融机构的贷款扩张,从而有利于完善货币政策传导机制,调动金融机构主要依靠自身力量健全公司治理结构的积极性,督促金融机构逐步达到资本充足率要求,进而实现货币政策目标。

如前所述,中国人民银行从 2010 年 1 月 18 开始至 2011 年 6 月 20 日止,在 17 个月时间内,12 次上调法定存款准备金率,其调控目标无论是巩固从紧的货币政策效果、防止信贷和货币供应量反弹也好,还是指向国际热钱、针对治理房地产等资产泡沫也好,应该说成效都是显著的。例如,2011 年 4 月 21 日上调存款准备金率0.5 个百分点,以 2011

年 3 月末金融机构人民币存款余额 75.28 万亿元测算，本次上调大约冻结资金 3760 亿元。但是，从另一个侧面看，由于金融机构实力不一，"一刀切"的调控举措，势必使得那些资本充足率欠缺或不良贷款比率略高、资金实力相对弱小的中小金融机构在运营中更加捉襟见肘。为此，建议中央银行及早制定出规范的差别存款准备金率计算方法，对各家银行及早按月测算及实施差别存款准备金措施，根据不同区域、银行类型、规模、存款种类等实施差别分类调控，这不但有利于建立宏观调控的正向激励机制，也有利于壮大中小金融机构和发展区域经济。

三、政策调控重心在于治理通货膨胀

中国人民银行行长周小川在博鳌亚洲论坛 2011 年年会上指出，要采取各种方法来克服 CPI 偏高的问题，政策中的一部分是要消除通货膨胀走高的货币方面的因素，所以货币政策也已经从适度宽松转变为稳健。

据悉，中国人民银行还于 2010 年第四季度在全国 50 个城市对 2 万户城镇储户进行问卷调查。调查显示：居民对物价满意度创 1999 年四季度以来十余年的新低，73.9% 的居民认为物价高，且"难以接受"；七成居民认为当前房价过高，且上涨预期显著增强；人们对未来物价上涨预期再次加剧；居民储蓄向购买债券、股票、基金等投资方向转移；"更多投资"取代"更多储蓄"成为居民第一选择。2010 年 9 月份相关数据则显示，我国广义货币 M2 余额达到 69.64 万亿元，是 GDP 的 1.8 倍。相比之下，率先爆发金融危机的美国，其广义货币此时只是 GDP 的 0.6 倍，日本、韩国也只是 1 倍左右。这一数据引发了人们对于未来我国货币币值走向的担心。有人开始质疑：过去十年 M2 已增长 450%？经济学家们评说，若任其发展可能导致人民币大幅贬值，并引发严重通货膨胀，甚至有可能爆发金融危机。

当前百姓正殷切地希望政府和金融当局，将当前和今后一段时期的首要工作目标确定在稳定物价上。实际上稳定物价的实质就是稳定

币值,它与我国"保持币值稳定并以此促进经济增长"的货币政策目标是完全一致的。诚然,稳定物价仅靠中央银行减少货币发行或控制货币供应量是远远不够的,它需要政府及全社会的支持和理解,全方位加大通货膨胀治理力度,才可能使物价回归合理水平。

建议金融当局把稳定物价总水平放在金融宏观调控更加突出的位置,提高调控的针对性、灵活性、实效性。一是能够根据国内外经济形势和价格的变化,妥善把握政策出台的调控力度,合理把握信贷投放的节奏,引导货币信贷合理增长,尤其是要增强货币政策调控的均衡性和可持续性,有效管理流动性,控制物价过快上涨的货币条件,防范并化解金融风险。二是要正确处理治理通货膨胀与支持国家经济、地方经济平稳和较快发展的关系,金融宏观调控应在保障金融体系健康稳健运行的前提下进行,不搞"一刀切"。

第三节　从房地产市场调控看通货膨胀的治理

一、房地产泡沫与通货膨胀的相互影响

房地产泡沫可理解为房地产价格在一个连续的过程中的持续上涨,这种价格的上涨会使人们产生价格将进一步上涨的预期,并不断吸引新的买者,随着价格的不断上涨与投机资本的持续增加,房地产的价格远远高于与之对应的实体价格,由此导致房地产泡沫。通货膨胀是指在纸币流通条件下,因货币供给大于货币实际需求,也即现实购买力大于产出供给,导致货币贬值而引起的一段时间内物价持续而普遍地上涨现象。在过去的两三年间,我国的房地产泡沫与通货膨胀可以说如影相随,二者相互推波助澜。

一方面,房地产泡沫是导致通货膨胀的主要原因。其一,房地产行业是一个需要高贷款发展的行业,开发商手头资金有限,其投资往往需要从银行大量贷款。同时,个人购房也大量使用贷款。购房按揭贷款规

模的爆炸性膨胀,必然会造成货币供给过剩,过剩的货币必然会造成通货膨胀。其二,房地产对于上下游产业具有极强的传导作用。房地产行业的繁荣,必然会引发相关产业商品价格的上涨(如钢筋、水泥),而与房地产相关联的产业多达上百个。同时,房产作为一种重要的生产资料,其售价与租金的普遍上涨也将不可避免地传导至社会各个生产领域。由此房地产就成了全社会通货膨胀的重要源头。其三,房地产泡沫下的高房价使社会各经济实体的物价比例严重失衡,加剧了人们对通货膨胀的预期。随着房地产泡沫的加剧,房价与老百姓身边日常生活感受到的物价水平相距越来越远。在房价的影响下,人们对物价上涨的预期也逐渐认可,高房价对通货膨胀起到了显著的拉升作用。

另一方面,通货膨胀又助长了房地产泡沫,使泡沫进一步扩大。在通货膨胀背景下,各种商品价格纷纷上涨,货币迅速贬值,人们在保值增值的预期下,更愿意把多余的钱投资在大宗商品、贵重金属及不动产等上面。随着这些商品价格的不断攀升,房价看起来也不那么高了,与基础商品之间的比价也在向合理区间靠拢。接下来,通胀预期的增强与货币能量的积累很可能形成相互促进的正向循环,造成物价节节攀升,住房作为稀缺资源,或许还会获得更高的市场溢价,出现进一步的价格上涨。

如果任由房地产泡沫和通货膨胀进一步恶化,将造成非常严重的社会后果。首先,房地产泡沫将导致社会经济结构严重失衡,国民财富大量沉淀在房地产上,使实体经济发展迟缓。是泡沫总归要破灭的,一旦房地产泡沫破灭,将使大量虚幻的国民财富灰飞烟灭,严重影响社会经济的发展和社会稳定,如日本、中国香港的房地产泡沫教训。其次,严重的通货膨胀对社会带来的危害也是巨大的,将导致老百姓财富的大量快速流失,人民生活水平的急剧下降,其实质是对人民群众用血汗换取的财富的掠夺,最终可能会导致严重的社会问题和社会动荡。为此,政府应从影响物价上涨的主要因素上控制通货膨胀,严格控制房地产泡沫和通货膨胀经济,坚定不移地抓好房地产宏观调控,促进房地产价格的合理回归。

二、我国治理房地产泡沫的主要政策

为了应对全球金融危机的冲击,2008 年 12 月 20 日,国务院办公厅出台了《关于促进房地产市场健康发展的若干意见》。在稳定住房价格和增加房地产投资两个答案中二选一时,政策的天平选择了后者。因此,当时的市场认为:政府对房价的调控只是让它放缓上涨的速度,绝对不敢让房价下跌;严厉的房地产调控政策不会持续时间太长。房地产开发商不愿意降价销售已经建好的房子,资金紧张的开发商宁愿高价从市场拆借资金来维持资金周转也不愿意降价销售,房地产市场价格逐步上涨。2010 年年初至 2011 年上半年,政府先后四次出台相关政策举措对房地产市场进行调控。2010 年 4 月 17 日,国务院出台了《关于坚决遏制部分城市房价过快上涨的通知》(国发 [2010]10 号,俗称为"新国十条"),"国十条"被称之为史上最严厉的房地产调控政策,几乎涉及了所有能够使用的政策工具。在政策出台初期,交易量迅速下降,价格也出现明显下降。从全国总体情况看,"国十条"出台后,二手房价格环比连续三个月出现下跌,但随后二手房价又开始出现上涨,且涨幅明显加快。说明"国十条"只是对市场产生了短期冲击,并没有改变市场运行的态势。同年 9 月份,房地产调控力度进一步加大,不但进一步收紧了按揭贷款条件,还加大了对非本地居民买房的限制,但市场反应似乎仍然平淡。从价格看,仅出现一个月的环比涨幅回落,随后又开始加速上涨。2011 年,政府继续对房地产市场进行调控。1 月 25 日,住房城乡建设部等部门联合出台《房地产经纪管理办法》,整顿房地产市场秩序,规范房地产经纪行为,保护房地产交易及经纪活动当事人的合法权益。1 月 26 日,国务院常务会议再度推出八条房地产市场调控措施(俗称"新国八条"),要求强化差别化住房信贷政策,对贷款购买第二套住房的家庭,首付款比例不低于60%,贷款利率不低于基准利率的1.1倍。1 月 27 日,财政部公布《关于调整个人住房转让营业税政策的通知》，规定个人将购买不足 5 年的住房对外销售的，将全部征收营业税。2 月 9 日，住房和城乡建设部发布《关于调整住房公积金存款利率的通知》，要求从 2 月 9 日起，上调个人住房公积金贷款利率。5 年期以上个人住房公积金贷款利率上调 0.20 个百分点，调至 4.50%。5 年期以下（含 5 年）个人住房公积金贷款利率上调 0.25 个百分点，调至4.00%。随着这一系列政策的出台，房地产市场价格开始回落，调控效果逐步显现。

三、房地产泡沫治理的对策

1.有保有压，对自住性购房需求和投资投机性购房需求区别对待

房价企稳是房地产市场健康发展的重要标志，这是人们的共识。自住需求和房价成反向变动，房价上涨过快就减少购买，使得房价下降，房价下跌就增加购买，使得房价上升，所以具有稳定住房价格的作用。而一些投机者采用"追涨杀跌"的行为方式，房价越是上涨就越是增加购买并引起房价进一步上涨，房价越是下跌就越是加快抛盘并引起房价进一步下跌。当投机需求上升时便会导致房价出现泡沫，房地产业过度繁荣。房地产业的过度繁荣必然会引起通货的高度膨胀，而投机需求减退又使得房价跌到均衡价格以下。让房价保持平稳，就要抑制投机投资性需求，鼓励和引导自住型和改善型住房需求。因此，政府在严控投资投机的同时，应准许并支持金融部门释放正常金融需求，实现按揭成数正常，使房地产市场重新步入常态化进程。

对于自住需求来说，银行信贷要继续给予支持；对于投资和投机性需求，一般不应给予按揭贷款，应该按照商业抵押贷款操作，执行一般商业贷款利率，同时控制贷款年限，降低贷款成数。在税收政策上，对消费性需求，尤其是中小户型和中低价位普通商品住宅，给予新房交易契税的减免，而对于大面积、大户型或高档商品房的消费，实行较高税负。为了加强对投机购房的税收征管，在全国实行房产信息联网，对购买两套以上住房的个人和家庭不再给予税收优惠措施，对拥有三套以上房

产的家庭征收累进的房产税。

2.削弱地方政府与房地产市场间的利益联系

近几年,土地批租、房地产交易契税等收入已经成为地方财政收入快速增长的主要来源。因此,应对土地批租、房地产等相关税收在中央和地方之间重新确定合理的比例,以削弱地方政府推动房价上涨的积极性。过去的事实说明:开发商一旦取得一个城市的土地使用权,也就在这个城市的房地产市场占有了一席之地,所以他们不惜高昂的代价去拿地,最后又把高额成本转嫁到购房者身上;地方政府在取得巨额的土地出让金后,会把大部分资金转化为城市基础设施投资,提高本地区城市竞争力,从而进一步提高土地出让金,这形成了一个恶性循环,进一步催生房地产泡沫,对通货膨胀也起到一定的推动作用。所以削弱地方政府与房地产市场间的利益联系,有利于政府对房地产泡沫的调控;有利于降低开发商的投资成本,抑制开发商投资冲动;有利于政府对房地产泡沫的调控,对通货膨胀也起到一定的控制作用。

3.实行全国房产信息联网

建设全国房产信息联网是一项工程巨大的基础工作,旨在通过联网对全国房地产市场信息进行归集、整理、分析,用以定期发布市场分析报告,并就市场运行情况做出整体评价和预测。此举可以合理引导市场,为政府宏观决策当好参谋。

从另一个角度看,只有炒房者信息透明化了,限购令、限外令、差别化信贷才有实施的基础。因为有些人虽然在全国不同城市拥有多套房,但因其从来没有贷款,无法查实其名下真实的房产信息,于是还可以同样享受首次购房贷款优惠措施。如果能够实行全国房产信息联网,在同一权属拥有人名下的不同城市的房产均得以"一一查询",异地购房的资金流向、程度、走势即可以得到统一监控,这会对打击炒房客和调控楼市等起到举足轻重的作用。

4.改进金融监管,合理引导资金流向

首先,进一步健全金融监管体系,增加监管手段,增强监管能力,提高监管水平,要建立起各总行(公司)数据的实时报送机制,运用成熟软件及时发现金融体系的潜在问题;第二,完善信用总规模的监测,在支付网络化、电子化的条件下,对货币乘数等货币政策参数值进行修正,加强对网络金融的实时监测,不使社会总信用过度脱离实质经济的要求而恶性膨胀,从源头上防止现代泡沫经济发生;第三,加强投资结构的调控,通过利率、产业政策等,引导资金流向生产经营等实质经济部门;第四,建立符合国情的民间融资体系,为民间游资的理性投资找出路,减少投机行为;第五,改善国际储备形式,大力提高资源型实物在其中的比重,减少被动输入型的通货膨胀。

此外,改善供给和供应结构,建立面向满足国内居民基本居住需求的住房供应体系,加快租赁市场的发展,形成租售并举的居民住宅消费机制。可以借鉴新加坡住宅供应模式,将面向市场需求的高档商品房与面向国内居民基本居住需求的经济适用房、保障性住房、公租房分开供应。对于后者,适度扩大公租房比例,从公积金贷款和售价等方面给予优惠,确保房价符合本国居民消费能力。而对于前者,则全部市场化,根据市场变化而自动调节。

第二章

顺应国际金融监管改革潮流　银行监管推陈出新

第一节　经济金融环境与银行监管

近年来，我国不断加强银行监管，为银行业的稳健发展保驾护航。金融监管的有效性首先取决于社会的经济金融环境。"十一五"时期(2006年至2010年)，面对国际金融危机的冲击和国内外复杂经济环境的严峻挑战，我国银行监管部门顺应国际金融监管改革趋势，积极推进银行监管改革，开展国际监管合作，采取严格审慎的监管措施，不断加强银行监管和市场化监管力度，对稳健银行体系发挥了重要作用。

一、国内外经济金融环境

国际经济金融方面，2008年发生的国际金融危机以及随后爆发的欧债危机，导致全球经济急剧动荡，世界经济复苏缓慢。受政治、经济、安全等多种因素影响，不确定因素仍然较多，经济复苏进程仍将艰难曲折。发达经济体与新兴市场国家分化明显，2010年全球产出增长5.0%，其中新兴市场及发展中国家增长7.1%，发达国家增长3.0%。总的说来，全球经济金融形势具有三个突出特点：一是发达经济体经济增长乏力，欧洲主权债务危机隐患仍未消除。二是金融体系的脆弱性仍然较高，银行再融资压力增大，如欧洲主权债务风险与金融体系脆弱性的相互溢出效应凸显。三是主要经济体继续实施量化宽松货币政策,新兴市场通胀压力高企,资产泡沫风险增大。如美联储启动多轮量化宽松货币政策,欧洲中央银行及日本中央银行继续维持宽松货币政策,并加大国债购买力度,全球流动性大量增加。一方面,国际市场大宗商品价格加剧波动;另一方面,新兴市场国家以其相对稳健的基本面和强劲的增长潜力吸引了大量资金快速流入。

国内经济金融形势方面,我国提升居民消费能力、增强消费对经济发展拉动力的任务艰巨;贸易保护主义抬头,人民币升值压力上升,外需压力有所增加;结构性产能过剩,转变经济发展方式和调整产业结构的任务紧迫;输入型通胀加剧,"抑通胀、保增长"难度增大。

二、国际金融监管制度改革与发展

1.国际金融监管制度改革进展

按照二十国集团(G20)伦敦峰会和匹兹堡峰会确定的改革目标和时间表,在国际金融监管组织和各国监管当局的积极参与下,2010年国际金融监管改革继续深入推进,在微观机构、中观市场和宏观系统三个层面取得重大进展。

微观机构层面的改革目的是提升单家金融机构的稳健性,强化金融体系稳定的微观基础。改革措施包括:资本监管改革,引入杠杆率监管制度,建立流动性监管标准、动态拨备制度,改革公司治理监管规则,推动金融机构实施稳健的薪酬机制,强化并表监管和对表外业务的监管等。

中观市场层面的改革目的是强化金融市场基础设施建设,修正金融市场失灵。改革措施包括:推进建立单一的、高质量的国际会计准则;改进风险定价模式,避免过于依赖脱离现实的模型假设;加强外部评级机构监管,降低金融机构对外部评级的依赖程度等。

宏观系统层面的改革目的是将系统性风险纳入金融监管框架,建立宏观审慎监管制度。改革措施包括:建立与宏观经济金融环境和经济周期挂钩的监管制度,弱化金融体系与实体经济之间的正反馈效应;扩大金融监管范围,将"影子银行"体系纳入金融监管框架;强化对系统重要性金融机构(Systemically Important Financial Institutions,SIFI)的监管,降低机构"大而不倒"导致的道德风险;加强母国和东道国监管当局之间的协调,降低风险跨境传递。

2.主要经济体金融改革方案

2010 年 7 月,美国颁布《多德—弗兰克华尔街改革和消费者金融保护法案》(The Dodd-Frank Wall Street Reform and Consumer Protection Act)。主要内容包括:一是更新监管体系框架。成立金融稳定监管委员会(Financial Stability Oversight Council,FSOC),应对系统性风险。强化对美联储的授权与制衡。成立消费者金融保护局(Consumer Financial Protection Bureau,CFPB)。在财政部下设联邦保险办公室(Office of National Insurance,ONI),强化保险业监管。二是加强对金融机构的微观监管。限制"大而不倒"机构的过度扩张。引入"沃尔克规则"(Volcker Rule),限制银行进行自营交易。增加公司治理中薪酬的透明度。三是建立有序的破产处置和自救机制。要求系统重要性金融机构定期提交"生前遗嘱"(living wills)。四是健全金融市场监管体系。加强对"影子银行"体系的监管,确立信用证券化产品的风险留存要求,限制金融衍生品投机交易,强化对评级机构的监管,注重保护投资者利益。

2010 年 7 月,英国财政部公布了执政党更替后的金融监管改革新方案征求意见稿,提出撤销英国金融服务局(Financial Services Authority,FSA),在英国中央银行英格兰银行下新设审慎监管局(Prudential Regulatory Authority,PRA),负责对存款类机构、投资银行和保险公司等金融机构进行审慎监管;设立金融政策委员会(Financial Policy Committee,FPC),增强宏观审慎层面的沟通协调,强化应对系统性风险能力;新设消费者保护和市场管理局(Consumer Protection and Markets Authority,CPMA),维持公众对金融服务市场的信心。

2010 年 9 月,欧洲议会通过欧盟金融改革法案,决定建立泛欧金融监管新体系,包括新设负责监管银行业、保险业和金融交易活动的三大监管机构，以及负责监控和预警欧洲经济中各种风险的欧洲系统性风险委员会(European Systemic Risk Board,ESRB)。改革主要内容包括：一是将所有标准化场外衍生品纳入交易所或者电子交易平台，通过中央清算所清算。二是全面禁止信用违约掉期(Credit Default Swap,CDS)类产品的"裸卖空"。三是规范对冲基金、私募基金等的投资行为。四是计划建立自己的评级公司,并从 2011 年起,将穆迪和惠誉等评级机构纳入欧盟监管范围。

三、我国银行监管举措

面对复杂多变的国内外经济金融形势，中国银监会坚持主动加强前瞻性和针对性监管,巩固应对国际金融危机冲击的成果,保持银行业稳健发展的良好态势。

1.科学引导信贷投放回归常态

一是科学引导信贷投放。针对 2008 年下半年应对国际金融危机以来信贷增长的特点,以及国内经济逐步企稳回升的实际,银监会严格贯彻落实国家宏观调控政策,积极引导信贷投放回归常态。要求银行业金融机构合理控制信贷总量,积极优化信贷结构,科学把握信贷投放节奏。采用多种审慎监管工具,从内在机制上遏制盲目扩张,防止"冲时点"等不审慎行为,并及时提出将不良贷款考核重点转向风险管理工作的扎实深入程度、科学精细化水平、风险暴露的充分性等,督促银行业准确进行贷款风险分类,抓住当前盈利较好的有利时机,"以丰补歉",全力提足拨备。

二是改革信贷管理方式。针对银行业金融机构存在的"实贷实存"等不科学的贷款管理旧有模式以及当前和今后一段时期信用风险依然是主要风险的实际情况,通过持续开展宣传教育、检查督导和跟踪整改,全面推进"三个办法、一个指引"贯彻落实,督促银行业转变发展方式,从源头上防范信贷资金挪用风险,确保信贷资金进入实体经济。

三是推进审慎监管工具建设。随着国际金融监管改革深入推进、巴塞尔银行监管委员会（Basel Committee on Banking Supervision，BCBS）发布银行业监管国际新标准，紧密结合我国银行业实际，积极推进新标准在我国的实施，稳步推进资本充足率、动态拨备率、杠杆率、流动性比率等审慎监管工具建设。

2.积极支持经济结构调整和产业升级

银监会积极引导银行业金融机构按照"有保有控"要求，着力优化信贷结构，促进我国经济发展方式转变。

一是严格控制对高耗能、高排放和产能过剩行业的授信。鼓励银行业金融机构采用"名单式"管理方式以及差别化风险定价、经济资本占用系数、专项拨备等方法，继续严格管理"两高一剩"行业授信。督促银行业金融机构加大对"两高一剩"行业的信贷退出和不良贷款控制力度，妥善采取措施确保银行债权安全。

二是继续加强对国家重点行业和重点领域的信贷支持。银监会注重引导银行业金融机构不断加大对绿色产业、文化产业等的信贷支持力度，着力提高金融服务质效。强化民生领域信贷支持力度，联合有关部门印发《关于做好城市和国有工矿棚户区改造金融服务工作的通知》（银发 [2010]37 号）、《关于加快发展公共租赁住房的指导意见》（建保[2010]87 号）等文件，督导银行业金融机构在风险可控、商业可持续的前提下大力支持保障性住房建设，继续做好金融服务工作。按照国家关于稳定物价、保障群众基本生活的要求，督促银行业金融机构加大农产品生产、加工和流通环节的信贷资金支持力度。积极推动银行业金融机构为应对地震、泥石流、干旱、洪涝、冰雪冰冻等自然灾害及灾后重建提供有效金融支持。

三是改善贷款投放区域结构。银监会积极引领银行业金融机构支持欠发达地区经济社会发展。经济落后地区与发达地区间的资源分配失衡情况得到改善，贷款投放增幅"西高东低"。截至 2010 年年底，中西部地区贷款余额同比增速比东部地区高 3.35 个百分点。

3.主动参与国家重点调控政策制定与实施

银监会积极防范宏观经济改革发展过程中可能影响银行业稳健运营的潜在风险,参与和支持宏观调控的程度和能力不断提升。着力推动银行业金融机构自觉将国家宏观调控和产业结构调整政策纳入中长期发展战略规划和年度经营计划,增强银行业贯彻落实宏观政策的内生动力。实施一系列逆经济周期监管政策措施,逐步将审慎监管政策纳入宏观调控"工具箱"。着力引导银行业金融机构完善对"三农"和小企业的信贷保障机制和考核评价体系,保持小企业和涉农贷款增幅不低于同期全部贷款增幅。引导银行业金融机构积极为淘汰落后产能、节能减排提供金融支持,建立低碳金融、绿色金融服务的长效机制。继续加大对保障性住房建设、水利基础设施建设和促进农产品价格稳定等民生领域的信贷支持力度。

一是清理规范地方政府融资平台贷款。针对近年来地方政府融资平台贷款快速增长、融资平台不规范运作带来的巨大代偿性风险,银监会积极参与《国务院关于加强地方政府融资平台公司管理有关问题的通知》(国发[2010]19号)的制定,按照文件要求,联合发改委、财政部、人民银行等部门印发《关于贯彻〈国务院关于加强地方政府融资平台公司管理有关问题的通知〉相关事项的通知》(财预[2010]412号),明确"逐包打开、逐笔核对、重新评估、整改保全"的清理处置原则,细化银行业金融机构平台贷款管理要求,严格要求银行业金融机构切实加强平台贷款风险识别和管理。2010年,银监会组织银行业金融机构有序开展地方政府融资平台贷款清查整改工作,与发改委、财政部、人民银行、审计署等部门磋商确定平台贷款认定口径和数据基础,督促银行业金融机构按照现金流覆盖情况对平台贷款进行准确分类,明确偿债主体,落实风险缓释措施,足额提取拨备,通过真实核销,逐步化解风险。

二是促进房地产市场平稳健康发展。银监会积极参与制定《国务院办公厅关于促进房地产市场平稳健康发展的通知》（国办发[2010]4号）和《国务院关于坚决遏制部分城市房价过快上涨的通知》（国发[2010]10号），按照国家统一部署，积极与国土部、住建部、人民银行、国资委等部委协调行动、共享信息，严禁银行业金融机构向存在土地闲置及其他违法违规行为的房地产开发企业新增授信，指导预先布防高风险房地产企业风险暴露。督促银行业金融机构贯彻落实差别化住房信贷政策，切实做到"面测、面试、居访"，严格限制各种名目的炒房和投机性购房。要求商业银行加强对房地产企业开发贷款和土地储备贷款的贷前审查和贷后管理。继续督促和引导银行业金融机构在有效把握风险的基础上继续加大对保障性住房的信贷支持力度，促进增加住房有效供给。支持整顿房地产市场秩序，严厉查处零首付、假按揭等违规行为，配合打击房贷中介高"返点"行为。

4.大力提高薄弱环节金融服务水平

（1）提升农村金融服务水平。

一是加快推进组建新型农村金融机构。印发《关于加快发展新型农村金融机构有关事宜的通知》，按照"低门槛、严监管、先试点、后推开"的原则，加快培育新型农村金融机构。召开新型农村金融机构培育发展座谈会，研究分析新型机构培育发展和业务经营方面的困难。积极与人民银行、中国银联等部门和企业沟通，推动解决村镇银行支付结算、银行卡发行等问题。截至2010年年底，全国共组建新型农村金融机构395家，其中村镇银行349家，贷款公司9家，农村资金互助社37家。

二是全力推进全国乡镇基础金融服务全覆盖。提出"统筹规划，合理布局，总量稳定，适度增加，重在乡镇"的农村中小金融机构营业网点监管总体要求，优化网点配置，鼓励"因地制宜，一乡一策，多策并举"，通过设立标准化营业网点和简易营业网点、布设POS机和ATM机、实施临近机构信贷员包村包片等服务方式，加快推进基础金融服务全覆盖。截至2010年年底，所有省(市、区)均已提前实现乡镇基础金融服务全覆盖。

三是初步形成普惠制农村金融扶持政策体系。推动扩大政策扶持覆盖面,增加享受涉农贷款增量奖励政策的省份数量,加大对在贫困地区设立金融机构的政策支持力度。降低税负水平,所得税实行普惠制政策,暂免征收所有农村中小金融机构监管费。提高资金可用度,鼓励县域法人金融机构将新增存款的一定比例用于当地贷款,对达标机构给予准入优惠。

截至 2010 年年底,银行业金融机构涉农贷款余额 11.8 万亿元,比年初增加 2.63 万亿元,增长 28.8%,高于各项贷款增速 5.80 个百分点,涉农贷款余额占各项贷款余额比重比 2009 年年底提高 1.60 个百分点,为"三农"提供强有力的金融支持。

(2)推进小企业金融服务工作。银监会一直高度重视小企业金融服务工作,从 2005 年起,就提出把解决小企业融资问题作为推进银行业金融机构履行社会责任、支持经济发展、构建和谐社会的长期战略性任务(先后制定的规范性文件有 10 多个:2005 年《银行开展小企业贷款业务指导意见》;2006 年《商业银行小企业授信工作尽职指引(试行)》、《建立小企业贷款违约信息通报机制的指导意见》;2007 年《银行开展小企业授信工作指导意见》、《小企业贷款风险分类办法(试行)》;2008 年《关于认真落实"有保有压"政策进一步改进小企业金融服务的通知》、《关于银行建立小企业金融服务专营机构的指导意见》;2009 年《关于进一步加大对科技型中小企业信贷支持的指导意见》、《关于选聘科技专家参与科技型中小企业信贷项目评审工作的指导意见》;2010 年《融资性担保公司管理暂行办法》),持续推进。

一是指导推动小企业金融服务。与人民银行、证监会、保监会联合印发《关于进一步做好中小企业金融服务工作的若干意见》(银发[2010]193 号),要求银行业金融机构把改进小企业金融服务、扩大小企业信贷投放作为战略重点,强调当年小企业贷款增速不低于同期全部贷款平均增速,增量不低于上年增量的"两个不低于"工作目标。

改革中的中国金融

二是小企业金融服务专营机构组织框架基本成型。截至 2010 年年底,全国共有 109 家商业银行成立了小企业金融服务专营机构。小企业金融服务专营机构全面落实利率风险定价、独立核算、高效贷款审批、激励约束机制、专业人员培训、违约信息通报等六项机制和单列信贷计划、单独配置人力资源与财务资源、单独客户认定与信贷评审、单独会计核算等"四单"原则,取得阶段性成果,各银行业金融机构小企业金融服务专营机构新增小企业贷款已经超过其全行新增小企业贷款的60%。

三是探索实施对小企业信贷的差异化监管政策。适当放宽小企业金融服务市场准入事项的申请;通过发行专项金融债进一步拓宽小企业金融服务的资金来源渠道;适度调整非现场监管指标,激励商业银行开展小企业金融服务;对小企业不良贷款比率实行差异化考核,适当放宽对小企业不良贷款比率的容忍度等。

四是加大小企业金融服务宣传力度。成功组织银行业金融机构参加第七届中国国际中小企业博览会,与各地政府共同组织多项小企业金融业务推介活动,与主流媒体合作多次开展银行业改进小企业金融服务专题报道。

截至 2010 年年底,银行业金融机构小企业贷款余额 7.5 万亿元,比 2010 年年初增加 1.72 万亿元,比 2009 年多增加 3,081 亿元,增速达 29.3%,比各项贷款平均增速高 9.40 个百分点。小企业贷款余额呈现占比高、增速快、着重向微型企业倾斜的特点。中西部地区的小企业贷款实现较快增长,小企业贷款资源地域分布不均衡的状况得到改善。小企业信贷投放集中于制造业,批发和零售业,水利、环境和公共设施管理等传统优势行业。新增小企业贷款在优化经济结构、增加就业人数方面发挥了重要作用。

(3)深化农村青年创业小额贷款工作。银监会持续深入推进开展农村青年创业小额贷款工作,帮助解决农村青年创业资金短缺难题。截至2010 年年底,银行业金融机构共向 31.6 万名农村创业青年发放创业小额贷款 141.4 亿元,带动农村群众就业 77.7 万人。同时,积极组织开展城市青年创业小额贷款调研,研究推荐试点金融机构,为青年创业小额贷款在城市推广做好准备。

第二节　审慎监管

一、审慎监管新框架

在充分总结吸取国际金融危机的经验教训，参考国际组织和其他主要国家监管改革做法,紧密结合我国国情,坚持科学运用实践证明行之有效的存贷比、贷款集中度等一系列简单、实用、有效的监管指标的同时,我国加强资本充足率、动态拨备率、杠杆率和流动性比率等审慎监管工具的运用和对系统重要性机构的监管，在宏观审慎与微观审慎监管有机结合的基础上,形成一套符合我国银行业实际的审慎监管"工具箱",制定提高我国银行业监管有效性的中长期规划和第二版、第三版《巴塞尔协议》同步实施的计划。

（一）审慎监管工具

1.保持较高资本充足率要求的同时,进一步提高资本质量

为提升银行业风险抵御能力，银监会要求商业银行在满足最低资本充足率要求 8%的基础上,计提相应的资本缓冲,包括留存资本缓冲（Conservation Buffer）与逆周期资本缓冲（Counter-cyclical Buffer）,对系统重要性大型商业银行增加附加资本要求，确保大型商业银行和中小商业银行资本充足率分别不低于 11.5%和 10%。在提升资本水平的同时,注重提高资本质量,坚持股本和留存收益组成的核心资本不低于资本净额的 75%,要求银行间互持次级债应当从附属资本中扣减,以防止银行交叉持有次级债可能形成的系统性风险。

2.实施贷款损失准备动态监管

结合拨备制度国际改革的最新进展，银监会根据经济发展的不同

阶段、银行业金融机构贷款质量差异和盈利状况的不同,对贷款损失准备监管要求进行动态调整:在经济上行期、盈利水平较高时期适度提高贷款损失准备要求;在经济下行期,根据贷款核销情况适度调低,以达到"以丰补歉",实现熨平拨备波动的目的。

3.综合考虑表内外风险暴露,探索对银行杠杆率水平提出审慎要求。

4.建立流动性风险监管框架

结合巴塞尔银行监管委员会国际流动性监管标准改革最新进展,银监会在要求各商业银行坚守既有的各项流动性风险监管标准的基础上,于2010年2月印发《关于进一步加强商业银行流动性风险监管的通知》,提出流动性覆盖率和净稳定资金比率等流动性风险计量新指标,要求银行强化对流动性风险的计量和管理,优化资产负债配置,降低期限错配,减少流动性危机发生的可能性和冲击力。2010年12月,印发《关于印发2011年非现场监管报表的通知》,按照最新要求完善流动性风险非现场监管报表体系。

为全面分析国际监管最新标准对我国银行业金融机构的影响,合理确定资本充足率、动态拨备率、杠杆率和流动性比率等审慎监管工具的监管标准,银监会抽取78家银行业金融机构进行定量测算,样本机构占全部银行业金融机构总资产的76.6%。

(二)系统重要性机构监管

积极探索系统重要性银行业金融机构监管,并表监管能力不断提高,与我国系统重要性机构目前的风险状况和复杂程度基本匹配。

1.构建并表监管制度框架和新的动态监管指标体系

银监会成立以来,从法规制度、信息系统、监管流程等方面大力推进框架建设。2007年,非现场监管信息系统正式运行,对银行集团各类合并报表、指标和计算方法进行规范,为并表监管提供系统支持。2008年,印发《银行并表监管指引(试行)》,确定并表监管范围,规范资本充足、大额风险暴露和内部交易等要素,明确并表监管方式,提出跨境并表监管和银行集团并表管理要求。2010年,结合危机后国际金融监管改革最新建议,创新监管工具,制定新监管指标动态监测制度,构建并表基础上动态监测系统重要性机构的主要风险水平、风险抵补能力和附属机构管理等7大类13项监管指标体系。要求银行业金融机构计提相应的附加资本缓冲,推进其外部效应成本"内在化",降低道德风险。

2.推动第二版、第三版《巴塞尔协议》实施,提升大型商业银行资本管理能力

2010年,银监会完成系统重要性银行业金融机构《巴塞尔协议》实施情况的阶段性评估,并全面推动其成果在银行提高经营决策水平、风险管理能力和资本管理能力等方面发挥实质作用。

3.构建风险"隔离墙",控制系统重要性机构内部风险传递

审慎推进系统重要性机构综合经营试点,准入审查时强调在母行和附属机构间建立"防火墙"制度,防范风险跨境跨业传递,确保母行对附属机构的管控能力。

4.收集信息数据,在非现场监管和现场检查中加强并表监管

定期召开系统重要性机构风险分析和形势通报会议,全面汇总分析宏观信息。定期收集系统重要性机构并表口径各类报表,持续监测集团整体风险指标,对集团发展战略、组织架构、业务发展和风险状况进行信息收集和综合分析。持续开展对系统重要性机构境外分行、子行检查和母行并表管理检查,重点关注境内外设立或投资入股的投资银行、基金公司、保险公司等非银行附属机构对银行集团的风险影响。

5.加强监管合作,建立境内外监管机构信息共享机制

银监会先后召开中国工商银行、中国银行监管(国际)联席会议,邀请境外东道国监管当局和境内跨业监管部门参加,就银行集团整体风险状况和监管情况进行充分交流,完善日常监管联络方式和合作机制,取得较好合作成效,得到境内外监管当局一致好评。

二、审慎监管内容

(一)公司治理监管

1.国际银行业公司治理监管制度的最新改革

巴塞尔银行监管委员会曾于亚洲金融危机爆发两年后的 1999 年 9 月,发布该委员会的第一份公司治理指引——《加强银行公司治理的原则》(Principles for Enhancing Corporate Governance),并于 2006 年 2 月发布修订版,旨在帮助银行建立稳健公司治理机制,实现银行自身的公司治理改革。

(1)新《加强银行公司治理的原则》(以下简称新《公司治理》)的内容。2008 年国际金融危机显示,公司治理结构失衡是诱发金融危机的深层次原因之一。发达国家银行董事会对高级管理层监督不足、风险管理不充分、薪酬制度不合理、银行组织架构和经营活动过于复杂、治理结构和金融产品不透明等原因,导致危机产生和衍化。鉴于此,巴塞尔银行监管委员会决定重新审订 2006 年版《公司治理》,旨在纠正此次危机中暴露出的有关公司治理机制的各种突出问题,并在治理机制上做出前瞻性安排, 以防范危机再度发生。经过近两年的讨论修改,2010 年 10 月,新一版《公司治理》正式对外发布。新《公司治理》主要涵盖了董事会行为、高级管理层、风险管理和内控、薪酬、复杂或不透明的公司架构、信息披露和透明度等 6 个方面,共 14 条原则,具体包括以下内容:

一是董事会要能够对银行承担总体责任并监督管理层。二是高级管理层要确保银行经营行为符合董事会的商业战略设想和风险偏好。三是银行要通过设立风险管理体系持续识别与监控风险。四是要确保员工薪酬安排体现风险情况。五是董事会、高级管理层必须了解银行的复杂结构和产品。六是须提高对利益相关方、市场参与者信息披露的透明度。与前两个版本相比较,新《公司治理》有以下几点变化:一是首次将道德风险防范纳入公司治理的范畴。二是更加突出董事会在公司治理中的作用。三是要求银行将风险管理渗透到公司治理的各个方面，强调由董事会负责审议监督银行的风险策略。四是增加对银行员工薪酬的制度安排，要求由董事会监督薪酬体系的设计及运行。五是首次对银行复杂结构及复杂产品的治理提出要求。新《公司治理》作为反思危机的纲领性文件，将长期影响与引领国际银行业公司治理机制的发展方向。

（2）银监会参与修订新《公司治理》。银监会作为巴塞尔银行监管委员会的正式成员，全程参与了新《公司治理》的修订，合理表达了自身关切和利益诉求，对新兴市场国家及中小商业银行更为突出的治理缺失、控股股东控制、风险管理缺失及重要人员任职审查等问题提出了意见，建议约束绝对控股股东行为，更加重视风险管理部门的意见，以及清晰界定银行董事会主席和首席执行官之间的职责分工。同时，针对发达国家部分金融机构出现的行为失范和突破道德底线现象，银监会还提出加强操守及价值规范的要求，督促董事会、高级管理层和其他员工保持并遵守较高标准的职业道德操守。这些意见大多被采纳，体现了中国及其他新兴市场国家银行业的诉求与意愿。

2.中国银行业完善公司治理

银监会要求银行业金融机构按照职责界面清晰、制衡协作有序、决策民主科学、运行规范高效、信息及时透明的原则，完善公司治理体制机制，提升公司治理有效性。

（1）完善公司治理规章制度。银监会先后印发《商业银行董事履职评价办法（试行）》《商业银行稳健薪酬监管指引》和《关于加强中小商业银行主要股东资格审核的通知》（银监办发[2010]115号）等制度规则。根据国家有关工作部署，深入开展加强金融机构公司治理的课题研究，并在此基础上研究起草对各类商业银行基本统一要求的公司治理指引。

（2）强化股东、董事和高级管理人员责任。银监会要求商业银行强化股东，特别是控股股东的长期承诺和持续注资责任，要求其承诺支持银行从严控制关联交易,积极采取措施支持银行达到审慎监管标准,并坚持有限参与,主动防止盲目扩张和利益冲突。制定董事、高级管理人员履职评价相关办法,督促银行业金融机构董事会切实履行职责,完善集体决策机制。要求银行业金融机构监事会充分发挥监督职能,建立与董事、高级管理人员逐一谈话制度。要求银行业金融机构高级管理人员加强管理程序控制,明晰授信业务流程,明确客户调查、业务受理、分析评价、授信决策与实施、授信管理等各环节的勤勉尽职标准和责任追究标准。

(3)推进稳健薪酬机制监管。银监会印发《商业银行稳健薪酬监管指引》(银监办发[2010]14号),将银行业金融机构薪酬纳入监管范畴,指导银行业金融机构完善薪酬管理,制定体现业务发展与风险防控并重、激励与约束协调的考核机制,适当缩减业绩指标考核权重,提高风险指标考核权重,提高激励考核机制的科学性和有效性。推动银行业金融机构充分发挥薪酬在公司治理、内部控制和风险管控中的导向作用,促进银行业金融机构稳健经营和可持续发展。

(二)内部控制监管

1.督促银行业金融机构完善内部制约机制

银监会充分利用年度监管通报,与董事长、行长、监事长("三长")和外部审计机构等进行监管审慎会谈等方式,指出银行业金融机构在内控建设方面存在的薄弱环节,提出相应监管要求。针对在日常监管中发现银行业金融机构存在的各类风险隐患,及时印发风险提示,督促银行业金融机构完善内控制度。

2.引导银行业金融机构健全完善内审管理体系

根据《银行业金融机构内部审计指引》,督促银行业金融机构严格落实内审人员与员工总数配比、内审人员专业资质等要求。推动银行业金融机构优化内审信息报送路径。帮助银行业金融机构建立健全内部审计垂直管理体系,强调内审独立性。深化监管部门与银行内审部门的联动,注重利用银行内审信息提升监管效能。

3.推动银行业金融机构提高内控执行力

通过现场检查、非现场监管、监管评级等多种方式,加强银行业金融机构落实金融法规情况的检查力度,促进银行业金融机构提高内控制度执行力。明确要求银监会各级派出机构将银行业分支机构执行制度情况作为监管重点,强化执行制度的外部监管约束。

(三)信用风险监管

1.推进地方政府融资平台贷款规范清理和风险化解

银监会多年来在地方政府融资平台贷款风险问题上旗帜鲜明,坚持不懈地做好风险提示和督促整改工作。2010年,按照"逐包打开、逐笔核对、重新评估、整改保全"的十六字方针,制定并实施"分解数据、四方对账、分析定性、汇总报表、统一会谈、补正检查"的"六步走"工作步骤,开展对地方政府融资平台授信业务的专项现场检查,督促银行业金融机构按现金流覆盖情况对平台贷款进行准确分类。在此基础上,督促银行业金融机构深入开展分类处置工作。对于经平台、银行、政府三方签字确认的现金流全覆盖类贷款,不再列为平台贷款,而是作为一般公司类贷款按商业化原则运作。对现金流为全覆盖且拟整改为公司类贷款的,继续落实抵押担保,推进确认工作,核实一家,退出一家。对保全分离和清理回收类平台贷款,通过项目剥离、公司重组、增加担保主体、追加合法足值抵质押品、直接收回等措施,加快处置进程。同时,督促银行业金融机构提高平台贷款风险权重,足额计提拨备,尽快真实核销不良贷款。目前,平台贷款高增长势头和相关风险得到了有效遏制。

2.防范房地产贷款风险

银监会按照《国务院关于坚决遏制部分城市房价过快上涨的通知》(国发[2010]10号)及相关房贷新政要求,进一步提出强化房地产贷款管理的要求。严控房地产开发贷款风险,对房地产企业开发贷款实行名单式管理。严控向存在土地闲置及炒地行为的房地产企业发放开发贷款,对存在土地闲置1年以上的,一律不得发放新开发项目贷款。指导银行业金融机构预先布防高风险房地产企业风险暴露,加强

改革中的中国金融

对开发商资本充足率和自有资金的审查,提高抵押品标准,把握好贷款成数动态控制。加强土地储备贷款管理,严格把握土地抵押率,防止过度授信。实行动态、差别化管理的个人住房贷款政策,动态审慎管理首付款比例,严格执行利率风险定价,切实做到"面测、面试、居访"。同时,密切监测房地产市场信贷风险,积极组织商业银行开展房地产贷款压力测试,评估房价下降及宏观经济情况变化对银行房地产贷款质量的影响。

3.防范产业结构调整相关风险

银监会坚持密切跟踪经济金融形势,建立有效的风险监控预警体系,定期监测分析产业行业风险,指导银行业金融机构优化信贷结构,防范产业结构调整相关风险。贯彻落实国家关于抑制产能过剩、淘汰落后产能、促进节能减排的各项宏观调控要求,加大对高耗能、高排放项目和产能过剩行业的信贷控制,做好落后产能淘汰名单所列企业信贷资产的保全工作。积极科学支持节能减排有关项目,协助推进节能减排长效机制建设。

4.防控集中度风险

银监会确定集中度限期达标规划,2010 年将集中度达标情况与市场准入、信贷投放、现场检查和非现场监管等紧密挂钩,严防大额授信集中度风险,坚守单一客户授信不得突破银行资本净额 10%、集团客户授信不得突破资本净额 15%、全部关联度及全部关联方授信总额不得超过资本净额 50%的"红线"。

5.加强信贷精细化管理程度

银监会坚持贷款周期与企业生命周期相匹配,信贷进入和退出与企业有效现金流相匹配,提高信贷资金投放与收回的科学性。督促银行业金融机构全面实施"三个办法、一个指引",加强贷时与贷后管理,建立和完善以"实贷实付"为核心的精细化信贷管理模式,从源头控制信贷资金被挪用风险,确保信贷资金进入实体经济。及时将不良贷款考核重点转向风险管理工作的扎实深入程度、科学精细化水平、风险暴露的充分性等,督促银行业金融机构准确进行贷款风险分类,切实做到风险及早充分暴露。要求银行业金融机构抓住当前盈利较好的有利时机,"以丰补歉",全力提足拨备,切实提升风险抵御能力。

6.规范银信理财合作业务

为进一步强化银信理财合作业务监管,多措并举,促进该业务科学、规范发展,银监会指导银行和信托公司依法创新。2010年,银监会印发了《关于规范银信理财合作业务有关事项的通知》,再次强调信托公司自主管理原则,对融资类业务实施余额比例管理,叫停开放式及非上市公司股权投资产品,要求商业银行两年内将表外资产转入表内并计提拨备。建立银信理财合作业务逐日监测制度,利用非现场监管信息系统持续监测。通过专题监管会议对商业银行和信托公司进行监管指导。利用监管评级和《信托公司净资本管理办法》,引导信托公司提高自主管理能力,实现内涵式增长。

(四)市场风险监管

1.加强银行账户利率风险管理

银监会首次组织实施针对商业银行银行账户利率风险管理的现场检查,对深化和加强银行账户利率风险管理监管进行了探索,同时促进了专业化人才队伍的构建。对部分市场风险业务相对活跃的外资银行有针对性地开展专项检查,不断提升专项检查能力。同时,积极参与巴塞尔银行监管委员会交易账户小组的相关工作,紧密跟踪研究国际上有关市场风险监管政策的变化,并结合我国实际情况,及时调整市场风险监管政策。此外,银监会还密切关注非银行金融机构市场风险,结合监管信息系统建设,设计专门报表,收集各类非银行金融机构市场风险基础数据,进行系统分析。

2.金融租赁公司市场风险监管

针对金融租赁公司的情况,银监会在借鉴国际经验的基础上,结合实际,把对金融租赁公司市场风险的监测重点放在关注租赁资产余值风险、汇率风险、利率风险等方面。特别是在租赁资产余值的市场风险方面,创造性地设计了租赁余值波动率、租赁余值质量偏离度、减值准备覆盖租赁余值率等指标, 以考量租赁资产余值的价值波动风险以及租赁资产余值准备金充足程度。风险抵补方面,租赁资产余值按 100% 的风险权重纳入表内加权风险资产, 未提足的租赁资产余值减值准备从资本净额中扣减,并最终与资本充足率计算挂钩。

(五)操作风险监管与打击金融犯罪

1.操作风险管理制度建设

指导银行业金融机构梳理完善制度体系, 按业务条线建立业务流程和岗位规范,开发应用信贷管理系统和事后监管系统,构建科学的流程体系,深化内部治理、风险控制、责任追究、协调联动、培训教育相结合的操作风险防控长效机制。推动实施内审监督检查和业务条线操作风险防控措施,提升案件和违规责任追究制度化、规范化水平。督促农村中小金融机构全面开展以案件治理与风险防控政策、制度、相关工作要求和内部控制制度规范、主要业务流程操作风险及防控措施为主要内容的培训工作。

2.案件防控工作长效机制建设

2010 年,银监会始终紧紧围绕“标本兼治、重在预防”的工作方针,牢牢把握工作的主动权,不断探索推动案件防控工作科学发展的新方法、新途径,着力解决困扰银行业案件防控工作的主要矛盾和突出问题,推进银行业案件防控工作长效机制建设。印发《银行业金融机构案件处置工作规程》、《银行业金融机构案件(风险)信息报送及登记办法》和《银行业金融机构案件防控工作联席会议制度》等三项制度文件,规范案件处置、案件(风险)信息报送等工作。派出骨干深入银行业金融机构进行案件防控工作业务培训,提升案件防控队伍素质。深入开展“银行业内控和案防制度执行年”活动,通过深入辖区现场督导或约请高级管理人员谈话等多种方式加强大要案督导力度,制定“专人负责、分析成册、实施问责、总结心得”的案件处置原则,更加注重案件剖析,举一反三、查漏补缺、以查促防,成效初显。加强调查案件时与公安机关和有关部门的配合,建立联席会议制度和重大案件联合督办制度,案件防控联动机制初步形成。同时,推动银行业金融机构加大案件移送力度,取得良好的法律效果和社会效果。

2010年,银监会针对信用卡市场存在的乱营销、乱发卡、乱签商户、不现场调查、不定期巡检、不监测交易等现象,采取了强有力的监管措施,对信用卡业务进行集中治理和规范。要求银行业金融机构全面梳理信用卡业务内部制度流程,将信用卡业务的各项监管要求转化为内部制度和业务流程,全面规范信用卡业务每一个环节,切实加强合规管理和风险管理,强化对分支机构的管控。建立信用卡规范的长效机制,妥善处理业务发展和风险管理的关系,对《信用卡业务绩效考核办法》进行清理,逐步纠正绩效考核中重发卡、轻管理等不科学的做法。高度重视信用卡案件防控工作,积极查找、堵塞漏洞,防范风险,加强内控,明确责任。对于已经发现的违规行为和案件严肃问责,并举一反三,深入整改。此外,银监会还对部分商业银行信用卡中心进行了现场检查。

3.信息科技风险监管

为加强信息科技风险监管,银监会印发《商业银行数据中心监管指引》(银监办发[2010]114号),为提高业务连续性水平提供了制度保障。全面开展信息科技风险非现场报表报送、数据分析等相关工作,为信息科技风险的分类、预警和监管评价评级工作提供参考。组织开展信息科技风险全面现场检查和多场专项检查。做好上海世博会和广州亚运会期间银行业信息科技风险防控工作,确保信息系统安全、平稳、有效运行。认真研究并组织制定了《中国银行业"十二五"信息科技发展规划监管指导意见》,明确"十二五"期间中国银行业信息科技发展的战略重点、总体目标和指导原则,提出科技工作的主要任务,为银行业金融机构未来五年的信息科技发展提供总体思路和分类指导建议。

(六)流动性风险监管

1.积极开展流动性压力测试

为加强对各项流动性监管指标的密切监控和对流动性风险的预

改革中的中国金融

判,2010年,银监会对单项指标异常的银行业金融机构提出有针对性的监管措施。积极开展流动性压力测试,适时印发风险提示函,推动制定风险预案,防止流动性短期大幅波动。严格执行存贷比、集中度等监管指标。同时,进一步明确银行业金融机构流动性风险管理的审慎监管要求,实施严格的监督检查措施,纠正不审慎行为,促使商业银行合理匹配资产负债期限结构,提高流动性风险管理的精细化程度和专业化水平,增强银行体系应对流动性冲击的能力。结合外资银行单一股东、集团架构、跨境运营的特点,有针对性地开展外资银行流动性现场检查,充分揭示外资银行母行集中管理流动性的潜在风险,积极提高危机情况下银行风险抵御能力。

2.借鉴国际监管新规

为适应新形势、新情况,银监会十分注重借鉴国际监管新规,提高流动性风险管理水平。例如2010年12月,巴塞尔银行监管委员会发布《流动性风险计量标准和监测的国际框架》(International Framework for Liquidity Risk Measurement,Standards and Monitoring),是巴塞尔银行监管委员会2008年9月《流动性风险管理和监管稳健原则》(Principles for Sound Liquidity Risk Management and Supervision)的重要补充,旨在增加全球银行体系的高流动性资产储备水平,促进银行以更加稳定的资金来源支持业务持续发展,减少流动性危机发生的可能性和冲击力,提升《流动性风险管理和监管稳健原则》在各个国家和地区执行的一致性,在全球范围内提高流动性风险管理和监管的可操作性和有效性。该框架提出两个基于压力测试的流动性计量国际标准:流动性覆盖率(Liquidity Coverage Ratio,LCR)和净稳定资金比率(Net Stable Funding Ratio,NSFR)。其中,流动性覆盖率主要反映短期(未来30天内)特定压力情景下(压力情景体现在对资产和负债项目赋予不同的权重系数),银行持有的高流动性资产应对资金流失的能力。净稳定资金比率是对流动性覆盖率指标的补充,目的在于防止银行在市场繁荣、流动性充裕时期过度依赖批发性融资,根据银行在一个年度内资产和业务的流动性特征,设定可接受的最低稳定资金量,以鼓励银行通过结构调整减少期限错配,增加长期稳定资金来源。与现行流动性监测指标相比,新指标更精细,更具前瞻性。银监会将根据我国银行资产负债结构的现状以及变化趋势,积极借鉴巴塞尔银行监管委员会关于流动性监管的最新标准,完善流动性风险监管制度。建立流动性覆盖率、净稳定融资比例、流动性比例、存贷比等流动性监管标准以及核心负债依存度、流动性缺口率、客户存款集中度、同业负债集中度等流动性监测指标,推动银行业金融机构建立多情景、多方法、多币种和多时间跨度的流动性风险监控指标体系。

(七)国别风险监管

为应对我国银行业金融机构发展需要, 适应巴塞尔银行监管委员会《有效银行监管核心原则》(Core Principles of Effective Banking Supervision)要求,提高国别风险管理水平,银监会在系统总结多年实践经验的基础上,借鉴国际先进经验,印发《银行业金融机构国别风险管理指引》,清晰划分银行业金融机构内部国别风险管理职责,规范银行业金融机构国别风险的识别、计量、监测和控制各个环节,明确国别风险准备金计提要求,并为监管部门监督检查提供标准。银监会还积极督促银行业金融机构建立与本行国别风险敞口规模和业务复杂程度相适应的国别风险管理体系,加强对国别风险的识别、计量、监测和控制,加强境外授信业务管理,建立国别风险评估体系,对国别风险实行限额管理,并相应计提国别风险准备金。

(八)声誉风险监管

《商业银行声誉风险管理指引》于 2009 年 8 月发布后,2010 年,银监会继续探索声誉风险管理监管方式、方法,开展声誉风险评价指标体系研究,注重发挥市场约束作用,致力于将声誉风险管理纳入全面监管体系,推动银行监管工作,维护国家金融体系稳定和政府声誉。督促银行业金融机构深入贯彻执行《商业银行声誉风险管理指引》,建立健全声誉风险管理机制,制定相应管理办法和制度,并据此修订完善相关业务规章制度。督导银行业金融机构将声誉风险管理纳入公司治理及全面风险管理体系,与产品开发、业务管理深度融合,推动内部治理和经营管理水平不断提升。引导银行业实现声誉风险归口管理,注重加强声誉风险管理队伍的建设和教育培训,协调、指导银行业妥善处理声誉风险事件,积极推动银行业声誉风险管理经验交流与分享,注重发挥银行业合力,银行业整体声誉风险管理水平有了明显提升。

(九)融资性担保业务工作

在国务院正确领导和各成员单位及各省(区、市)密切配合下,银监会积极履行融资性担保业务监管部际联席会议牵头职能。2010年,联合相关部门印发实施《融资性担保公司管理暂行办法》,陆续印发《融资性担保公司董事、监事、高级管理人员任职资格管理暂行办法》《融资性担保公司公司治理指引》《融资性担保公司内部控制指引》《融资性担保公司信息披露指引》《融资性担保机构经营许可证管理指引》《融资性担保机构重大风险事件报告制度》等配套制度,为加强担保业务监管提供重要的制度保障。进一步加强监管指导、协调和培训工作,督导大力推进规范整顿工作,促进融资性担保机构依法合规经营。协调国家有关部门和地方政府研究制定促进行业健康发展的政策措施,研究推进银担合作,推进行业自律组织和评价体系建设,为融资性担保行业稳健发展奠定良好基础。

(十)处置非法集资工作

银监会贯彻落实《国务院办公厅关于严厉打击非法集资有关问题的通知》(国办发电[2010]2号)精神,履行牵头部门职责,增加联席会议成员单位,推动各地方政府成立打击和处置非法集资工作领导小组,配合中央社会治安综合治理办公室,将打击和处置非法集资工作纳入社会治安综合治理考评范围,配合最高人民法院出台《关于审理非法集资刑事案件具体应用法律若干问题的解释》(法释[2010]18号),协调相关部门和地方政府开展面向公众的宣传教育工作,编制《防范和打击非法集资宣传教育规划纲要(2010—2015年)》,着力建立宣教工作长效机制,积极协调重大案件的处置工作。

第三节 监管机制建设

一、监管制度建设

1.完善监管法规框架

为进一步全面推进依法行政,2010年,银监会共制定规章6件,规范性文件65件,包括印发《商业银行稳健薪酬监管指引》、《银行业金融机构外包风险管理指引》、《银行业金融机构国别风险管理指引》、《银行业金融机构外部审计监管指引》、《商业银行数据中心监管指引》、《商业银行市场风险资本计量内部模型法监管指引》等,进一步完善银行风险管理体系。

2.完成法规清理

根据《国务院办公厅关于做好规章清理工作有关问题的通知》(国办发[2010]28号)要求,2010年5月,银监会对成立以来发布的41件规章、以监管为主要内容且具有普遍约束力的非涉密性616件规范性文件,以及人民银行与银监会分设前由人民银行发布的458件规章和规范性文件进行全面清理。2011年1月,银监会印发《中国银监会关于发布银行业规章清理结果的公告》(银监发[2011]1号),正式对外公告银行业规章和规范性文件清理结果,包括六类文件目录:一是由银监会发布的39件规章,继续有效。二是由银监会发布的493件规范性文件,继续有效。三是由人民银行发布的68件规章和规范性文件,继续适用。四是由银监会发布的2件规章,自公告之日起废止。五是由银监会发布的82件规范性文件,自公告之日起废止。六是由人民银行发布的66件规章和规范性文件,不再适用。

3.参与制定法律法规

2010年，银监会参与《消费者权益保护法》、《基本住房保障法》、《发票管理办法》、《车船税法》、《考试法》、《电影产业促进法》、《人民调解法》、《预备役军官法》、《水土保持法》、《社会救助法(草案)》、《企业投资项目核准和备案管理条例》、《船舶工业发展条例(草案)》、《国内水路运输条例(草案)》、《民办事业单位登记管理条例(草案)》等法律法规的起草或修订工作。

二、"三个办法、一个指引"

在借鉴国际银行业信贷管理经验、广泛征求各方意见基础上，银监会根据我国银行业贷款业务发展实际，于2009年年底至2010年年初相继印发《固定资产贷款管理暂行办法》、《流动资金贷款管理暂行办法》、《个人贷款管理暂行办法》和《项目融资业务指引》(简称"三个办法、一个指引")，并于2010年年初印发《关于严格执行〈固定资产贷款管理暂行办法〉、〈流动资金贷款管理暂行办法〉和〈项目融资业务指引〉的通知》，就法规执行提出具体要求。

"三个办法、一个指引"颁布实施后，银监会积极做好宣传、培训和解释工作。同时，认真梳理实施过程中反映的问题，召集专题小组进行讨论，在反复征求意见后印发《关于〈固定资产贷款管理暂行办法〉的解释口径》。

三、监管方式评估和提升

银监会高度重视和坚持监管后评价工作。在市场准入、非现场监管和现场检查工作基本形成完整体系和做法并运行一段时间后，2008年，银监会原定对相关工作进行一次全面后评价，但由于爆发百年一遇的国际金融危机，以及国内银行业自身许多重大改革正在探索推进，相关条件尚不成熟，后评价工作暂时搁置。经过两年危机考验，银行业改革开放和发展创新的成果得到检验。2010年，站在新的起点，银行业又将面对未来五到十年转变发展方式和提升竞争能力的严峻挑战,为进一步提高监管有效性并以此促进银行体系稳健运行,银监会在广泛调研的基础上正式启动监管后评价工作,对市场准入、非现场监管和现场检查三大监管领域的工作成绩和经验、存在的问题和不足进行全面分析总结,巩固监管成果,对下一步优化升级工作进行研究部署,进一步完善由市场准入、非现场监管和现场检查共同构成的风险监管链条。

1.市场准入

(1)机构准入注重国家区域发展战略和科学合理布局。一是贯彻落实国家区域发展战略,指导银行业金融机构加大对金融服务薄弱地区的支持力度,完善小企业服务机构体系。2010年,批准银行业金融机构在中、西部地区发起设立112家村镇银行,加大对西部地区金融支持力度。推动中国邮政储蓄银行两类支行改革,加强金融机构空白乡镇的网点建设。首次允许外资银行在总行或其分行所在城市辖内外向型企业密集市县设立支行试点,发挥外资银行在县域外向型经济发展中的作用。批准外资银行在东北和中西部地区增设10家分行。继续推进大中型银行小企业专营机构建设,鼓励中小商业银行在小企业金融服务相对薄弱的地区优先设点,加快培育新型农村金融机构。二是引导银行业金融机构科学布局,通过大型商业银行境内外机构设立、变更、终止等事项审批,优化大型商业银行资源区域配置。引导中小商业银行建立科学的机构规划,合理设置分支机构。有序推进外资银行法人改制和股权重组工作,批准4家外资法人银行的改制开业申请。三是创新新型农村金融机构管理模式。调整村镇银行贷款集中度标准,拓宽村镇银行主发起人范围。提高农村商业银行准入条件,调整下放部分行政许可事项审批权限。允许采取阶段性绝对控股方式兼并重组高风险农村信用社。四是进一步拓展金融服务领域,完成4家消费金融公司试点审批工作。继续做好扩大商业银行设立金融租赁公司试点工作,3家金融租赁公司获准开业。支持具备条件、符合产业发展方向的企业集团设立财务公司,支持符合条件的大型汽车生产企业设立汽车金融公司,继续做好货币经纪公司试点审批工作。

(2)业务准入着重风险防范和审慎原则。一是遵照"稳步推进、资本约束、制度先行、风险隔离"原则,对综合化服务模式进行初步探索,稳步推动商业银行审慎开展基金、保险、租赁等综合经营。二是审慎提出外资银行发债审核标准,批准3家符合条件的法人银行在境内发行金融债。三是审慎审批城市商业银行联合重组业务,充分考虑重组银行之间的融合性,并严格限制高风险机构。

(3)规范高级管理人员和关联股东管理。一是做好高级管理人员任职资格审批。加强对大型商业银行、农村中小金融机构高级管理人员的实质性审查,强化对独立董(理)事的专业素质、履职能力审查及后评价。二是对股东资质条件严格把关。对股东实行持续性监管,定期考核股东资质和诚信状况。2010年,银监会及其派出机构共办理各类行政许可事项54102件。其中,涉及机构设立、变更和终止审核事项25636件,业务审核事项7012件,董事和高级管理人员的任职资格审核事项21454件。

2.非现场监管

(1)实现风险早期预判与监管关口前移。一是继续通过季度经济金融形势通报会对银行业金融机构进行风险预警和提示,对所有潜在的重点风险领域实行"纵向到底、横向到边"的动态跟踪监测分析。二是加强对客户风险信息的统计与分析运用,加强客户风险统计分析预警,持续开展集团风险监测。三是加强对国家开发银行债信以及流动性风险的预判、分析和研究。四是高度关注外资银行母行的经营变化和风险事件,收集整理80余家在华外资银行母行的基本情况,研究制定《外资法人银行及外国银行分行危机处置操作规程》,为外资银行危机处置建立长期制度安排。

(2)实现风险动态跟踪与监管精确制导。一是严格做好月、季和半年等各期日常非现场监管数据的审核、通报工作。完成消费金融公司非现场监管报表指标进入非现场监管信息系统及数据"集市"工作。二是通过多种方式密切关注商业银行各类风险，并及时就监测发现的风险问题采取约见高级管理人员谈话、召开监管会议等监管措施。三是完善监管指标体系，基本统一各类银行业金融机构的监管评级办法，加快资本充足率、动态拨备率、杠杆率、流动性比率等审慎监管工具建设进度，通过指标监控实现风险监管的精确制导，防止高风险和系统性风险隐患。四是做好与银行业金融机构、外部审计师三方会谈机制，多渠道了解银行实际风险状况和风险管理能力。

（3）实施风险同质同类比较分析。一是使用"骆驼+"（CAMELS+）评级法，做好监管评级工作。严格把握评级标准和分值，做到定量与定性相结合，综合考虑日常监管信息和各类因素，对商业银行开展综合评级，并在监管评级的基础上实施分类监管。二是按照新会计准则要求全面梳理和修订非现场监管报表指标体系。重点解决报表体系与新会计准则要求不一致问题，修改报表格式、填报说明、校验关系以及监管指标，调整报表时间、频度和口径，进一步提高月报和半年报时效性。三是修订外国银行分行监管评级办法，推动农村合作金融机构主要风险监管指标达标升级工作。四是比较分析、掌握各银行业金融机构相对竞争优势与劣势，有针对性地制订监管规划和现场检查计划。

3.现场检查

（1）坚持以风险为导向的现场检查工作。一是组织开展贷款分类偏离度、新发放贷款情况、执行"三个办法、一个指引"、地方政府融资平台贷款、房地产贷款、信用卡业务、流动性风险、个人理财业务等现场检查，推动银行业金融机构认真贯彻落实审慎监管要求，督导落实宏观调控政策。二是注重发挥现场检查揭示风险的功能，坚持风险导向，突出对重大代偿性风险、系统传染性风险以及跨业跨境风险的重点检查和及早干预。三是突出高风险环节和重点领域，通过对中小商业银行、外资法人银行公司治理、风险管理体系和内部控制等重点领域的检查，注重寻找制度性、体系性缺陷和薄弱环节，发现问题，深挖根源，切实提升银行稳健经营和风险管理能力。

(2)完善现场检查方式方法。一是合理利用延伸检查权,将调查延伸至会计核算和业务交易。2007年至今,银监会及其派出机构共使用相关调查权(延伸检查权)811次,提高查深、查透、查实问题的能力和效率。二是综合利用后续整改跟踪和检查成果。基本建立现场检查整改方案由被检查机构"三长"签字确认的机制,基本实现对整改情况的持续跟踪,初步建立方案库、问题库、报告库和人才库。三是成功运用现场检查分析系统(EAST系统)。2010年,银监会运用EAST系统对15家银行业金融机构开展现场检查,检查范围覆盖信贷、投资、理财、表外等各类业务,通过建立数据分析模型,精确指导现场检查工作。四是注重现场检查协作。加强与母国监管当局、属地银监会派出机构在现场检查方面的沟通与协作,及时共享重大检查发现,共同配合落实整改措施。五是灵活运用现场检查国际的良好做法。

(3)加强现场检查队伍建设。积极推进主监管员、主查员"双主员"队伍建设,相应调整监管流程,制定激励约束机制,努力引导其积极发挥作用。在部分派出机构启动现场检查大队试点工作,基本实现现场检查力量的集中指挥、统一调配和快速响应,为构建现场检查新组织形式进行探索。

4.市场退出与风险处置

2010年,银监会继续稳步推进城市信用社转制、重组工作。推进厦门国际银行、宁波国际银行等城市商业银行转制,汕头市商业银行重组,甘肃白银和新疆哈密2家城市信用社改制城市商业银行,辽宁营口4家城市信用社组建营口沿海银行等工作。

积极稳妥推进高风险农村信用社风险处置工作。批准河北省肃宁县尚村农村信用社(已停业多年)实施破产,督促指导河北省政府依法对尚村农村信用社履行破产程序,并在广东汕头、吉林四平、河北蠡县等农村信用社风险处置工作方面取得重大进展。编制《农村中小金融机构高风险机构撤销工作规程》,规范高风险机构撤销工作。

基本完成对高风险非银机构的处置工作。7家高风险信托公司中,3家公司已通过司法重整方式恢复经营,4家公司已进入破产清算阶段。13家拟重新登记信托公司中,10家公司的重组方案已获批复,其中9家已正式开业。8家高风险财务公司已全部重组完毕,7家已经开业运营。3家高风险金融租赁公司中,1家通过行政重组已经正式开业。

5.监管问责与处罚

(1)现场检查处罚情况。据资料统计,2010年,银监会通过各类现场检查,共查处银行业金融机构违规金额1.54万亿元,处罚违规银行业金融机构2312个,取消高级管理人员任职资格49人。

(2)严肃处理重大违规问题。一是严肃查处商业银行违规揽储行为。2010年以来,少数银行业金融机构利用不正当手段吸收存款的行为有所抬头,银监会及其派出机构利用非现场监测、信访举报、媒体披露等渠道,加大对各类违规揽存行为的明察暗访,并采取措施处罚了一批违规机构和个人,有效发挥了威慑和遏制作用。二是加大对商业银行违规发放房地产贷款查处力度。2010年,银监会进一步加大对商业银行违规发放房地产开发贷款和个人按揭贷款的查处力度,对贷前调查、贷时审查和贷后管理等环节开展严格检查,并对部分商业银行严重违反审慎经营规则、违反国家及地方房地产调控政策、利用个人贷款套取信贷资金用于房地产开发等违规行为进行严肃查处。

(3)加大案件移送力度。银监会将检查发现的各类案件线索及时移送公安部门和司法机关,严厉打击各类金融犯罪活动,为实现银行业案件防控和长效机制建设打开良好局面,取得良好的法律效果和社会效果。

四、监管交流与合作

1.国内监管协作和信息共享

(1)加强与国内职能部门的政策协调。2010年,银监会进一步推进与国内有关职能部门的政策协调工作。积极参与"商业银行资本补充和约束机制"、"改进小企业金融服务"、"推进政策性金融机构改革研究"等重大金融课题研究,提供决策参考。2010 年,银监会、国土资源部在全国 105 个重点城市全面推广银行、国土信息共享试点工作,银行国土信息查询系统为银行业金融机构解决信贷调查过程中信息不对称、不及时问题提供了有效的工具。银监会会同工信部、国家统计局等部门,制定新的小企业划分标准,解决小企业统计难题,增强小企业金融服务的针对性;会同工信部、广东省政府等部门主办第七届中国国际中小企业博览会,加大对小企业金融服务的宣传力度,树立小企业金融服务典型标杆。

(2)与国内其他金融监管部门开展监管合作。银监会会同财政部、人民银行、审计署、证监会、保监会、外汇管理局等部门联合印发相关文件,推动金融企业建立合理的激励约束体系,建立应急危机处置机制,实现信息共享。

2.跨境监管交流合作和监管协调

(1)发展跨境监管合作关系,举办跨境监管磋商。据资料,仅 2010 年,银监会就分别与捷克、马耳他、印度尼西亚、南非、塔吉克斯坦和印度监管当局签署相关备忘录和协议。至此,银监会已与 42 个国家和地区的金融监管当局签署双边监管合作谅解备忘录或合作协议。在与美国、加拿大、新加坡、日本、中国香港等国家和地区银行监管当局建立正式双边和多边磋商机制基础上,2010 年,银监会与新加坡金融管理局共同举行第四次中新监管磋商, 与香港金融管理局共同举行第十二次监管磋商, 与日本和韩国金融监管当局共同举办第五次中日韩研讨会暨第三次副手会, 并与美联储就我国银行业综合并表监管能力开展评估会谈。此外,银监会积极参与高层和跨部门多边及双边会议机制,包括第三次中英经济财金对话、中欧经贸高层对话、第三次中日经济高层对话、第四次中印财金对话、中巴财金分委会第一次会议等。

（2）举办监管联席会议，加强日常监管交流。2010年，银监会成功举办中国银行监管（国际）联席会议，与有关国家和地区的金融监管当局就银行集团的经营情况进行信息交换，并就相应监管手段和监管方法进行沟通协调。此外，持续加强与有关国家监管当局的日常监管交流，包括协助有关国家监管当局开展对中资银行设立海外分支机构的申请审批工作；加强与东道国监管当局的信息沟通和监管合作，并出具监管意见；在已签署的双边监管合作谅解备忘录和合作协议的框架下，与境外监管当局合作，实施跨境现场检查等。

第四节　金融消费者保护、信息披露与市场约束

一、存款人和金融消费者权益保护

1.强化合规理念

银监会始终将保护存款人和金融消费者的合法权益作为自身监管工作的重要组成部分。2010年，银监会加强银行业金融机构的合规销售及其信息披露的监管力度，印发《关于进一步加强商业银行代理保险业务合规销售与风险管理的通知》《关于进一步规范银行业金融机构信贷资产转让业务的通知》等多项具体业务行为规范，以充分保护存款人和金融消费者权益为基本原则和主线，全面细化商业银行个人理财产品的合规监管要求，进一步明确理财产品销售文本合规性自查和整改要求，有效规范全行业理财业务销售经营行为，并加强重点领域风险监测跟踪，及时提示风险。

2.推动基础金融服务均等化

银监会十分注重引导银行业改善弱势群体金融服务，推动实现基础金融服务均等化。2010年，针对媒体和社会公众关注的商业银行服务收费问题，及时印发《关于加强商业银行服务收费管理工作的通知》，要求各银行严格遵守各项监管要求，对现有服务项目进行梳理，停止不

改革中的中国金融

合规、不合理的收费项目,整改存在瑕疵的收费行为。银监会还注重及时对存款人和金融消费者提示风险,先后通过官方网站发布《关于春节期间银行卡安全用卡的风险提示》、《关于防范以贷款名义骗取银行账户信息的风险提示》和《关于保障金融消费者银行卡资金安全的风险提示》等多个风险提示,在"两会"、上海世博会、广州亚运会和重要节假日期间,及时发布风险提示信息,维护金融稳定。

3.积极引入消费者教育的新理念

银监会对存款人和金融消费者保护的框架体系主要由监管、行业自律和金融消费者教育三部分组成。同时,充分发挥中国银行业协会及消费者协会等组织作用,积极引入消费者教育的新理念,全方位、多层次地实现保护与教育的广域覆盖。在监管、行业自律和金融消费者教育三者有机结合的框架下,开展一系列卓有成效的工作:

(1)开展对消费者保护行为监管模式的探索。一是规范银行业经营行为。针对个贷、理财、电子银行、银行卡等业务出台《商业银行金融创新指引》、《个人理财业务管理暂行办法》、《关于做好网上银行风险管理和服务的通知》、《关于进一步规范信用卡业务的通知》、《关于商业银行开展代理销售基金和保险产品相关业务风险提示的通知》等一系列规章。二是从内部制度建设、行为准则、信息披露等方面予以引导。指导中国银行业协会颁布《中国银行业公平对待消费者自律公约》、《中国银行业文明服务公约》、《银行业从业人员职业操守》、《中国银行业零售业务规范》、《中国银行业柜面服务规范》等一揽子公约。三是对违规行为实施惩戒。

(2)完善存款人和金融消费者投诉的处理机制和程序。要求银行业金融机构明确处理投诉的部门、职责及时效,优化资源配置,保证投诉处理的公开透明,并建立定期报告和检查回顾制度。组织行业协会建设存款人和金融消费者的再投诉处理机制。设置专门部门处理群众的来电来函、金融投诉,并公布投诉电话、通讯地址及网上在线投诉方式等事项,严肃处理辖区内的侵害消费者利益行为。

（3）开展银行业公众教育活动。银监会在中央国家机关中首个设立"消费者公众服务教育区"和"公众教育服务网"。联合中国银行业协会、中国工商银行在公众教育服务区举办以"自助银行服务"为主题的公众教育展览，先后举办五次关于理财、信用卡、网银等方面的讲座，设立"网银体验专区"，不断丰富和拓展服务区功能，进一步推动"公众教育服务中心"相关工作的规范化建设。

2010年11月，中国银监会启动"2010年中国银行业公众教育服务日"活动，以"和谐金融、美好生活"为主旨、"多一份金融了解，多一份财富保障"为主题，向公众普及金融知识，提高公众识别和防范金融风险的能力。这次活动得到全国各级银行监管机构以及相关政府部门的重视和支持，全国范围内银行业金融机构开展持续数周的银行业金融知识普及宣传活动。活动从借记卡、信用卡、银行理财、代理基金保险、个人贷款、自助设备、电子银行、非法金融活动及商业银行概述等9个方面向公众普及金融基础知识，进行风险提示；编制"银行业形象篇"、"理财篇"、"银行卡篇"、"ATM篇"和"电子银行篇"等公益广告。根据各地辖内金融发展的不同阶段以及当地公众的实际需求，制定具有地方特色的宣教内容。通过电视、报纸杂志、网站、户外广告、短信、银行网点以及深入社区、街道"面对面"等多种形式进行宣传普及。据不完全统计，共有约18万个银行网点参与宣教，全国在公共区域设立的宣教点近3.8万个，参与宣教的银监会系统和银行员工达140万人次，发放宣传材料6750余万套，覆盖人群达9.3亿人次，是迄今为止我国最大规模的银行业全民金融教育服务行动。此次活动得到良好的社会反响，调查显示，有96.5%的公众认为开展银行业公众知识普及教育非常必要或必要，超过90%的公众表示愿意参与其中。银监会还连续四年开展"送金融知识下乡"活动，组织"安全用卡宣传月"等多场次知识普及，提高消费者主动识别和防范风险、维护自身合法权益的能力。

改革中的中国金融

二、政务公开与透明度建设

1.完善领导机制和制度建设

银监会高度重视政务公开工作,多次将政务公开工作列入重要议事日程,始终把推行政务公开作为促进银监会依法监管、确保权力在阳光下运行的重要举措。银监会明确发布所有银行业监管规章、非涉密规范性文件和监管政策均实行"三位一体"原则,即在发布同时须配发法规说明、新闻稿和答记者问。

大力推进政务公开渠道和平台建设。对银监会官方网站进行全面改版和升级,重点建设政府信息公开平台、公众教育平台、市场互动平台、在线服务平台、在线查询平台,并增设分支机构子站。同时,银监会及其派出机构向社会公开办公地址、服务投诉电话,及时听取公众对政务信息公开工作的意见和建议,主动向政府信息查阅场所提供银监会信息。

加大政府政务公开监督考核力度。落实《政府信息公开监督考核办法(试行)》相关规定,将政务公开工作纳入巡视、党风廉政建设检查、银监会系统"三位一体"考核和银监会工作人员履职问责等工作范围,将人事、财务、基建、大宗物品采购等项目作为监督检查的重点定期考评。

2.拓宽政务公开广度和深度

据资料显示,仅2010年,银监会共向被监管对象公开银行业监管规章、规范性文件2625项次,公开银行业监管法规和相关政策719项次,公开银行业监管行政审批程序、监管程序和处罚程序309项次,公开银行业监管行政审批和处罚结果8032项,公开统计数据和监管信息3066次,公开银监会系统自律性规定533个。

主动披露信息。银监会通过《人民日报》、新华社、《经济日报》、中央电视台等主要社会媒体发布大量应对国际金融危机、加强金融监管、推进小企业金融服务、加强农村金融服务等方面的政策信息。仅2010年,共召开48次新闻通气会,定期向新闻媒体介绍工作进展,解答公众关注的问题,使公众更加深入了解银监会工作和银行业改革发展情况。截至2010年年底,银监会官方网站累计访问量达到1333万人次。

同时,银监会做好依法申请公开工作,确保社会公众知情权。2010年,银监会共受理18位自然人、2家法人机构提出的共计30件有效政府信息公开申请,全部在规定时限答复申请人,办结率100%。

加强内部政务公开。银监会及时对系统内公布重要工作计划、工作目标及完成情况,及时通报内部管理有关制度实施情况。公布重大财务事项活动的过程及结果,规范固定资产管理及处置,提高大宗物品采购和工程招投标工作透明度。严格监督系统内民主集中制的执行和干部选拔任用、干部职工重大奖惩等工作程序,确保各项工作公正、公开、公平。不断完善民主生活会制度,广泛听取各级干部对工作和生活的意见和建议,责成相关部门认真研究落实。

通过政务公开,银监会监管形象有效提升,公信力明显提高。2010年,在北京大学、耶鲁大学等7家学术机构独立研究发布的《中国行政透明度年度报告》中,银监会的行政透明度在国家部委中名列第一。

三、银行业信息披露

根据《银监会统计信息披露暂行办法》,银监会坚持按季度、半年度和年度向全社会公布银行业金融机构的资产、负债、所有者权益、利润、不良贷款等指标,方便存款者、股东、债权人等利益相关群体及中介机构查阅、分析、比较和研究。督促银行业金融机构进一步规范信息披露方式,提高信息披露质量,增强信息透明度,要求商业银行进一步规范服务收费信息披露工作,通过营业场所公告、网站公示、媒体公告、宣传材料、对账单、柜台工作人员告知等多种方式向客户充分告知相关免费服务和收费服务的服务项目、内容和价格,切实保护广大存款人利益。

四、银行业会计制度建设与完善

1.继续推动新会计准则全面实施

银监会继续推动新企业会计准则在银行业金融机构中的全面实施,提高银行业金融机构会计信息质量,取得明显成效。截至2010年年底,包括农村信用社在内所有银行业金融机构已成功完成向新会计准则的转换工作。

2.积极参与修订完善国际会计准则

银监会组织主要商业银行积极研究探讨对国际会计准则的改革,全面参与金融稳定理事会和巴塞尔银行监管委员会有关会计准则改革议题的研讨,充分反映和表达我国银行业关于会计准则的立场和观点,积极支持和推动实现会计准则的全面趋同。

3.加强公允价值估值监管

印发《商业银行金融工具公允价值估值监管指引》,要求商业银行建立多元化的定价模型和交叉核对机制,提高复杂金融工具估值的可靠性,降低公允价值计量顺周期性,提高商业银行公允价值估值的审慎性和信息透明度。

4.加大对银行业金融机构外部审计监管力度

印发《银行业金融机构外部审计监管指引》,要求外部审计机构必须保持足够的独立性,具备较高的专业胜任能力,银行业金融机构积极配合外审机构开展审计工作,重视并积极整改外部审计发现的问题,及时将整改结果汇报银行业监管机构,通过举行双方或三方会谈方式,促进外部审计机构和银行业监管机构信息交流。对银行业金融机构更换外审提出更为审慎的监管要求,充分发挥外部审计对银行业监管的重要补充作用,提高银行外部审计的质量和银行会计信息的可靠性。

5.组织和推动银行业逐步实施可扩展商业报告语言(XBRL)

2010年10月,银监会启动制订"银行监管报表XBRL扩展分类标准"项目,推动XBRL在中国银行业推广应用,提高非现场监管报表数据的质量和准确性,降低数据处理成本,加快数据处理及应用时间,提高监管报告的数据利用水平。

第五节　银行监管展望

一、银行业应关注的主要风险

纵观世界经济,将会延续调整态势,受修复资产负债表和经济去杠杆化的影响,发达经济体消费需求仍无明显起色。当前经济增长仍主要依靠政府大规模救助,自主民间投资尚未恢复,经济增长内生动力依然不足。发达经济体面临失业率高涨的局面,欧洲主权债务危机还在不断扩大和蔓延,加剧了欧洲银行体系的脆弱性,美、欧、日继续推行量化宽松货币政策,加剧全球流动性泛滥及新兴市场的资产价格泡沫和通胀压力,世界经济发展仍存在很大不确定性。

当前,我国经济平稳较快运行格局已得到进一步巩固,生产、消费、投资、进出口均保持快速增长,扩内需效果明显。但是,宏观经济金融运行中的不稳定因素依然存在。我国外部需求将继续面临较大压力,出口行业的升级和转型更为紧迫。全球流动性泛滥,原材料、粮食等大宗商品价格震荡上行,将加剧我国输入型通胀压力及资产价格上涨压力。我国仍然存在能源资源消耗高、环境负荷重、结构性产能过剩、国际市场依赖度高等问题,转变经济发展方式和调整产业结构的任务仍十分艰巨。中国经济率先回归平稳增长轨道,为银行业发展提供了难得的历史机遇,但面对复杂多变的国内外形势,银行业仍存在诸多挑战,改革发展任重而道远。

一是贷款科学化管理水平亟待提高。为应对金融危机,信贷投放力度较大。2009、2010 年分别新增人民币贷款 9.59 万亿元、7.95 万亿元。面对贷款规模和业务量在短期内的快速增长,部分银行业金融机构管理粗放、贷款"三查"不到位等问题多有发生。同时,贷款中长期化趋势日益明显,部分中长期贷款行业集中度高、整借整还风险突出。

二是融资平台贷款清理成效初显,后续风险防控不可放松。由于平台贷款总额高、涉及面广、结构复杂,清理和化解任务艰巨,新一轮投资冲动可能带来的风险值得关注。

三是房地产市场非理性因素依然存在。由于深层次原因,推动房地产市场泡沫积聚的因素还在增加。房地产市场运行对银行体系稳健发展具有长期和重要影响,其中土地储备贷款和房地产开发贷款是风险防控的关键领域。

四是部分金融机构操作风险管理意识弱化。如齐鲁银行案件等多数案件发生在基层网点和所谓低风险业务领域,且多为内部人员作案,这反映出部分银行内在风险管理机制存在缺陷。

五是市场风险意识不足,市场风险管理体系有待完善。尤其是面对货币政策转变、利率市场化和汇率体制改革的挑战,银行业金融机构的市场风险管理能力与国际先进水平还有相当差距。

六是国内市场流动性逐步收缩,部分银行流动性风险上升。

二、银行监管重点

针对经济发展和银行业运行中的诸多不确定因素,我国将继续坚持风险为本的监管理念,积极落实宏观调控政策,推动银行业金融机构加快战略转型,切实服务于实体经济的科学发展。保护存款人和金融消费者利益,不断加强对经济发展重点领域和薄弱环节的金融服务支持。立足国内银行业实际,全面落实国际金融监管改革成果。继续强化系统性风险和区域性风险的评估监测和防范化解,持续深入推进银行业改革、发展和创新,为维护银行业安全稳健运行和经济平稳较快发展做出积极贡献。

1.加大力度推进落实贷款新规,提升信贷科学化管理水平

继续开展"三个办法、一个指引"等贷款新规的宣传教育、检查督导和跟踪整改工作,推动银行业金融机构转变认识、改造系统、革新流程,全面落实贷款新规,引导企业优化财务管理,从源头上防范信贷资金被挪用风险,确保信贷资金进入实体经济。同时,进一步督促银行业金融机构加强贷款合同的科学管理,合理设定贷款期限,规范贷款还款要求,积极防范风险的积聚和沉淀。提高贷款分类的准确性和贷款质量管理的精细程度,建立覆盖贷款分类迁徙度、贷款分类偏离度、还本到期偿付比率、贷款逾期率、非应计贷款比率和贷款质量向下迁徙率等系列指标的综合评价监测体系,督促银行业金融机构做到风险的早暴露、早发现、早确认,并严格做实资本抵补和准备计提工作。

2.督促加强地方政府融资平台贷款风险管理

继续按照"逐包打开,逐笔核对,重新评估,整改保全"的要求做好地方政府融资平台贷款风险管控工作,严格控制平台贷款增量,加快存量贷款的分类处置,提高相关贷款的资本要求和拨备标准,并加大监督检查力度,强化问责处罚,坚决处置各类违规违法行为,大力推进平台贷款的清理规范和风险防范工作。严格依据平台贷款管理要求,加大土地储备贷款的管理力度。

3.继续加大房地产信贷风险管控力度

严厉查处房地产开发贷款中的违法违规行为,强化房地产集团贷款管理,加强抵押品的合规认定、价值评估和后续管理工作。严格实行动态、差别化管理的个人住房贷款政策,限制各种名目的炒房和投机性购房。

4.加强操作风险管理,深入推进案件防控长效机制建设

进一步完善案件防控考核体系,将队伍建设、工作力度和有效性纳

入考核范围,使案防工作朝着持续化、常态化方向发展。建立案件防控长效机制,加快内部机制建设,强化风险管理内生动力。着重加强内审等内部机制建设,强化内审工作力量,提升内审工作独立性。加大监管监督和现场检查力度,强化责任追查制度,严格落实责任处罚。

5.推动银行业金融机构加快建立与风险承担能力相适应的市场风险管理体系

市场风险管理水平较高的银行要不断完善自身的信息系统建设,提升数据质量水平,合理利用风险模型,加强管理技术的应用和持续改善。督促中小商业银行着重加强基础性设施建设,提高账户划分的准确性,强化产品估值和信息系统建设,建立完整的市场风险管理架构。同时,加强衍生品风险管理,强化市场风险的资本约束,不断增强市场风险管理的独立性和全面性。

6.密切关注政策环境影响,加强流动性风险的防控

督促银行业金融机构建立科学的流动性风险监测体系,落实月度日均存贷款的监测管理制度,加强资产流动性和融资来源稳定性的有效管理。推动银行业金融机构,尤其是中小商业银行,严密监测流动性风险变化趋势,积极分析外部政策调整的影响,加强现金流预测和限额管理。积极推进新的流动性监管指标体系的实施工作。

三、银行监管发展趋势

"十二五"时期是我国全面建设小康社会的关键时期,也是深化重要领域和关键环节改革的攻坚时期。温家宝总理在十一届四次人大会议《政府工作报告》要求:"继续深化金融企业改革,加快建立现代金融企业制度。加快培育农村新型金融机构。继续大力发展金融市场,鼓励金融创新。推进利率市场化改革。扩大人民币在跨境贸易和投资中的使用。推进人民币资本项下可兑换工作。加强和改善金融监管,建立健全系统性金融风险防范预警体系和处置机制。"

"十二五"期间银行业改革发展与监管的总体思路是:以邓小平

理论和"三个代表"重要思想为指导,以党的十七大精神和科学发展观为统领,根据"十二五"规划,坚持支持实体经济科学健康发展,推动银行业与经济社会良性互动;坚持转变发展方式,以发展促转变,在转变中谋发展,不断提升发展质量和水平;坚持深化改革,逐步解除阻碍发展的深层次体制机制问题,推动提升金融自主创新能力,不断提高金融服务水平,大幅度提高我国银行业整体竞争力。银监会将根据《有效银行监管核心原则》和我国银行业实际,不断健全完善监管建设长效机制。

1.不断健全监管政策法规体系

一是积极参与国际监管标准制定,结合国际最佳实践和我国银行业实际,不断完善监管法规体系框架,提高立法的科学性。二是注重事前结构化限制性监管安排,推动金融机构破产法律制度建设,形成有序的市场化退出机制。三是完善银行业信息披露制度,扩大信息披露的深度和广度,进一步提高透明度,增强市场约束。四是加强法规实施以及执法监督效果的后评价和修订完善工作。

2.持续改进监管方法,提高监管能力

一是强化市场准入监管,提高非现场监管能力,改进现场检查流程和手段。二是不断完善非现场监管信息系统和现场检查系统,进一步推动非现场监管、现场检查和市场准入的联动,形成合力。三是加强风险管理和监管相关基础设施建设。四是推进监管资源集成,进一步完善监管激励机制,加强监管队伍建设。

3.逐步优化风险监管指标体系

以参与国际监管标准制定以及同步实施第二版、第三版《巴塞尔协议》为契机,完善现有框架,形成宏观审慎与微观审慎监管相结合,覆盖信用风险、市场风险、流动性风险、操作风险等主要风险类型,建立具有前瞻性、逆周期特征的审慎监管指标体系,准确衡量银行业风险水平、变化趋势、风险管控和抵补状况,切实提升银行业风险识别、计量、评价、监测、控制、缓释和预警能力。

4.加强存款人和金融消费者权益保护

维护广大存款人和金融消费者合法权益，关注金融服务公平与效率，增进公众对现代金融的了解。推动健全存款人和金融消费者保护和公众教育服务综合体系，形成由监管部门、教育部门、宣传部门和社会各相关领域共同参与的工作机制，提升居民金融素质，增强针对金融风险的自我保护能力。

5.积极完善金融监管协调机制

坚持分业经营、分业监管体制，增强宏观政策、产业政策和金融政策的协调配合，加强金融监管协调，建立健全系统性金融风险预警、防范、应对、处置机制。继续发挥好各种金融监管协调机制的功能，加强信息共享与合作。

积极参与国际金融监管标准改革和建设进程，提高发展中国家在国际监管改革中的话语权。通过签订监管合作谅解备忘录和组织国际监管联席会议等各种方式和机制，加强与母国、东道国之间持续、有效的信息沟通交流。推进与国际组织和境外监管机构的国际合作，积极防范风险的跨境传染，促进建立全球性金融危机应急和救助机制，提高共同应对危机的能力。

第三章

国有商业银行改革深化　股份制改造顺利完成

党的十六届三中全会提出,要把银行办成"资本充足、内控严密、运营安全、服务和效益良好的现代金融企业"。这为国有商业银行股份制改革明确了要求与方向。2004年的《政府工作报告》明确指出:"要以中国银行和中国建设银行股份制改造为试点,加快国有商业银行改革。"这标志着我国金融体制改革进入了新一轮深化阶段。

第一节　国有商业银行股份制改革过程

国有商业银行股份制改革是我国金融业的一次全新改革实践,意义重大。针对改革的复杂性和艰巨性,整个改革总体规划、分步实施。2003年,中国启动国有商业银行股份制改革;2009年1月,中国农业银行股份有限公司正式挂牌成立。至此,四大国有商业银行全部成立股份制公司。

一、中国银行、中国建设银行改革试点

2002年的第二次全国金融工作会议强调,必须把银行办成现代金融企业, 推进国有独资商业银行的综合改革是整个金融改革的重点。2003年,国务院决定选择中国银行、中国建设银行作为试点银行,运用国家外汇储备和黄金储备补充资本金, 推动试点银行通过建立规范的公司治理结构、转换经营机制,逐步改造成为产权清晰、资本充足、内控

严密、运营安全、服务与效益良好、具有国际竞争力的现代商业银行。2004 年 8 月 26 日,中国银行股份有限公司挂牌成立。2004 年 9 月 15 日,中国建设银行股份有限公司挂牌成立。2005 年 10 月 27 日,中国建设银行成功地在香港联交所挂牌,成为中国四大国有商业银行中首家上市的银行。2006 年 6 月 1 日和 7 月 5 日,中国银行先后在香港联交所和上海证券交易所挂牌上市。2007 年 9 月 25 日,中国建设银行回归 A 股,正式在上海证券交易所挂牌上市。

二、中国工商银行股份制改革

中国工商银行是我国资产规模最大的商业银行,为支持国民经济发展和经济体制改革做出了巨大贡献,同时,由于历史原因,也积累了较大风险。为适应金融对外开放和经济发展的需要,在总结中国银行和中国建设银行股份制改革试点经验的基础上,国务院决定对中国工商银行实施股份制改革。

2005 年 4 月 21 日,国务院批准了中国工商银行实施股份制改革的方案,并提出改革要求。国务院要求,中国工商银行要全面推进各项改革,以建立现代产权制度和现代公司治理结构为核心,转换经营机制,建立现代金融企业制度,成为一个资本充足、内控严密、运营安全、服务与效益良好、主要经营管理指标达到国际水准、具有较强国际竞争力的现代化大型商业银行。为此,要按照国家支持与自身努力相结合,改革与管理、发展并重的原则,稳步推进整体改制工作。通过运用外汇储备 150 亿美元补充资本金,使核心资本充足率达到 6%,通过发行次级债补充附属资本,使资本充足率超过 8%。要实行更加严格的外部监管和考核,确保国家资本金的安全并获得合理回报。要建立规范的公司治理结构,加快内部改革,全面加强风险控制。在处置不良资产时,要严肃追究银行内部有关人员的责任,严厉打击逃废银行债务的不法行为。2005 年 4 月,中国工商银行完成中央汇金公司 150 亿美元外汇注资入账工作,重组了资本结构,并完成相应会计处理,制定了外汇资本金运作方案,以保证国家资本金保值增值。同年4月至10月,中国工商银行在制度、流程、组织、人员等方面做了精心准备,并先后完成了不良贷款转让、处置以及首期350亿人民币次级债发行工作,使得中国工商银行的财务和资产质量指标进一步优化。2005年5月,中国工商银行完成了2460亿元损失类资产的剥离工作(二次剥离),6月底,中国工商银行财务重组工作基本完成。截至2005年9月末,中国工商银行资本充足率为10.26%,其中核心资本充足率达到9.23%;不良资产率为2.59%,不良贷款率为4.60%;拨备余额为830亿元,拨备覆盖率达到57.44%,抵御风险能力进一步提高。

　　2005年10月28日,中国工商银行股份有限公司正式挂牌成立,注册资本为2480亿元。其中,中央汇金投资有限责任公司和财政部分别持有中国工商银行股份有限公司50%股权。2006年1月,中国工商银行选定境外战略投资者:高盛集团、安联集团及美国运通公司。三公司出资37.8亿美元购买约10%的股份。2006年3月,中国工商银行选定5家IPO承销商,即美林集团、中国国际金融有限公司投行团、瑞士信贷集团、德意志银行、工商东亚金融控股有限公司。2006年10月27日,中国工商银行在上海和香港两地成功实现A+H同步上市,标志着中国工商银行的股份制改革取得阶段性成果。

三、中国农业银行股份制改革

　　2004年,中国农业银行第一次上报股改方案,开始了股改之路。2006年9月,中国农业银行股份制改革办公室成立,按照国有商业银行改革的统一部署和"一行一策"要求,积极创造条件,进一步做好股改基础工作,加快股份制改革步伐。从2006年8月开始,中国农业银行选聘中介机构先后完成了2005—2007年三个年度的外部审计工作,组织开展了资产、土地、物业评估和精算、法律尽职调查等工作。2007年1月,全国金融工作会议明确了中国农业银行"面向三农、整体改制、商业运作、择机上市"的改革原则,并要求中国农业银行强化为"三农"服务的市场定位和责任,实行整体改制。此后,中国农业银行一方面扎实开展外部审计、不良资产尽职调查等股改前基础性的准备工作,另一方面,积极探索新形势下金融服务"三农"的有效途径和成功模式。2007年6月,中国农业银行制定了金融服务"三农"总体实施方案,同年10月在福建、湖南、吉林、四川、广西、甘肃、重庆、安徽开展服务"三农"试点工作分行启动试点,分别探索粮棉大省、贫困县和经济强县商业化服务"三农"路径。2008年3月,中国农业银行成立"三农"金融工作推进委员会,并挂牌设立"三农"政策与规划部、"三农"对公业务部和"三农"个人业务部。同时,中国农业银行在6个分行稳步开展了"三农"金融事业部制改革试点,以达到下沉经营管理重心、简化业务流程、缩短决策链条、提高服务质量和效率的目标。

2008年10月21日,《农业银行股份制改革实施总体方案》获国务院批准。国有商业银行股份制改革的"收官之战"正式打响。2008年11月,中央汇金公司向中国农业银行注资1300亿元人民币等值美元,并持有农行50%的股份,与财政部并列成为农行第一大股东。汇金注资是农行股份制改革迈出的重要一步,标志着农行财务重组进入实质性操作阶段。2009年1月16日,中国农业银行股份有限公司正式挂牌成立。2010年4月7日,中国农业银行启动IPO程序,随后确定9家投资银行协助农业银行完成A股和H股发行上市工作。2010年7月15日和16日,中国农业银行分别在上海证券交易所和香港联交所挂牌上市。至此,四大国有商业银行均顺利完成上市。

第二节　国有商业银行股份制改革举措

一、先易后难,组合操作

(一)先易后难

我国国有商业银行股份制改革采用"纵向推进,一行一策"的策略。

选择条件相对较好的中国银行、中国建设银行率先试点,在试点基础上再启动中国工商银行和中国农业银行的股份制改革。

(二)组合操作

国有商业银行股份制改革通过动用国家外汇储备和中央银行货币政策工具及手段综合操作。

按最初改革设想,消化四家国有商业银行不良资产主要依靠财政资源。经过 1994 年的财税改革,虽然中央财政税收一直以高于 GDP 的速度在增加,但是在 2003 年前后,年度税收还是仅占 GDP 的 12%,且处于财政赤字状态。事实上早在 1998 年,中央财政就已经通过发行 2700 亿特别国债充实了四大银行资本金,但到了 2002 年已被侵蚀消耗得差不多了,因此想依靠国家财政来充实国有商业银行资本金恐怕是心有余而力不足。而 2002 年年底,中国外汇储备达到 2864.1 亿美元,且每年还以百分之几十的速度增长。2003 年年底,中国外汇储备达到了 4032.5 亿美元,年增长 40%。在中国贸易顺差不断增长的情况下,外汇储备还将不断增加,这为银行业改革提供了强有力的资源支撑。所以动用国家外汇储备启动改革,既可以减轻财政压力,又可综合发挥外汇储备作用,提高外汇储备利用效率。同时考虑到四大国有商业银行不良资产较多,动用外汇储备可能带来通货膨胀的压力,改革设计中提出了通过加强对冲手段来防止货币供应量的超常增长:在向国有商业银行注资的同时,中央银行使用特别准备金,要求被注资的银行将资金存回到中央,中央银行同时付息,并逐步结汇。中央银行将视通胀的情况放宽回存和运用对冲手段调节。这样通过多年平摊,将注资产生的货币供应量扩张平滑地逐步释放,以降低可能的通货膨胀压力。

二、标本兼治

在设计改革方案时,财务重组属于治标,公司治理结构改革才是治本的改革。财务重组是国有商业银行股份制改革的前提和基础,财务重组，即在国家政策的扶持下消化银行的历史包袱，提高资本充足率水平，彻底改善银行的财务状况。公司治理改革是国有商业银行股份制改革的核心和关键,公司治理改革,即根据现代企业制度的要求和国际先进银行的实践经验，对银行的经营管理体制和内部运行机制进行改造。公司治理问题是导致国有商业银行经营机制落后、经营风险积聚、约束机制弱化以及经营绩效差的根本原因。这一深层次的问题不解决，就无法在银行内部建立起完善的经营机制,政银关系、银企关系和银行内部关系也就不可能真正理顺。所以此次改革一开始就确立了标本兼治的思路,确保改革成功。

（一）改革的治标措施

在改革中,财务重组属于治标的改革措施。四家国有商业银行历史包袱是多年积聚起来的,是国民经济深层次矛盾的综合反映。总的来看,四家国有商业银行历史包袱的形成,除自身体制落后、内部管理和外部监管薄弱等原因外,其主要原因是:直接融资占比过低,企业严重缺乏自有资金,生产经营过度依赖银行贷款;为支持产业结构调整,体制转轨和国有企业重组,四家国有商业银行发放了大量特定贷款;社会信用环境较差,企业逃废银行债务严重;未能实行审慎会计制度造成大量虚盈实亏,等等。由此可见,四家国有商业银行历史上聚集起来的各种损失，不同于西方市场经济国家商业银行的经营损失,它是中国为建立市场经济体制,在国民经济转轨过程中付出的成本。

1.动用外汇储备,通过汇金模式注资,符合中国国情

我国的国有商业银行之所以选择汇金注资的模式，是由于我国的特殊的国情和所处的特殊的环境决定的。

近年来我国采取了若干重大的改革和政策措施，使国有商业银行的资本充足率得到明显的改善。如1997年下调国有商业银行的所得税税率至33%以提高其自我积累能力,1998年国家财政向工、农、中、建四家国有商业银行补充2700亿元资本金,1999年先后成立信达、华

融、长城、东方四家资产管理公司来接收相当一部分由于政策性贷款及在转轨期间所形成的不良资产等。尽管采取了这些举措，但国有商业银行的资本充足率仍未达到国际上银行业认可的水平。短期内国有商业银行靠税后利润的自我积累能力也不足以弥补这种资本缺口。如何提高国有商业银行资本充足率，是改革之初需要研究和解决的一个重要问题。

国有商业银行是国有独资的，如果资本不足，首先应由原有的股东考虑向其注资，即首先请代表国有所有权的国家财政考虑注资。尽管我国财政收入占国民生产总值的比率近年来扭转了持续下滑的状态，走上了回升的态势，但总体上仍存在预算赤字，国家财政并不宽裕，难以再拿出数以千亿的预算支出用于补充国有商业银行的资本金。另一种选择是停止让国有商业银行资产过速膨胀的局面，甚至让国有商业银行主动收缩战线，缩减资产，从而让资本充足率的分母减下来以便达到8%的标准。适当减慢国有商业银行的资产增长速度是可能的，但也不可能缩减太多。毕竟四大国有商业银行目前提供了国民经济中约70%的商业银行服务，如果发生骤减，其他金融机构尚难及时替代它们的作用，从而会因缺乏银行业服务而拖整个国民经济增长的后腿。再有一种选择，是国家指引国有商业银行走向资本市场，募集一部分股本，从而出现所有权的多元化，即使国有商业银行转变为股份制商业银行。同时，国家仍需掌握对这些银行的控股权。到资本市场募集股本，包括到国内资本市场和国际资本市场募集两种途径。

我国最终选择了汇金注资模式。改革之初，我国外汇连续出现顺差，外汇储备较多，在国际产生较大影响，影响到人民币的稳定和我国经济的发展。动用外汇储备，通过汇金公司注资，既可以减轻财政压力，也可以调整和优化银行资产负债表结构以及平衡国际收支平衡表，从而达到"多赢"。

2003年年底，国务院首选中国银行、中国建设银行实行股份制改革试点，向两家银行注资450亿美元用以补充资本金；2005年4月，中

改革中的中国金融

央汇金又向中国工商银行注资 150 亿美元；2008 年 11 月 6 日，汇金公司以 1300 亿元人民币等值美元注资中国农业银行，为我国国有商业银行股份制改革创造了条件。（见表 3-1）

表 3-1　汇金公司注资四家国有商业银行情况

银行	中国银行	中国建设银行	中国工商银行	中国农业银行
时间	2003.12.30	2003.12.30	2005.04.21	2008.11.6
注资金额	225 亿美元	225 亿美元	150 亿美元	1300 亿元人民币等值美元
持股比例	100%	100%	50%	50%

2.有针对性地引进战略投资者

这次改革，在战略投资者的引进上是成功的，不但改变了资金结构，而且在经营业务上面形成了长期合作关系，有利于我国银行业的发展。商业银行和商业银行业务比重较大的综合性银行是我国银行机构引进战略投资者时自然考虑的对象，因为这些机构有显而易见的优势，他们比较为我国的银行所熟悉，可以直接带来商业银行的产品技术和管理经验，也符合我国传统文化"门当户对"的观念。当然，选择商业银行作为商业银行的战略投资者，主营业务重叠太多，难以避免可能的竞争冲突。大体而论，我国国有商业银行的国际战略投资伙伴基本上是那些有良好声誉品牌，具备核心专业优势和雄厚资金实力，对中国市场有长期承诺，有显著战略匹配、业务互补和协同效应的金融机构。而在具体类型，或者具体外资金融机构以及具体的投资交易结构、具体的业务合作模式等方面，各商业银行结合银行的自身具体情况（规模大小、业务结构、现有市场地位、未来战略发展目标、最需要国际战略投资者协助支持的领域等）而定，没有搞"一刀切"。战略引资工作基本上是成功的，增添和创造了企业价值。

（二）改革的治本措施

中国政府动用国际储备等向四家国有商业银行注资是财务性重组措施，产生了积极作用。但是，国有商业银行股份制改革真正要取得成功,仅有注资是远远不够的,关键还在于转变经营机制,加强内部管理,建立良好的公司法人治理结构。公司治理结构的改革才是治本的改革。

1."三会"独立形成了有效制衡机制

由股东大会、董事会、监事会和经理层共同构成主体治理系统,由党组织和工会构成辅助治理系统。前者在整个治理活动中发挥主导作用,后者是我国国有商业银行治理体系中特有的一个辅助系统。两者客观统一, 彼此跨系统相互联系与作用, 具有互动与制衡的复合治理功能。在辅助系统中,党组织对治理结构主体系统要有建议、评价与影响权。党委会成员依据法定程序进入董事会、监事会和高级管理层,人员比例与"三会"人员比例一致,参与银行重大问题的决策,以保持其决策目标的一致性。主体系统中,必须要明确界定股东大会、董事会、监事会"三会"及高级管理层的职责边界,形成决策、监督、执行权分离的制衡机制。总的来说,股东大会是最高的权力机构,董事会在整个治理结构中处于核心地位,属于监督管理层,但要对股东大会负责。监事会既要监督董事会是否履行职责,又要监督管理层是否完成任务,但也要受股东大会的监督。

2.员工收入中股权收益的引入建立了长期激励机制

现代商业银行的激励机制一般是将工资、奖金、保险金、公积金、股票和股票期权组合成适当的薪酬结构,体现基本人力资本效应、资产增值效应、风险补偿效应, 使经营者和员工的贡献与回报获得均衡,使长短期利益结合起来,形成企业"内部人"自身收入与企业经营效益相联系的共容激励制度。结合我国国有商业银行的实际来看,在激励机制方面,主要采用薪酬激励、培训开发和工作激励等短期激励形式为主,缺乏长期激励机制。薪酬激励是目前我国商业银行采用的最基本手段,其基本组成部分是工资、奖金、福利等,其特征在于考核指标的短期性和收入的易实现性。薪酬的制定权应逐渐由薪酬委员会负责,薪酬标准由现在的以职位和工龄为基础过渡到以技能和竞争力为基础。若由执行董事和高级管理人员来制定薪酬,必然会抬高自己的薪酬。合理的绩效评价制度和有效的中长期激励制度,是使管理者和员工的行为与银行的经营成果紧密结合、确保落实银行经营目标的有效保障。

3.信息披露推动了银行规范经营

规范并强化商业银行的对外信息披露,提高信息披露的透明度,以满足不同利益相关者的信息需求,这不仅是与国际惯例接轨的需要,而且有利于商业银行防范风险和规范经营,使我国的商业银行能够在激烈的国内外市场竞争中立于不败之地。2000年以来,中国证监会、中国人民银行及中国银监会陆续发布了一系列关于信息披露的文件,商业银行只有依法披露信息才能走上规范经营的轨道。

4.环境优化给银行业务开展提供了良好条件

我国商业银行公司治理的建立是由政府力量推动的,这在改革初期阶段是可以的。然而,公司治理的优化,不能没有市场力量的参与,而且最终必须以市场力量为主导。基于政府与市场关系,应从三个方面来优化公司治理的外部环境:

第一,提供有效的市场竞争。银行新吸纳存款额的大小、提供的服务所占市场份额等是市场竞争力的直接指标。只有通过充分的竞争,银行才会采取各种途径降低成本、提升服务、提高经营效率。而这些目标的实现必须借助公司治理来实现,从而也推动了公司治理的优化。

第二,创造公平的竞争环境。目前国有商业银行具体业务中还存在政府行政干预现象,政府必须切实转换职能,不再干预银行的具体经营性业务,落实银行的经营自主权。公平的竞争环境还表现在对国有商业银行的考核、领导人的选拔和任用建立科学的、可操作的标准。

第三,强化银监会的监管。银监会可以通过道义规劝、强制命令等方式对银行建立良好的治理结构施加影响;通过对董事的培训使他们对岗位的职责、董事会的运作、银行的运营、公司治理的政策及金融法规有较好的理解;通过细化相关的监管法律、法规,对不同银行治理结构存在的不同问题采取相应的纠正措施。

5.公司整体上市既积极又稳妥地实现了改革的成果

在四家国有商业银行上市的问题上，是分拆上市，还是整体上市，是在海外上市，还是在国内上市，不同的制度安排和选择将会产生不同的效果。

（1）上市模式的选择。对于四家国有商业银行采用何种模式上市，有相当一部分人认为宜采用国企的通行做法，在按业务分拆难度较大的情况之下，依照电信企业按地区分拆上市的模式，将一部分经济发达地区经营状况最好、资产质量高的几家分行重组为上市公司，然后再通过上市部分反向收购未上市部分，最终实现四家国有商业银行的完全上市。尽管这种上市模式有发行规模小、资产质量符合上市要求以及风险小、成本低等优点，但与采用整体上市模式相比，这种模式存在较大缺陷：

一是分拆上市有避重就轻之嫌，难以达到通过上市对四家国有商业银行进行全面、系统的改革的目的，同时也需要相当长的时间才能完成四家国有商业银行的全部上市工作。

二是分拆上市会使国有商业银行丧失规模效益。加入世贸组织后，面对国际银行业强强联手的潮流，若把四家国有商业银行分拆，会严重影响其竞争力。和外资银行相比，我国国有商业银行的优势之一是规模，一旦分拆，其规模优势的丧失将使四家国有商业银行难以抵御外资银行的挑战。

三是分拆上市将使存续部分的经营压力更大。按照当时我国四家国有商业银行的经营现状，经济发达地区的分行一旦分离出去，那么存续部分的资产质量更差，不仅会严重影响存续部分的持续经营能力，同时也使债权人对存续部分的经营产生怀疑，甚至会造成严重的经济和社会动荡。

四是分拆上市会存在同业竞争和关联交易问题。一方面已经上市的银行和未上市的银行之间业务的同质性会造成两者之间的竞争，这不符合证券市场的有关要求和规则；另一方面也会形成上市银行和母公司之间的关联交易,不仅会影响其他关联行的利益,而且还会在信息披露方面遇到较大的挑战。

五是分拆上市不能完全体现现代银行的价值且不符合国际银行上市的惯例。现代银行体系的一个价值体现是其掌握大量的客户信息和网络,具有强大的支付和结算功能,而一旦分拆就会使整个银行体系显得支离破碎,也会使四家国有商业银行的这一价值荡然无存。同时从国际经验看,目前还没有将银行分拆上市的先例。

综上所述,无论是从国际银行业发展的趋势,还是全面、系统地对四家国有商业银行进行改革的角度看,在上市的模式上,整体上市才是稳妥可行的选择。

(2)上市地点的选择。四家国有商业银行若采取整体上市的模式,在上市地点的选择上,鉴于四家国有商业银行资产规模庞大以及目前国内证券市场的容量有限,因此应按照先国外、后国内的顺序进行,采用这种选择的意义在于:可以避开国内证券市场容量的限制,防止由于融资数量巨大对国内证券市场产生冲击,对我国证券市场的发展带来不利影响;国外证券市场的大容量为四家国有商业银行的整体上市提供了必要条件,使其整体上市成为可能,同时能保持银行体系的相对完整和规模效应;国外上市在审批、监管及信息披露上要求更为严格,这就促使四家国有商业银行必须按照国际证券市场的要求规范自身的经营行为,严格控制风险,培养和提高竞争能力,完善法人治理结构,实现与国际经济的接轨。

在实现四家国有商业银行国外上市后,国内证券市场作为四家国有商业银行上市的一个补充渠道,可根据需要并视当时国内证券市场的情况在国内证券市场发行上市。

(3)公司整体框架的搭建。四家国有商业银行若整体上市,其公司的整体框架是采用金融控股公司的模式,还是采用银行集团公司的模式?本次改革,采用了金融控股公司模式,即以四家国有商业银行的总行为母体组建金融控股公司,由金融控股公司出资收购或管理商业银行上市公司、证券公司、保险公司以及信托公司等金融类机构和业务。这种模式具有"集团混业、经营分业"的特点，母公司和子公司之间是在股份制原则的基础上，以资产为纽带连接起来，各个金融类子公司均为独立法人，不同的子公司分别从事银行、证券、保险等不同种类的业务，同时控股公司不从事具体的业务经营，只是通过股权投资对各个子公司进行管理。四家国有商业银行的公司框架之所以这样搭建，是基于以下理由：

一是金融控股公司兼具混业经营和分业经营的优势。金融控股公司"集团混业、经营分业"的特点，使其一方面适应了国际金融业混业经营的发展趋势，另一方面各个子公司分业经营格局的存在，与我国现行的法律法规及监管体制能够融合，不会对我国目前分业经营的监管体制产生冲击，同时兼具混业经营和分业经营的优势。

二是金融控股公司具有巨大的协同效应。这种协同效应主要体现在两个方面：一是管理上的协同效应，即主要是交叉业务的优势互补，如地区互补、业务互补及服务互补等；二是财务上的协同效应，即金融控股公司的购并行为能产生协同价值，其大小可以根据成本节约、收入提高、服务改进、财务策划及税收优惠来计算。这种协同效应的存在，能增加金融控股公司的效益，降低公司的经营成本，从而提高其竞争力。

三是金融控股公司可以有效地控制风险。金融控股公司由于采取了各子公司经营不同的业务，并且每个子公司为独立法人的方式，同时各业务之间建立有严格的"防火墙"，因此防止了不同金融业务之间的风险传递，同时采取授信限制、交易限制和信息披露等监管措施，在一定程度上遏制了内部交易，可以对金融业务的风险进行有效的控制。

第三节　国有商业银行股份制改革成效

国有商业银行股份制改革全面涉及商业银行的管理和经营机制体

制改革,成效显著。从当初国有股份制改革的初衷来看,国有商业银行股份制改革的核心是要把国有商业银行办成资本充足、内控严密、运营安全、服务和效益良好的现代金融企业。现在经过财务重组、公司治理等改革措施后,四大国有商业银行都已正式在上海和香港挂牌上市。在国有商业银行的股份制改造和公开上市的过程中,国有商业银行取得了令人瞩目的成绩。

一、银行资本充足率上升

资本充足率是衡量银行资本状况的重要指标,它代表商业银行应对金融风险的能力,该比率越高,存款人的本金安全就越有保障。根据1988年巴塞尔委员会颁布的《关于统一国际银行资本衡量和资本标准的协议》,商业银行的资本充足率不能低于8%。核心资本充足率不能低于4%。然而在改革前,我国国有商业银行的资本充足率普遍未能达标。股份制改革开始后,通过财政注资、发行次级债券、税前利润抵冲及资产变现等方式,到2010年年底,中国银行、中国建设银行、中国工商银行和中国农业银行的资本充足率分别达到12.7%、12.68%、12.27%和11.59%。

二、银行不良资产得到了较好的处理

中国银行业监督委员会统计资料表明,2003年年末,国有商业银行不良贷款余额为1.92万亿元,不良贷款比例为20.36%,不良资产约2.8万亿元,占当年全部贷款的28.68%。在国有银行股份制改革过程中,国有商业银行通过内部消化和外部剥离两种方式处置不良资产。内部消化主要是提取呆账准备金、核销不良资产等,外部剥离主要是将不良资产剥离给资产管理公司、对外打包出售、资产证券化等。通过这些方式,2010年年末,中国银行、中国建设银行、中国工商银行和中国农业银行的不良贷款比例分别降至1.1%、1.14%、1.08%和2.03%。

三、银行盈利能力有较大提高

股份制改革后,国有商业银行的盈利能力都有不同程度的提高。中国银行 2010 年年报显示,受益于净利息收入、手续费及佣金收入净额稳步增长,当年实现税后利润 1096.91 亿元,实现股东应享税后利润 1044.18 亿元,分别比上年增长 28.52% 和 29.20%;基本每股收益 0.39元,较上年增加 0.08 元;拟派发股息每股 0.146 元。中国银行 2010 年净利润突破千亿元大关,同比增长近三成。此外,中国工商银行 2010 年净利为 1637 亿元,同比增长 27%;中国建设银行、中国农业银行的净利分别增长 30% 和 40%。(见表 3-2)

表 3-2　四大国有商业银行 2010 年度财务报告有关数据一览表

	中国银行	中国建设银行	中国工商银行	中国农业银行
1.EPS	0.39 元 / 股	0.56 元 / 股	0.48 元 / 股	0.33 元 / 股
2.分配方案	每 1 股派 0.146 元(含税)	每 1 股派 0.212 元(含税)	每 1 股派 0.184 元(含税)	每 1 股派 0.054 元(含税)
3.年静态收益率	4.7%	3.28%	5.9%	2.00%
4.动态收益率	4.33%	4.23%	4.00%	1.93%

通过比较分析可知,四大国有商业银行年静态收益水平最高的是中国工商银行,中国银行紧随其后,中国建设银行次之,最末位是中国农业银行。动态收益水平最高的是中国银行,中国建设银行紧随其后,中国工商银行次之,最末位是中国农业银行。中国银行、中国工商银行、中国建设银行的动态收益率都高于同期 1 年期银行储蓄存款利率。

四、现代银行经营和管理体制初步建立

国有商业银行股份制改革彻底改变了四大国有商业银行的财务状况,更深层次的则是在管理理念、管理能力和发展能力上取得的进步。其中最本质的三个改变是:

改革中的中国金融

一是现代公司治理机制初步建立。股改以前,各行基本是行长一人说了算的集中管理体制。股改之后,各大型银行引进了境内外机构投资者并公开发行上市,实现了股权多元化和资本所有者对银行的有效监管;建立了董事会、监事会和高级管理层之间各司其职、有效制衡、协调运作的公司治理结构;董事会下设了多个专业委员会,董事会的咨询和决策作用得到进一步发挥;建立了独立董事制度,引入多名中外专家担任独立董事,董事的专业性不断增强,对银行的约束力不断强化。

二是现代商业银行的经营管理理念基本树立。股改之前,我国几大国有商业银行的经营理念都比较单一,要么是主要执行国家政策,要么是为经济发展,要么是为职工谋福利,等等。单一的经营理念难免顾此失彼,比如单纯为经济发展会导致大量不良贷款的增加,单为职工谋福利则可能增加银行的运营成本。现在,各国有商业银行已经基本建立起以提升公司价值为核心,最大程度兼顾投资者、金融消费者和员工三者利益的现代商业银行经营理念。只有兼顾所有利益相关者的经营理念,才是真正有利于大型银行可持续发展的正确理念。

三是建立了有效的风险约束机制。四大国有商业银行均根据国际化标准设计公司治理和内部控制的制度框架,改革风险内控体系,推进机构扁平化和业务垂直化,实行人事激励改革,完善财务会计制度,严格信息披露制度,不断加强内部管理和风险控制建设。

五、国际声誉进一步提升

2008年,在金融危机肆虐下,中国工商银行、中国建设银行、中国银行居全球市值最大银行"前三甲",利润创历史新高。根据2010年7月英国《银行家》杂志公布数据,世界上盈利能力最强的银行冠、亚军分别是中国工商银行和中国建设银行。在全球前1000家大银行中,中国有84家,比一年前多了32家,中国银行业的整体竞争力得到了实质性的提升。国际评级机构穆迪投资者服务公司于2010年6月25日公布银行业及主权评级的评估报告,维持了对中国银行业"稳定"的评级展望,并上调了对中国工商银行、中国建设银行和中国银行的财务评级。国际评级机构标准普尔公司 2010 年 7 月发布的报告也维持了中国银行业评级前景为"稳定"。中国银行业在全球银行业的地位声誉进一步提升。

第四节　对国有商业银行改革的思考

一、国有商业银行面临的新挑战

完成股份制改革并公开上市对于国有商业银行来说,是一次历史性的跨越,但随着大量外资银行的涌入,以及人民币零售业务的全面放开,已经市场化的国有商业银行依然面临新的挑战。

(一)国有商业银行间激烈的竞争

根据我国加入 WTO 的承诺,2006 年年底全面开放银行业,国有商业银行与外资银行特别是率先进入中国市场的国际先进银行在对等的基础上展开竞争,国有商业银行的经营状况受到严峻的冲击和挑战。具体来说,国有商业银行在以下方面有着较大压力:

1.优质客户流失的压力

对于银行而言,优质客户永远是其收入与盈利的主要来源,外资银行借助其强大的产品创新能力,使部分国有商业银行高端客户有可能会向外资银行分流,从而降低这部分收入。在国外私人银行业务的冲击下,这部分压力已经显现。

2.银行业务流失的压力

外资银行进入我国市场后,为发挥其比较优势,首先从国际结算、信用证、理财产品、银行卡等中间业务抢占市场,其次抢占我国的消费信贷市场。花旗银行、汇丰银行、东亚银行、新韩银行已经在这些方面和国有商业银行展开竞争,并且获取了相当的市场份额。

3.人才流失的压力

经济全球化时代,人才是企业最宝贵的资源,对于知识密集型的金融行业更是如此。外资银行凭借丰厚的薪金待遇和广阔的发展前景,吸引了更多的优秀人才,目前北京、上海等城市国有商业银行人才流失的现象已经非常突出。

(二)资本充足率的保持

资本充足率不仅是国际银行业间的游戏规则,也是中国发展社会主义市场经济和促进银行业健康发展的内在要求。我国国有商业银行股份制改革中,通过国家财政支持、汇金注资以及引进战略投资者等补充资本。通过资产管理公司收购国有商业银行不良资产,使国有商业银行资本充足率计算的分母减少,资本充足率达到8%的国际标准,使四大国有商业银行股份制改革顺利并成功上市。但是上市实行市场化运作后,国有商业银行如何按照我国《公司法》和《商业银行法》以及国际银行业标准经营,确保资本充足率不低于国际标准,对国有商业银行来说仍然是个大挑战。

国有商业银行股份制改革公司上市保持充实资本有来自银行自身和银行外部的挑战。从银行自身看,包括经营目标定位的精准,严格且透明的财务会计体系和绩效考核体系的完善,信贷体制的改革与信贷文化的校正,大规模产生不良资产的形象改变,等等。从银行外部看,包括投资人的信心,税收政策的进一步合理化和公平化,机关式的传统管理办法的改变,等等。

(三)不良资产数额和不良贷款率反弹的防止

国有商业银行股份制改革前,其不良资产数额和不良贷款率居高不下,为推进改革,国家给予了政策支持,通过剥离方式及时处置了银行不良资产,使不良贷款率显著降低,达到国际通用标准。但是国有商业银行实行市场化运作后,受各种主客观因素影响,可能导致不良资产数额增加和不良贷款率反弹。

首先,由于国有商业银行贷款集中度比较高,而经济周期性变化又可能会带来整个行业的风险。个别大企业的经营变化,有可能给银行整体的资产质量带来很大影响。

其次,在我国参与全球经济一体化程度日益加深的背景下,国际经济不健康因素特别是美国和欧洲的金融问题、出口贸易摩擦增加和汇率变动等,也会直接或间接地加大商业银行的信贷风险。

此外,国有商业银行大量的不良贷款虽然剥离了,但其风险管理水平还不是很高,培育科学的经营理念和风险管理文化是一个非常漫长的过程。防止不良资产数额增加和不良贷款率反弹仍然是一个重大课题。

（四）上市银行治理制度的完善

股份制改革后,公司上市固然可以解决产权虚置问题,明确产权主体,但变动产权只是改变竞争的一种手段,公司治理结构问题不可能因此就得以解决。产权主体明晰后,政府和银行间如何界定职能边界;产权主体怎样多元化,多元化的产权主体之间怎样实现决策权、执行权和监督权的"三权"有效制衡;如何保证对产权主体监督和约束的有效性等,都不是国有商业银行股份制改造之后就能立刻解决的问题。财务重组后,国有商业银行经营结构不合理、资源配置效率低、管理层级多、流程不够合理、风险管理与内部控制体系不够健全、创新与营销机制不够完善、激励不足与约束不力并存等体制机制性问题,仍然普遍存在。同时,国有商业银行高管人员对国际惯例、会计制度、公司治理、资本约束等现代金融企业管理的核心要求不甚了解,对碰到的复杂困难和矛盾认识不够清楚。要达到国际先进商业银行的管理水平,任重而道远,需要银行内部条件和外部环境因素的共同改善。

（五）银行获利的持续性

自从国有商业银行股份制改革公司上市以来,保持了利润的高增长,然而利润持续增长难度加大。随着企业短期融资证券和资产证券化等直接融资业务迅速扩大,发展优质信贷市场的困难加大,加之在高风险的市场环境下必须实行高拨备,势必导致信贷业务的利润水平下降。

随着利率市场化的改革不断加快,存贷利差也在不断收窄,部分产品甚至出现了利率倒挂,利率风险的影响更加突出。另一方面,成本控制也是一个非常大的挑战。劳动力过剩、低效机构多一直是困扰国有商业银行发展的难题。随着"入世"过渡期的结束,外资金融机构密集抢滩,国内金融市场的竞争正在快速演变为不同的中外资金融机构联盟体之间的竞争,进一步升级为国际化的竞争。

(六)金融监管的有效

国有商业银行的股份制改革及上市,将给金融监管带来更多的新问题,金融监管显然必须与金融机构改革保持一致,否则金融市场将暴露在更大的风险中。我国的金融监管仍带有强烈的传统色彩,行政性监管显然与商业银行的市场化运作是相悖的,这样的银行监管难免会成为另一种形式的政府干预。要与国有商业银行最终实现市场化运作相一致,监管方式就必须向市场化、多元化过渡,从多层次的监管体系中提高监管效率,这对金融监管机构提出了更高的监管要求。

(七)金融安全的维护

四大国有商业银行中有三家引入了战略投资者,我们对外资参股既要欢迎又要预防风险,尤其要注意外资在经济出现不稳定因素时可能会起到推波助澜的作用。金融风暴期间,大量抛售港元的是外资,在汇市和股市、现货和期指市场同时翻江倒海的也是以外资为主。在人民币升值的压力当中,也有相当一部分是来源于外资银行,它们调入外汇资金,购买包括房地产、国债及不良贷款在内的人民币资产。一旦出现经济波动或金融危机,这些追逐利益的战略投资者有可能利用手中的股权做空中资银行股,引起二级市场股价波动,对上市银行造成压力。

由于有些战略投资者持有国有商业银行较大比例股权,而当时取得这种股权的成本是相当低廉的,这就产生了许多问题。首先是国有资产流失问题。以中国建设银行为例,美国银行为代表的主要战略投资者,以建行账面净资产的 1.15 倍从中央汇金购买原始股,而后在上市时又以较低价格购得新股。总体而言,这种战略投资的成本相当低廉,国有资产如同"贱卖"。其次是股票发行对于一般投资者产生歧视问题。虽然国有商业银行上市定价普遍偏低,但是上市时,一般投资者购买股票的价格要比战略投资者付出的成本高很多, 这种差别对待有失公平。从国有变为股份制,虽然国家仍然绝对控股,但是外资参股、参与公司经营管理,就必然存在共同经营和信息交流,这对国家经济安全和信息安全有着重大影响。由于承担有限责任,不能保证在约束不灵时,境外战略投资者不会损害我国国家利益。另外,对未来战略投资者的退出,同样需要健全相应机制,保护国家利益安全。战略投资者持有股权一般都有一定时期的锁定期, 期间战略投资者不能卖出股票套现,这是稳定上市公司股价的需要。但一旦合约期满,战略投资者有可能出售其持有股票套现,或者摇身一变成为财务投资者。这种机制设置建立在道德层面上,没有相应法律规范进行约束,所以必然成为国有商业银行的隐性风险,实践中也确实存在锁定期满立即套现的现象, 而这种低廉的战略投资成本又增大了套现的可能。

二、对国有商业银行的展望

以国有商业银行股份制改革顺利收官为重要标志的我国银行业全面改革取得了巨大成就,我国银行业将以稳健的步伐走向未来。

(一)经营模式进一步综合化

综合经营是世纪之交国际金融业发展的最主要趋势之一。随着客户"一站式"需求的发展、行业内外竞争压力的加剧、信息技术的充分应用以及金融管制的放松, 我国商业银行开展综合经营变得更为迫切,也更为现实。通过开展综合经营,我国商业银行将强化三种协同效应,即规模经济效应、范围经济效应和风险分散效应,以更好地为目标客户提供全面、增值的金融解决方案,更加有效地管理金融风险,并显著优化自身的业务结构、丰富资本配置渠道、提高业务经营效率。未来一个时期内，我国国有商业银行将继续打造完善的综合经营平台，在目前已涉及基金、信托和租赁等领域的基础上，进一步向保险和证券行业进军。

(二)内部体制机制改革进一步深化

未来一个时期，我国银行业的市场竞争将向纵深发展。只有锐意进取、不断深化内部体制机制改革，才能提高业务经营的精细程度，增强内部管理的活力，提升产品服务对于客户的吸引力。我国国有商业银行将着力构建充满活力、富有效率、全面系统、协同平衡、有利于科学发展的制度体系，形成提升产品创新能力、客户服务能力、风险管理能力、决策执行能力、集约经营能力和资源配置能力的长效机制，为推动业务转型、增强经营活力和提升管理效率创造强大的动力源泉和提供坚实的制度保障。

(三)业务结构多元化

积极进行业务战略转型，全方位拓展银行业务，改变过度依赖存贷业务的现状是我国银行业的重要发展方向。

第一，充分借鉴国际先进银行的发展经验，发挥网点布局的优势，大力发展零售银行业务。

第二，借助经济快速增长和资本市场长足发展的历史机遇，拓展财富管理业务，开辟新的利润增长空间。

第三，结合我国金融市场发展实际，将以收费业务为主体的中间业务作为行业业务结构转型的重点加以推进。

(四)业务发展进一步国际化

我国商业银行业务经营的国际化是适应经济金融环境变化的必然选择。

第一，我国经济正进一步融入全球体系，企业对外投资迅速增加，商业银行必须尽快提升全球化服务能力。

第二，我国正积极稳妥地加快人民币资本项目可兑换的步伐，商业银行拓展海外经营的政策环境将不断改善。

第三，近年来人民币持续升值，从财务成本角度看，对商业银行加快海外经营步伐较为有利。

第四，大型商业银行资本较为充足，有足够的动力和压力通过拓展海外布局来更加高效地运用资本。

第五，美国"次贷"危机给我国商业银行国际化发展提供了战略机遇。未来一个时期，商业银行国际化发展步伐将进一步加快，呈现主体更多元、方式更多样、地域更广泛、联动更密切等显著特点。我国商业银行机构终将成为国际金融新格局中一支举足轻重的力量。

第四章

市场系统风险逐渐降低　证券市场规范中稳步发展

作为资金和资本高度聚集的场所，证券市场是市场经济配置资源的重要途径，与国民经济息息相关。同时，证券市场又是一个高风险市场。为防范与控制风险，规范证券市场发展，我国出台了许多新的举措，如股权分置改革、推出股指期货、开展融资融券业务、推出创业板等，都取得了一定的成效。但同时我国证券市场仍存在不少问题，需要采取相应的对策，以确保证券市场的健康稳定发展。

第一节　规范证券市场的重要举措

一、股权分置改革

我国的股权分置改革发生在 2005 年 4 月至 2007 年年底。股权分置是指中国股市由于特殊的历史原因形成的 A 股市场上市公司内部的两种不同性质的股票以及由此产生的市场制度和结构。所谓两种不同性质的股票即流通股和非流通股，这是我国经济体制转轨过程中形成的历史问题。股权分置改革是指按照有关要求，规范上市公司的股权结构，统一股权、统一价格、统一市场、统一利益的变革。实际上就是政府将以前不可以上市流通的国有股（还包括其他各种形式不能流通的股票）拿到市场上流通，其本质是要把不可流通的股份变为可流通的股份，真正实现同股同权，这是资本市场基本制度建设的重要内容。2005年初，沪深两个交易所 2.45 万亿元市值中，可流通的股票市值只有

8300 亿元,国有股等不可流通的股票市值达 1.62 万亿元。

（一）股权分置的弊端

作为历史遗留的制度性缺陷,股权分置在诸多方面制约着中国资本市场的规范发展和国有资产管理体制的根本性变革,不能适应资本市场改革开放和稳定发展的要求,必须通过股权分置改革,消除非流通股与流通股的制度差异。

1.股权分置使证券市场功能缺失

证券市场有三大功能,一是筹资投资功能,二是资本定价功能,三是资本配置功能。而我国证券市场由于股权分置的存在,其筹资—投资的基础功能残缺,不能发挥其应有的作用。从这个角度看,股权分置也是阻碍我国市场经济发展的重大障碍,只有尽快解决股权分置这个问题,证券市场才能充分地发挥其他功能,国民经济才能真正走上稳定持续发展的轨道。

2.股权分置使股东权益不对等

一是权利的不对等,即股票的不同持有者享有权利的不对等,集中表现在参与经营管理决策权不对等、不平等;二是承担义务的不对等,即不同股东承担的为企业发展筹措所需资金的义务和承债的义务不对等、不平等;三是不同股东获得收益和所承担的风险不对等、不平等。

3.股权分置使产权关系无法理顺,企业结构治理根本无法进行和取得有效成果,企业管理决策更无法实现民主化、科学化,独裁和"内部人"控制在所难免,甚至成为对外开放、企业产权改革和经济体制改革深化的最大障碍。

4.股权分置阻碍了证券市场的发展

据统计,截至 2006 年年底,上市公司总股本 7149 亿股,其中非流通股 4543 亿股,占上市公司总股本的 64%,而国有股份占非流通股份的 74%,在诸多方面制约了中国资本市场的规范发展和国有资产管理体制的根本性变革。另一方面,股权分置随着新股的发行上市,不仅造成了我国股市的价格悬空,蕴涵系统性风险,影响投资者信心,客观上也形成了非流通股股东和流通股股东的"利益分置",影响了国有资产的优化配置,不利于深化国有资产管理体制改革。

(二)股权分置改革进程

第一阶段,股权分置问题的形成。我国证券市场在成立之初,对国有企业进行股份制改造所形成的国有股和法人股,在流通问题上采取了搁置办法,从而形成了股权分置的格局。

第二阶段,通过国有股变现解决国企改革和发展资金需求的尝试,开始触动股权分置问题。1998 年下半年到 1999 年上半年,为了推进国有企业改革发展的资金需求和完善社会保障机制,开始国有股减持的探索性尝试。但由于实施方案与市场预期存在差距,试点很快被停止。2001 年 6 月 12 日,国务院颁布《减持国有股筹集社会保障资金管理暂行办法》也是该思路的延续。但同样由于市场效果不理想,于当年 10 月 22 日宣布暂停。

第三阶段,作为推进资本市场改革开放和稳定发展的一项制度性变革,股权分置问题正式被提上日程。2004 年 1 月 31 日,国务院发布《国务院关于推进资本市场改革开放和稳定发展的若干意见》,明确提出"积极稳妥解决股权分置问题"。2005 年 4 月 29 日,证监会发布了《关于上市公司股权分置改革试点有关问题的通知》,宣布启动股权分置改革试点工作。被各界千呼万唤的股权分置改革终于破题,此举成为我国证券史上的里程碑,表明管理层已经开始下定决心解决困扰市场多年的股权分置问题。2005 年 5 月初,清华同方、三一重工、紫江企业、金牛能源四家上市公司成为首批试点公司,率先进行这一改革。为了增强试点公司的代表性和改革方案的适应性,进一步稳定市场预期,为全面解决股权分置问题积累经验,中国证监会拟启动第二批改革试点。2005 年 5 月 31 日,证监会发布了《关于做好第二批上市公司股权分置改革试点工作有关问题的通知》。2005 年 6 月 19 日第二批股权分置改革正式启动,宝钢股份、长江电力等 42 家公司入围。尔后,股权分置改革全面提速,截至 2007 年年底,沪深股市共计 1317 家上市公司完成股权分置改革。至此,除一些像深圳发展银行等难度较大的上市公司外,我国的股权分置改革基本完成。

(三)股权分置改革的意义

1.完善了公司治理结构和资本运营机制

解决股权分置问题将改变非流通股股东与流通股股东利益取向不一致的公司治理状况,有助于巩固全体股东的共同利益基础,促进上市公司治理的进一步完善,减少公司重大事项的决策成本。同时,有利于高成长性企业利用资本市场进行并购重组,整体上提高上市公司质量,增强社会公众股东的持股信心。

2.有助于推动国有企业产权制度改革的深化,解决国企转制问题

在我国,股份公司大多由国有企业转制而来,国有企业转制的目的是实现产权清晰、政企分开,使企业成为市场竞争主体和法人实体。然而,在国有股权占绝对控股地位且不可流通的情况下,国企转制的目的难以实现。因此,为了使股份制改造后的国有企业真正成为市场主体,客观上要求在产权重新界定的基础上允许国有股在股市上自由转让。

3.给上市公司创造了良好的发展环境

股权分置改革实际是实现股票全流通的改革,改革完成后,大股东拥有了资金不足时取得短期资金的渠道,也拥有了产业发展达到顶峰时部分或全部退出的市场手段。大股东可以根据自己对股价的判断,调整持股数量,不必利用关联交易从上市公司圈钱。上市公司还可以利用股票作为支付手段,通过股权置换购并重组,进行产业整合,优化资源配置,提高效率,加快企业发展。

4.有利于实现资源的有效配置和产业结构调整

在市场经济条件下,资本总是根据市场需求变化及时向高收益行业和部门转移,实现资源的有效配置,同时资本的自由流动也有助于产业结构根据市场机制的需求进行调整。股权分置改革的首要目标是证券市场本身的制度建设和功能完善。改革的基础是校正制度缺陷,恢复

改革中的中国金融

证券市场的价格发现功能,重塑上市公司治理的共同利益,这一共同利益也是上市公司和公众投资者的根本利益。

5.有利于规范我国证券市场,促进其健康发展

这主要表现在股权分置改革使股权流通状况得到了极大改善,股东利益趋向一致。从表4-1中可以看出,截至2009年,股权流通比例已达75.53%,基本上是2005年的两倍。随着股权分置问题的解决,流通股和非流通股股东的利益得到重新划分,两者的定价机制将会统一,利益基础将达到一致,股票价格成为两者共同的价值判断标准,同时也强化了对中小股东利益的保护。

表4-1　上市公司股权流通状况表

年份	2004年	2005年	2006年	2007年	2008年	2009年
总股本(亿股)	7149.73	7269.51	14897.57	22416.85	24522.85	26162.85
流通股本(亿股)	2577.18	2924.77	5637.78	10331.52	12578.91	19759.53
流通股比例(%)	36.09	38.20	37.84	46.08	51.29	75.53

数据来源:中国证监会统计数据

二、治理证券公司

证券公司是依法设立的专门从事证券业务的股份有限公司和有限责任公司。我国的证券公司起源于1987年我国第一家专业性证券公司——深圳特区证券公司的成立。截至2010年年底,我国共有证券公司98家。证券公司是资本市场重要的中介机构,对资本市场的健康发展具有举足轻重的作用。由于体制、机制上的缺陷,证券公司在发展过程中积累了许多矛盾和问题。2004年以来,证券公司长期积累的问题充分暴露,风险集中爆发,全行业生存与发展遭遇严峻的挑战。为从根本上解决问题,中国证监会根据国务院的部署,风险处置、日常监管和推进行业发展三管齐下,防治结合,以防为主,标本兼治,形成治理的总体思路,对证券公司实施综合治理。

(一)证券公司存在的主要问题

1.股权高度集中

这是我国证券公司股权结构的最大特点。中国证券业协会公布的总资产排名前 20 家证券公司,第一大股东持股比例平均为 29.57%,前三大股东的持股比例高达 54.27%,前十大股东持股比例都接近 60% 或在 60% 以上。股权最集中的国信证券,前五大股东持股比例竟然占到了 95.10%。

2.资本规模小

目前 98 家证券公司的全部净资产相加不如美国一家证券公司——美林证券。我国券商在成立之初就普遍存在资本规模小、资金实力薄弱等问题。尽管经过十余年的发展,券商在资本规模、资金实力上上了一个新台阶,并出现了一批规模较大、实力较强的券商,但总体而言,以中小券商为主体的状况并未得到根本改观。目前,平均每家券商的资本金仅有 8 亿元左右,10 亿元以下规模的中小券商占了总数的64%,而在 30 亿元以上的大型券商仅占 5%,注册资金最高的海通证券也不足摩根斯坦利的 5%。以中小券商为主体的竞争格局使得券商难以摆脱长期粗放式经营的局面,多数证券公司的资产质量不高,历史包袱沉重,经营风险高企。

3.盈利模式单一

我国证券公司的经纪业务占业务收入的 80%~90%,证券公司的业务同质性高,业务结构畸形。而西方券商业务已突破了证券零售包销、自营交易、经纪业务等传统业务框架,在全球范围内广泛开展资产管理、并购、咨询、融资等创新业务,目前,资产管理、并购等已成为其主要的收入来源。相比之下,由于长期以来的政策及市场条件限制,我国券商尚处于同质竞争阶段,业务范围相当狭窄,经纪、发行承销、自营等传统业务对券商总收入的贡献度甚至高达 80% 以上。这种单一的业务结构和盈利模式不仅使得我国券商的经营业绩高度受制于证券市场,难以摆脱靠天吃饭的窘境,而且使券商之间的竞争表现为过度和不足

改革中的中国金融

的双重特征。

4.证券公司之间恶性竞争严重

目前,证券经纪人制度在业界已经被较为普遍地采用。营业部聘请专职的证券经纪人发展客户,并与经纪人及其团队进行佣金分成,一般来说,他们的分成比例占到佣金收入的50%左右,在一些营业部甚至达到60%。尽管经纪人制度是作为一种新的业务模式在业界推广,但是现实中这种制度却走向了极端。由于行业萧条,急于争抢客户资源的券商营业部往往以高比例分成佣金的方式拉拢拥有客户资源的经纪人。在上海、深圳等竞争激烈的地区,平均佣金费率已经低至1.5‰以下,采取高比例返佣的营业部,往往只要保证自身0.5‰的实际佣金收入费率,其余均归经纪人。

5.资金来源渠道狭窄,券商融资困难

尽管管理层一直在着力推动券商融资问题,但资金来源渠道狭窄的问题不但未能得到很好解决,反而随着国债回购问题的爆发呈现收紧趋势。在中长期融资渠道方面,虽然发债、上市等渠道都已打通,但较高的准入门槛使其缺乏普遍意义。融资渠道不畅不仅严重阻碍了我国券商的发展壮大,而且降低了与外资同行的竞争能力,甚至威胁着自身的生存。

6.经营风险正在加剧

信息技术的迅速发展以及金融产品的创新,不仅使券商之间的竞争日趋激烈,而且使券商面临的风险环境更为复杂,风险识别和管理难度越来越大。不仅信用风险、市场风险和流动性风险等日益增加,而且结算风险、操作风险和法律风险,乃至声誉风险和人才风险等更全面的风险因素日益显现。在风险环境复杂化的同时,我国券商在相对宽松环境下养成的淡漠风险的意识却未得到根本改观,券商内部风险管理极其薄弱,机构设置不合理,人员素质欠缺,风险控制手段落后。内部风险控制薄弱直接诱发了挪用客户保证金、违规国债回购、操纵市场等行为的发生,放大了券商的经营风险。

7.金融创新能力弱

金融创新是证券公司拓展业务空间的有效手段，国外券商利用自身的专业化优势，对利率、汇率、期权期货、互换等金融工具进行分解组合，形成各种复杂程度不一、特点各异的金融衍生产品，并根据客户需求提供完整的个性化金融创新服务。业务的多元化和全球化以及金融创新的深入，增加了国外券商的利润来源，分散了券商经营风险，并创造了巨大效益。相比之下，我国资本市场尚处于起步阶段，由于体制和政策的限制，券商可利用的金融创新工具还相当有限。再加上普遍缺乏创新能力，我国券商在金融创新方面几乎是空白，难以满足投资者日益综合化、个性化的投资需求。

（二）治理证券公司的措施

早在 2003 年，中国证监会就在《公司法》和《证券法》的框架下，制定了《证券公司治理准则（试行）》，对证券公司股东、董事、独立董事、监事、管理人员的资格条件、权利义务、职责范围及股东会、董事会、监事会的职权范围，证券公司激励与约束机制以及证券公司与客户关系的基本原则等做出了具体规定。2004 年 1 月，国务院发布《关于推进资本市场改革开放和稳定发展的若干意见》，对我国资本市场的改革与发展做出了全面部署，并对加强证券公司监管、推动证券公司规范经营提出了明确要求。经国务院同意，证监会于 2004 年 8 月在系统内全面部署和启动了综合治理工作。2005 年 7 月，国务院办公厅转发中国证监会《证券公司综合治理工作方案》，要求各地区、各部门积极配合，共同做好综合治理工作，具体措施主要是通过制度来进行监管和治理。

1.业务许可制度

证券业务包括证券经纪业务，投资咨询业务，与证券交易、证券投资活动有关的财务顾问业务、证券承销与保荐业务、证券自营业务、证券资产管理业务等。证券公司要从事证券业务，必须经过中国证监会许可。

2.分类监管制度

为有效实施证券公司常规监管，合理配置监管资源，提高监管效率,促进证券公司持续规范发展,从 2004 年起,中国证监会制定了创新类和规范类证券公司的评审标准,将证券公司分为创新类和规范类。2004 年 9 月,券商开始清理整顿,南方证券、汉唐证券、闽发证券、大鹏证券等相继被托管或被清盘。2004 年 10 月,创新证券公司评审委员会第一次评审工作会议在北京召开。经过严格评审和有关程序,中信证券、光大证券、中金公司成为首批创新试点证券公司。2005 年 9 月,第一次规范类证券公司评审会议召开,会议对中银证券、中原证券、兴业证券、南京证券、齐鲁证券、西部证券、广发华福证券、国海证券等 8 家证券公司进行了评审。2007 年,中国证监会发布实施了《证券公司分类监管工作指引(试行)》,2009 年,中国证监会正式发布《证券公司分类监管规定》。根据《证券公司分类监管规定》,中国证监会依据证券公司评价计分的高低,将证券公司分为 A(AAA、AA、A)、B(BBB、BB、B)、C(CCC、CC、C)、D、E 等 5 大类 11 个级别。2010 年分类评价的评价主体为 98 家,其中 A 类公司 35 家,占比 35.7%;B 类公司 49 家,占比 50%;C 类公司 14 家,占比 14.3%;无 D 类和 E 类公司。

3.以净资本为核心的风险监控与预警制度

2006 年 7 月,中国证监会发布了《证券公司风险控制指标管理办法》,该办法建立了以净资本为核心的风险监控与预警制度。这一制度有以下几个特点:一是建立了公司业务范围与净资本充足水平动态挂钩机制;二是建立了公司业务规模与风险资本动态挂钩机制;三是建立了风险资本准备与净资本充足水平动态挂钩机制。

4.客户保证金第三方存管制度

第三方存管是证券公司在接受客户委托,承担申报、清算、交收责任的基础上,在多家商业银行开立专户存放客户的交易结算资金,商业银行根据客户资金存取和证券公司提供的交易清算结果,记录每个客户的资金变动情况,建立客户资金明细账簿,并实施总分核对和客户资金的全封闭银证转账。这是中国证监会在原有客户资金存管制度的基础上,以保障客户资金安全、防止风险传递、方便投资者、有利于证券公司业务创新为原则,设计、实施的一种制度。

(三)治理证券公司的成效

2007 年 8 月底,证券公司综合治理工作成功结束,实现了各项主要治理目标。经过综合治理,证券公司长期积累的风险和历史遗留问题平稳化解,曾严重困扰证券行业健康发展的财务信息虚假、账外经营、挪用客户资产、股东及关联方占用等问题基本解决,初步建立了风险防范的长效机制,各项基础制度得到改革和完善。经过三年的综合治理,取得了三大成效:一是证券公司历史遗留问题得到彻底化解,财务状况显著改善,合规经营意识和风险管理能力明显增强;二是证券公司监管法规制度逐步完善,基础性制度的改革取得了实质性的进展,证券公司内部控制、日常监管、市场退出和投资者保护的长效机制初步形成;三是锻炼了监管队伍,提高了监管机构的权威,监管的有效性和针对性明显增强。

三、推出股指期货

股指期货即股票价格指数期货,是指以股票价格指数为买卖对象的期货交易方式。其特点是:一是以指数的涨跌决定盈亏;二是以"点"表示价格;三是以现金进行结算。股指期货作为重要的资产配置工具,有利于投资者迅速、灵活地调整和优化其资产结构,是构建具有规避性风险特征金融产品的基础。特别是在 2008 年的金融危机中,股指期货起到了稳定市场、管理风险的作用,有效地缓解了市场的抛售压力,避免现货市场出现更大的跌幅。据对 30 个市场自美国次贷危机爆发以来最大跌幅的统计,22 个推出股指期货的国家,股票现货平均跌幅为 46.91%,8 个没有推出股指期货的国家,现货指数平均跌幅高达 63.15%,其中,美国股指期货的大额避险交易比例明显提高,表明机构投资者在金融危机中积极利用股指期货进行风险对冲。

(一)股指期货推出的背景

受到全球金融危机的影响,我国内地证券市场在 2008 年的波动异

改革中的中国金融

常剧烈,上证综指从最高点的 6124 点直线跌落至 1664 点,最高跌幅达到 73%;从个股来看,1200 只个股全年跌幅都在 50% 以上,个别个股相对最高价的跌幅曾一度达到 90%,幅度之大、速度之快、普及面之广为历史罕见。普遍性的深度下跌给机构投资者和广大中小投资者的风险管理造成了前所未有的挑战,股市的巨幅波动迫切需要相关的金融衍生工具进行套期保值,对冲管理风险。在此背景下,我国的股指期货于 2010 年 4 月 16 日在上海中国金融交易所(以下简称"中金所")正式推出。

(二)股指期货的基本制度

1.保证金制度

即投资者在进行期货交易时,必须按照其买卖期货合约价值的一定比例来缴纳资金,以此作为履行期货合约的财力保证。沪深 300 股指期货的保证金比例为合约价值的 12%。

2.每日无负债结算制度

每日无负债结算制度也称为"逐日盯市"制度,简单说来,就是期货交易所要根据每日市场的价格波动,对投资者所持有的合约计算盈亏并划转保证金账户中相应的资金。若经结算,会员的保证金不足,交易所应立即向会员发出追加保证金通知,会员应在规定时间内向交易所追加保证金。若客户的保证金不足,期货公司应立即向客户发出追加保证金通知,客户应在规定时间内追加保证金。

3.价格限制制度

涨跌停板制度主要用来限制期货合约每日价格波动的最大幅度。根据涨跌停板的规定,某个期货合约在一个交易日中的交易价格波动不得高于或者低于交易所事先规定的涨跌幅度,超过这一幅度的报价将被视为无效,不能成交。一个交易日内,我国目前股指期货的涨幅和跌幅限制设置为上一交易日的结算价的 10%。

4.持仓限额制度

交易所为了防范市场操纵和少数投资者风险过度集中的情况,对会员和客户手中持有的合约数量上限进行一定的限制，这就是持仓限额制度。限仓数量是指交易所规定结算会员或投资者可以持有的、按单边计算的某一合约的最大数额。一旦会员或客户的持仓总数超过了这个数额，交易所可按规定强行平仓或者提高保证金比例。

5.强行平仓制度

这种制度是与持仓限制制度和涨跌停板制度等相互配合的风险管理制度。当交易所会员或客户的交易保证金不足并未在规定时间内补足，或当会员或客户的持仓量超出规定的限额，或当会员或客户违规时，交易所为了防止风险进一步扩大，将对其持有的未平仓合约进行强制性平仓处理，这就是强行平仓制度。

此外，股指期货还有大户报告制度和结算担保金制度。

（三）股指期货的作用

1.对股票投资组合进行风险管理，即防范系统性

通常我们使用套期保值来管理股票投资风险。所谓套期保值就是通过在现货市场与期货市场建立相反的头寸，从而锁定未来现金流的行为。因为这两个市场的价格有趋同性，投资者这样做，至少可以保值，甚至还可获利。

2.利用股指期货进行套利

所谓套利，就是利用股指期货定价偏差，通过买入股指期货标的指数成分股并同时卖出股指期货，或者卖空股指期货标的指数成分股并同时买入股指期货，来获得无风险收益。

3.股指期货是一个杠杆性的投资工具

由于股指期货保证金交易，只要判断方向正确，就可能获得很高的收益。这就是金融衍生产品的杠杆性，即收益与风险的多倍放大。

（四）推出股指期货的意义

1.引进了做空机制

长期以来，中国内地股票市场单边运行，缺乏双向的市场约束机制，市场波动幅度较大，机构投资者迫切需要推出股指期货来管理风

改革中的中国金融

险。股指期货作为重要的资产配置工具,有利于投资者迅速、灵活地调整和优化其资产结构,是构建具有规避系统性风险特征金融产品的基础。通过买卖一定的股指期货合约,可以有效改变组合资产的风险收益特征,促进基金等投资产品的多样化,满足不同类型的投资需求。它不仅能够降低机构投资者的市场风险,也可以在公募基金等理财产品中适当运用股指期货等金融衍生品丰富理财产品的层次,改变目前理财投资产品高度趋同的现状,让普通投资者从中获益。

2.提升上海国际金融中心的地位

上海国际金融中心的建设是一项国家战略。股指期货的推出,不仅有助于完善上海的金融市场体系和结构,更为金融衍生品市场的定价话语权争取更多先机。当今世界经济的发展,金融定价权成为金融机构、企业商家甚至一国经济必争的战略高地。股指期货的推出,进一步巩固和增强了上海作为金融中心的竞争力和国际影响力。

3.完善了我国的期货市场构架

从期货的发展历程看,金融期货的产生不过30年时间,但其发展速度与创新能力却远快于商品期货,并迅速成为市场的重要组成部分。而在我国,一直是商品期货占主导地位。2008年,全球商品期货成交数量只占全部期货期权的十分之一,股指期货期权的成交比例高达38%。对于之前只有商品期货的中国证券市场来说,股指期货的推出完善了期货市场的结构,将成为今后我国期货市场深度发展的着力点,具有里程碑式的意义。

四、开展融资融券业务

融资融券又称证券信用交易,是指证券公司向客户出借资金供其买入证券或出借上市证券供其卖出,并收取担保物的经营活动。它包括融资和融券两大类业务。融资融券业务有两大特点:第一,融资融券交易的财务杠杆效应,客户从证券公司借入资金和证券,提高了购买力,扩大了交易规模,能够以较少的本金获得较大的收益;第二,融资融券业务形成了双重信用关系。证券公司在向客户提供融资融券业务的同时还需向银行等金融机构以质押形式进行融资，使各种金融资源能够得到有效利用。

（一）开展融资融券业务的历史背景

早在我国证券市场发展初期，就曾出现过融资融券业务。当时一些证券公司为了吸引和留住客户，开展了向客户提供资金等业务，但由于缺少必要的风险防范意识和规范，很多客户血本无归，后来证监会明确禁止了该项业务。随着我国证券市场的发展，为了进一步丰富我国证券市场的金融产品，有必要重新开展融资融券业务。2008年10月5日，中国证监会宣布，经国务院同意，中国证监会将于近期启动证券公司融资融券业务试点工作。2010年3月，融资融券业务正式启动。但并不是所有的证券公司都能做融资融券业务，必须符合有关规定并经中国证监会批准。证券公司向客户融资，必须是自有资金或依法筹集的资金；向客户融券，必须是自有证券或依法取得处分权的证券。证券公司经营融资融券业务，必须建立账户体系，客户向公司提出融资融券申请，经批准后也应开立账户体系。

（二）开展融资融券业务的意义

1.融资融券业务为投资者提供了新的盈利模式

我国股票市场历来存在"单边市"的缺陷，一直处于"买涨不买跌"的不成熟状态。投资者如果想要投资盈利，就只能做多，当股市下跌时，投资者就只能认亏，没有合适的金融避险工具。推出融资融券业务后，如果投资者预测某只股票在近期将下跌，他就可以通过先向券商借入该股票卖出，再在该股票下跌后以更低的价格买入还给券商以获取价差。同样，当股票上升趋势明朗时，如果投资者手头资金不足，可以用手头的证券作为抵押，通过融资交易借钱来购买证券。只要证券上涨的幅度足以抵消投资者需要支付的融资利息，投资者就可以获得收益。

2.融资融券业务为证券公司开辟了新的业务来源

融资融券业务活跃了资本市场，扩大了投资者的交易范围和交易

改革中的中国金融

额,不仅增加了证券公司原有的经纪业务收入,而且给证券公司带来了稳定的利息收入。融资融券业务同时也给银行等其他金融机构带来了相当的收益。

3.融资融券业务有利于证券内在价格的发现,维护证券市场的稳定

融资融券业务有助于投资者表达自己对某只股票或其他金融产品的实际投资价值的预期,引导股价趋于体现其内在价值,并在一定程度上减缓了证券价格的波动,维护了证券市场的稳定。当市场上某只股票价格因为投资者过度追捧或是恶意炒作而变得虚高时,敏感的投资者会及时察觉,通过融券业务卖空该股票,从而增加股票的供给量,缓解市场上这些股票供不应求的紧张局面,抑制股票价格泡沫的继续生成和膨胀。而当这些价格被高估的股票因泡沫破灭而价格下跌时,先前卖空这些股票的投资者为了锁定已有利润,适时买入这些股票以归还融券业务,在某种程度上起到"托市"的作用,从而达到稳定市场的作用。

五、创业板挂牌

创业板是指专为暂时无法在主板上市的中小企业和新兴公司提供融资途径和成长空间的证券交易市场。创业板出现于上世纪 70 年代的美国,兴起于 90 年代,曾孵化出微软等一批世界 500 强企业的美国纳斯达克市场最具代表性。创业板有以下几个特点:一是财务门槛低。创业板要求拟上市的企业最近两年连续盈利,总额不少于 1000 万元,而主板则要求最近三年连续盈利,总额不少于 3000 万元。二是对发行规模要求小。创业板要求企业上市后总股本不低于 3000 万元,而主板最低要求是 5000 万元。三是对投资人要求高。创业板要求投资者有较高风险承受能力。四是在投资者资金门槛和涨跌停板的限制方面也比主板更加严格。

(一)创业板挂牌的背景

1999 年 8 月,党中央、国务院出台的《中共中央、国务院关于加强技术创新,发展高科技,实现产业化的决定》指出,要培育有利于高新技

术产业发展的资本市场,适当时候在现有的上海、深圳证券交易所专门设立高新技术企业板块。2000年10月,深市停发新股,筹建创业板。但2001年股市神话破灭,国内股市丑闻频传,人们开始反思股票市场,认为推出创业板的时机还未成熟,要先整顿主板市场,创业板计划被搁置。2004年,作为创业板过渡的中小板在深交所开设,8只新股在中小板上市,时称中国股市"新八股"。2006年开始,随着我国股市的进一步完善,证监会和深交所等开始筹备,准备适时推出创业板。2009年3月31日,中国证监会正式发布《首次公开发行股票并在创业板上市管理暂行办法》,该办法自2009年5月1日起实施。2009年9月13日,中国证监会宣布,将于9月17日召开首次创业板发审会,首批7家企业上会。这七家公司分别为:北京立思辰科技股份有限公司、北京神州泰岳软件股份有限公司、乐普(北京)医疗器械股份有限公司、青岛特锐德电气股份有限公司、上海佳豪船舶工程设计股份有限公司、南方风机股份有限公司、重庆莱美药业股份有限公司。预计拟融资总额约为22.48亿元。2009年10月23日,中国创业板举行开板启动仪式。数据显示,首批上市的28家创业板公司,平均市盈率为56.7倍,而市盈率最高的宝德股份达到81.67倍,远高于全部A股市盈率以及中小板的市盈率。创业板的推出,标志着我国多层次资本市场体系建设又向前迈进了一步。目前共有149家企业的创业板IPO申请已被受理,预计募集资金总量为336.05亿元。

(二)创业板挂牌的意义

1.创业板为中小企业提供直接融资渠道

中国证券市场最为人诟病的问题之一就是定位问题。在许多业内人士看来,中国的股市就是为国企转制而设立,是借民间资本力量来壮大国企,而民营企业很难进入中国股市。创业板作为第二股票交易市场,是专为暂时无法登陆沪深主板的众多中小企业和新兴公司提供融资渠道和成长空间的证券交易市场,它为众多难以获得银行贷款,但具有高科技和高成长潜力的中小民企提供了最佳融资渠道。但必须认识

改革中的中国金融

到,融资绝不等于"圈钱",融资的意义在于给真正有发展潜力的企业一个更大的发展空间,让它们更快更好地成长。

2.创业板的推出将完善我国创业投资体系

资金和技术是高新企业发展的两大动力,而技术的研发与资金的支持是分不开的。由于高科技企业风险较大,自身可抵押的有形资产较少,很难取得银行贷款,风险投资的介入是高科技企业发展的必由之路。目前我国风险投资的发展还在萌芽阶段,创业板的推出将拓展风险投资的退出渠道,完善我国创业投资体系。

3.创业板的推出有助于促进产业结构的调整与优化

创业板的推出,可以引导社会经济资源向具有竞争力的创新型企业、新兴行业聚集,促进高成长、高科技的自主创新型企业迅速发展壮大。有利于推动国家自主创新战略的实施,完善科技型中小企业融资链条,促进科技成果产业化,形成科技型中小企业、风险投资和资本市场良性互动的格局。此外,它还适应了以创业带动和扩大就业的需要,有利于在全社会营造创新和创业的良好氛围,激励和引导优秀人才加入创业行列,创造更多的就业机会。

第二节　我国证券市场存在的主要问题

一、入市和退市难

(一)证券发行核准制形成了较高的准入门槛

我国目前对证券的发行实行核准制,相比以前的审批制有了较大进步。所谓核准制,是指证券发行审核机关对证券发行申请进行审查,如果符合法律规定的形式要求,应予以登记核准的发行审核制度。而西方国家对证券发行普遍实行注册制。注册制,就是证券发行公司在公开发行证券、募集资本之前,必须按照法定的程序向证券主管部门申请注册登记,并提供与证券发行有关的材料。我国的核准制将证券发行的决定权掌握在政府手中,也就是由政府配置资本市场资源,扭曲了市场的资本配置功能。

(二)市场退市机制没有真正建立

我国现阶段仍然以强制退市为主,并且仅有连续三年亏损上市公司的退市时间。尽管我国《公司法》规定"上市公司有重大违法行为,经查属实的理应退市",但是,在受到行政处罚、追究刑事责任后,仍未有一家上市公司因此退市。违法公司退市始终不能执行,导致违法违规现象愈演愈烈。由于现行退市办法只适用于连续三年亏损后第一个半年内不能扭亏的上市公司,而对于日益充斥市场的造假上市、虚构利润、严重违法违规的上市公司,只要不是连续三年亏损就可以逃避退市,人为地收窄了法规的涵盖面,使法律的权威性大打折扣。

二、政府对市场的干预过多

证券市场有其自身发展的规律,政府不应该过多地干预股市。我国"政策市"的存在,加剧了证券市场的波动,在证券交易市场上,政府通过各种手段托市或抑市,试图将证券交易价格控制在一定的幅度之内。比如超常规培育机构投资者的政策就是一个很不公平的政策,它给机构投资者申购新股大量优惠的政策,机构投资者因此获得了较大收益,而广大散户股民利益受到了较大的损害。这种通过行政手段直接干预证券交易市场的做法扼杀了市场机制的正常作用,使得证券交易价格不能真正反映有价证券的供求关系,导致市场效率的下降。

三、证券监管乏力

从现行体制看,证监会名义上是证券监督管理机关,监管范围看似很大,从上市公司的审批、上市规模的大小、上市公司的数目、上市公司的价格、公司独立董事培训及认可标准,到证券中介机构准入、信息披露的方式及地方、信息披露之内容,以及证券交易所管理人员的任免等,凡是与证券市场有关的事情无不在其管制范围内。而实际上,证监

改革中的中国金融

会只是国务院组成部门的附属机构，其监督管理的权力和效力无法充分发挥。

此外，尽管我国的《证券法》对证券业协会的性质和职业有相关规定，但并未明确证券业协会的独立的监管权力，致使这些规定大多形同虚设，实施效果不佳。无论是中国证券业协会还是地方证券业协会，大都属于官办机构，带有一定的行政色彩，机构负责人多是由政府机构负责人兼任。证券业协会的自律规章如一些管理规则、上市规则、处罚规则等都是由证监会制定的，缺乏应有的独立性。证券业协会没有实质的监督管理的权力，不是真正意义上的自律组织，通常被看做准政府机构。

四、上市公司治理机制不完善

我国上市公司的特殊发展历程，导致了我国上市公司治理存在着一系列问题。一是股权结构不合理，国有股仍"一股独大"。如2008年年底，上海证券交易所共有上市公司864家，总股本20803.59亿股，其中国有股份9373.51亿股，占总股本的45.06%。二是内部治理机构失灵。董事会的两个核心职能包括监督公司的长期战略和聘任、考核与激励高层管理人员，代表股东利益和意志制约经理层并对公司重大经营活动拥有最后决定权。然而，在我国上市公司股权结构不合理的情况下，作为国家股东代表的各级人员并非公司风险的真正承担者，也不具备对公司的剩余索取权，这种机制显然无法保证股东的监督与激励动机，最终使公司陷入经理人员的"内部人"控制中。三是缺乏代理权竞争与经理人员约束机制。由于我国上市公司大多属于国有股居统治地位，天然阻断了来自外部的代理权竞争，国家股东代表的人员既非公司的剩余索取者也非风险承担者，因此可能利用自己的权利选择能让自身利益最大化的经营者，在代理权的竞争中寻租。在经理人方面，我国大多国有控股的上市公司经理人采取政府任命制，一方面潜在的竞争者对现任经理人威胁很小，另一方面，"内部人"控制现象使得外部约束对经理人的控制更小。两方面的约束机制失灵实际将风险最终转移给了政府部门,产生更高的代理成本。四是上市公司信息披露不真实、不完整、不充分、不及时、不主动且有随意性。

五、投资者缺乏理性,盲目跟风

我国证券市场的投资者特别是中小投资者离理性、成熟的要求还有极大的距离,这表现在他们缺乏有关投资的知识和经验,缺乏正确判断企业管理的好坏、企业盈利能力的高低、政府政策的效果的能力,在各种市场传闻面前不知所措甚至盲信盲从, 缺乏独立思考和决策的能力。他们没有树立正确的风险观念,在市场价格上涨时盲目乐观,在市场价格下跌时又盲目悲观,不断地追涨杀跌,既加剧了市场的风险,又助长了大户或证券公司操纵市场的行为, 从而加大了我国证券市场的监督管理的难度。

第三节　发展我国证券市场的对策

一、建立与健全退市制度

退市制度的建立和完善,可以发挥证券市场的自我更新功能,不断吐故纳新,提高整个市场的内在质量,促进证券市场优化社会资源配置的功能。因此,必须彻底改变我国上市公司退出难的局面,严格执行《证券法》的相关规定,凡是符合退市条件的上市公司,必须坚决取消其上市交易资格。退市制度完善将有利于市场主体风险意识的加强、股票定价机制的合理。

一个成熟的市场一定是能够优胜劣汰的市场,只有形成优胜劣汰的机制才能真正提高上市公司的质量。从自然法则来说,也应该是有进有退。目前我国资本市场上市公司退市制度主要存在四大难点:一是退市标准可操作性不强,目前规定连续三年亏损就暂停上市,连续四年亏损就终止上市，但一些主营业务亏损的公司可以借助非经常性交易扭亏为盈，规避退市；二是利益相关方退市阻力较大；三是退市转板机制尚不完善；四是相关配套机制有待完善。要下大力气突破这四大难点，完善退市制度，形成优胜劣汰的机制，提高上市公司的质量。

二、完善证券市场法律监管

(一)用法律规定证监会的独立性

我国《证券法》首先应重塑我国证监会的权威形象，用法律规定增强其独立性，明确界定证监会独立的监督管理权。政府应将维护证券市场发展的任务从证监会的工作目标中剥离出去，将证监会独立出来，作为一个独立的行政执法委员会。同时我国《证券法》应明确界定证监会在现行法律框架内实施监管权力的独立范围，并对地方政府对证监会的不合理的干预行为在法律上做出相应规制。这样，一方面利于树立证监会的法律权威，增强其监管的独立性，另一方面也利于监管主体之间合理分工和协调，提高监管效率。

(二)证券业自律组织监管权的法律完善

应制定一部与《证券法》相配套的《证券业自律组织法》，其中明确界定证券业自律组织在证券市场中的监管权范围，确定其辅助监管的地位以及独立的监管权力。在法律上规定政府和证监会对证券业自律组织的有限干预，并严格规定干预的程序。在法律上完善证券业自律组织的各项人事任免、自律规则等，使其摆脱政府对其监管权的干预，提高证券业自律组织的管理水平，真正走上规范化发展的道路，以利于我国证券业市场自我调节作用的发挥以及与国际证券市场的接轨。

三、健全上市公司治理结构

(一)改善上市公司股权结构

面对我国上市公司的股权结构、治理机制出现的问题，应当以完善上市公司的以权力制衡为中心的法人治理结构为目标。一方面在产权明晰的基础上减少国有股的股份数额,改变国有股"一股独大"的不合理的股权结构;另一方面制定和完善能够使独立董事发挥作用的法律,并在上市公司内部建立一种控制权、指挥权与监督权合理制衡的机制,把充分发挥董事会在公司治理结构中的积极作用作为改革和完善我国公司治理结构的突破口和主攻方向。

(二)完善上市公司信息披露制度

规范上市公司行为,增强市场透明度,有效地保护投资者的利益的关键是充分的信息披露。持续的信息公开制度有利于消除证券市场信息的不完全和不对称,抑制内幕交易行为和欺诈行为,实现证券市场的透明与规范。编者认为,鉴于目前许多相关案例的出现,导致投资者受损,因此在上市公司信息披露制度中建议引入民事责任,促进上市公司信息披露的及时性、完整性和规范性。建立和完善证券交易即时控制系统,同时加大对交易所信息披露的监管,保证市场高效、安全地运行。明确各监管部门的职责,搞好监管部门的协调。证监会和交易所在加强对上市公司信息披露监管的同时应建立信息即时公布制度,并保证信息传输的通畅性。上市公司存在或出现重大信息披露方面问题时,要及时进行处罚与相关规范。

四、提高投资者素质,保护投资者权益

(一)充分发挥投资者保护基金的作用

2005 年 9 月,中国证券投资者保护基金有限责任公司成立,标志着我国投资者保护制度初步建立。作为证券市场的一项基础性制度建设,投资者保护制度的建立将通过市场化手段解决证券公司的退出机制问题,取代"券商谢幕、政府买单"的行政关闭模式,保护基金的用途是在证券公司被撤销、关闭和破产或被中国证监会实施行政接管、托管经营等强制性监管措施时,对债权人予以偿付。这有利于建立证券公司风险防范和处置的长效机制,促进证券公司破产清算机制的形成。

改革中的中国金融

(二)确立培育理性投资者的制度

首先在法律上确立问责机制，将培育理性投资的工作纳入日常管理中，投资者投资出问题，谁应对此负责，法律应有明确答案。其次，实施长期的风险教育战略，向投资者进行"股市有风险，投资需谨慎"的思想灌输。另外，还要建立股价波动与经济波动的分析体系，引导投资者理性预期。投资者对未来经济的预期是决定股价波动的重要因素，投资者应以过去的经济信念为条件对未来经济做出预期，从而确定自己的投资策略。

五、继续完善多层次的证券市场

随着创业板、股指期货的推出，我国多层次证券市场逐步形成，这对发挥市场机制优化资源配置功能非常有利。但从发展及现实来看，多层次的证券市场仍需完善。比如，A股、B股并轨，对外资进入证券市场实行国民待遇，以便建立一个公平统一的证券市场。另外可考虑加快建立现代的场外交易市场，采用先进的计算机技术和网络技术，将各地交易平台、渠道构建起来，信息共享。有研究认为，场外交易市场在某些方面具有效率高、成本低的优势，有利于证券交易品种多元化，促进市场估值合理，增加投资渠道，引导股票估值理性定位。

我们坚信，随着退市制度的建立与健全，证券市场法律制度的完善，上市公司治理结构的改善，投资者素质的提高和多层次交易市场的继续完善，我国政府对市场的干预将逐步减少，我国证券市场的改革开放和稳定发展的道路将越走越宽阔，越走越顺畅。

第五章

保险法律体系更加健全 保险业步入良性发展轨道

随着我国保险业走上高速发展的快车道,保险法律制度得以不断调整、补充和更新,相关法律体系逐步健全,为促进保险业健康持续发展提供了良好的法制环境和有力的法律保障。

第一节 修改商业保险法,进一步完善保险法律体系

一、《保险法》修改的历程

1995 年 6 月全国人民代表大会颁布了《中华人民共和国保险法》,这是新中国成立以来的第一部保险基本法。《保险法》颁布至今经历了两次修改。

第一次修改是 2002 年 10 月 28 日,第九届全国人大常委会第三十次会议表决通过了《全国人民代表大会常务委员会关于修改〈中华人民共和国保险法〉的决定》,该决定将于 2003 年 1 月 1 日起施行。这是我国《保险法》颁布实施 8 年来第一次大修改。当时提出"可修可不修的不修",真正实质性变化条款不太多,因此修订不够系统。

2002 年以来,国内保险业发展的形势发生了巨大变化,我国保险市场的发展变化速度之快令世界瞠目结舌。到 2007 年,保费收入和保险总资产就已经分别达到了 2002 年的 2.3 倍和 4.5 倍,保险公司数量增加了 68 家。我国保险市场发展迅速,保险业的内部结构和外部环境

改革中的中国金融

都发生了巨大变化,在保险实践中出现了许多新情况、新问题。相形之下,原《保险法》在被保险人利益的保护、保险公司业务范围和保险资金的运用、保险经营行为、保险市场主体、市场监管等方面都出现了许多新问题,已经难以适应当前保险业改革发展的需要。因此,保险实务界和理论界对于《保险法》的再次修订翘首以待。

第二次对保险法大修改的准备工作于2004年10月由中国保监会会同有关部门正式启动,2005年年底形成了《保险法》修订草案建议稿并上报国务院法制办公室。此后,国务院法制办组织听取各方意见,修改形成了《中华人民共和国保险法(修订草案)》。2008年8月1日,《中华人民共和国保险法(修订草案)》经国务院常务会议原则通过,提请全国人大常委会审议。同年8月25日召开的第十一届全国人大常委会第四次会议对《中华人民共和国保险法修订(草案)》进行了初次审议。9月16日,通过网络向社会公开征集意见。历经了3年多的起草、研讨、论证与修改,在充分征求各方意见的基础上,2009年2月28日,第十一届全国人大常委会第七次会议审议通过了《中华人民共和国保险法》修正案,《保险法》完成了第二次修订。

修订后的《保险法》于2009年10月实施,这对于保险业界和保险法律界来说是一个重要的事件并被广泛关注。由于第二次的修订相较于以往的修订变化非常大,故业内人士普遍认为第二次修订后的《保险法》应当称之为"新《保险法》"。

二、《保险法》修改的指导思想及意义

由于我国《保险法》是采用"保险合同法"与"保险业法"合一的立法模式,这使得它既调整保险人与被保险人之间的保险合同关系,也调整保险市场主体与保险监管机构之间的监管关系。这也就使投保人与保险人的合法权益获得了保险基本法的保障,为保险公司的自主经营和保险监管机构的外部监管设定了基本法层面的依据。

2002年《保险法》第一次修改时,当时的指导思想是"有利于履行

我国入世承诺,加强保险监管,支持保险业的改革和发展"。其重点是只对《保险法》中保险业法方面内容进行修改,而对保险合同法方面内容涉及较少,仅在"总则"中突出强调了诚实信用原则,系统性不够。

随着我国保险业的迅速发展,《保险法》暴露出许多不完善和不适应实际情况的地方,于是又有了第二次的修改。第二次修改的指导思想是"贯彻落实科学发展观,规范保险经营行为,加强改善保险监管,防范金融风险,加强行业诚信建设,切实保护被保险人利益,促进行业健康发展,为构建社会主义和谐社会服务"。第二次《保险法》的修订,吸收了十六大以来保险业改革发展的新鲜经验和有益探索,针对保险业发展站在新起点、进入新阶段的实际,对行业发展和保险监管做出了许多新规定,进一步完善了商业保险的基本行为规范和国家保险监管制度的主体框架。

这部新保险大法的诞生,标志着我国金融体制改革在法制化的轨道上又迈出了新的步伐,昭示着我国保险事业将全面步入法制建设的新轨道,是一件具有划时代意义的盛事。它对于规范保险活动,保护保险当事人的合法权益,规范保险市场,促进我国保险事业的长远健康发展具有重要意义。

三、《保险法》修改的主要内容

(一)新《保险法》在章节结构、法律条文上的变化

本次《保险法》修订是全面性修改。就章节而言主要体现在:原《保险法》共八章,新《保险法》仍为八章,即总则、保险合同、保险公司、保险经营规则、保险代理人和保险经纪人、保险业监督管理、法律责任、附则。但在章节上做了一些调整:第二章中原第二节"财产保险合同"、第三节"人身保险合同"做顺序调整,改为第二节"人身保险合同"、第三节"财产保险合同";原第五章"保险业的监督管理"、第六章"保险代理人和保险经纪人"做顺序调整,改为第五章"保险代理人和保险经纪人"、第六章"保险业监督管理"。

改革中的中国金融

就条文而言,原《保险法》共 158 条,新《保险法》共 187 条,增加 29 条。具体来讲,其中保险合同法部分由原法的 60 条修改为57 条,减少 3 条;保险业法部分,由原法的 83 条修改为 115 条,增加 32 条。

(二)从保险合同法、保险业法两方面进行修订,旨在保护消费者利益

纵观此次《保险法》的修订,在制度设计及规制完善上,加强对被保险人利益保护的立法精神贯穿始终,成为本次《保险法》修订的最大亮点。新《保险法》的主旨是保护保险消费者利益。而关于《保险法》如何保护保险消费者利益,我们可以从《保险法》的两个组成部分来进行讨论,即保险业法和保险合同法两个方面的保护。

1.修改保险业法,强化主体责任,间接保护消费者利益

所谓保险业法,是指国家对保险市场及市场主体组织和经营活动进行监管的法律规范的总和。因此,保险业法的本质属性是管理法或监管法,保险监管是贯穿保险业法的灵魂。之所以将保险业法相关部分的修改看做对保险消费者的间接保护,是因为对保险消费者的保护是透过监管机构对保险公司监管而完成的,防止保险公司利用其强势地位侵害被保险人的利益。作为《保险法》的重要组成部分,保险业法的修改贯穿着对保险消费者利益保护的主旨,这次的修改幅度很大。

新《保险法》修改并出台,在扩大保险公司业务范围和资金运用范围的同时,进一步加强对保险经营机构的公司治理、偿付能力和市场行为等方面的监管,完善保险经营规则,强化对责任主体的法律制裁,必将对我国保险业的快速、持续和健康发展提供强大的法律基础和制度保障。由于篇幅原因,笔者对保险业法修改的间接作用不做重点阐述。

2.修改保险合同法,进一步明确责权利,直接保护消费者利益

我们重点在保险合同法方面来看一看新《保险法》的变化。如"不可抗辩条款"的增设、理赔时间的限制等,这些都直接地保护了消费者利益。下面我们就以财产保险中的汽车险为例看保险合同法方面的修订。

(1)合同订立阶段。

①变化一:依法履行说明义务,免责条款不明示不免责。

新《保险法》第17条规定:"订立保险合同,采用保险人提供的格式条款的,保险人向投保人提供的投保单应当附格式条款,保险人应当向投保人说明合同的内容。对保险合同中免除保险人责任的条款,保险人在订立合同时应当在投保单、保险单或者其他保险凭证上作出足以引起投保人注意的提示,并对该条款的内容以书面或者口头形式向投保人作出明确说明;未作提示或者明确说明的,该条款不产生效力。"

解读:新《保险法》针对保险人的明确说明义务的主要变化在于:保险合同一般条款的说明义务和对于免责条款的明确说明义务编入同一条规定,增加了保险人在投保单上附加格式条款的义务。就免责条款,新《保险法》规定了保险人的提示义务和明确说明义务并存,并明确了说明的方式既包括书面形式,也包括口头形式。

换句话说,在过去,免责条款往往是保险公司拒绝赔付的"杀手锏"。很多保险合同中都会隐藏一些免陪条款,投保人平时没注意。但一旦发生事故,一些零部件的损坏,包括轮胎、反光镜等,都会被保险公司拿出这些免赔条款直接拒赔。这些复杂的免陪条款,在购买时一般都会被保单销售人员轻描淡写一笔带过,或者索性根本不提。而且由于保单条款字小,专业术语又繁复,有些车主索性就懒得去读条款,直接交给销售全权代理了。等到真正出事时,才知道有些东西自己一开始就没弄明白。新《保险法》针对免责条款明确规定应该对免责条款做出足以引起投保人注意的提示,并以书面或者口头形式向投保人做出明确说明;未做提示或者明确说明的,该条款不产生效力。条款解释清楚了,确实能够让消费者在购买保单时做到心中有数,理赔时才能够心里有底。消费者也可以比较哪家保险公司的免责条款少,而选择让自己的车更有保障的保险公司,最终保护了消费者自己的利益。

②变化二:车险随车辆转让而转让,明确了财产转让的理赔。

旧法第34条规定:"保险标的的转让应当通知保险人,经保险人同意继续承保后,依法变更合同。但是,货物运输保险合同和另有约定的合同除外。"

改革中的中国金融

新《保险法》第49条规定:"保险标的转让的,被保险人或者受让人应当及时通知保险人,但货物运输保险合同和另有约定的合同除外。因保险标的转让导致危险程度显著增加的,保险人自收到前款规定的通知之日起三十日内,可以按照合同约定增加保险费或者解除合同。保险人解除合同的,应当将已收取的保险费,按照合同约定扣除自保险责任开始之日起至合同解除之日止应收的部分后,退还投保人。"

解读:新《保险法》针对保险合同的转让主要变化在于:新法则规定了在一般情况下,保险标的的转让直接导致保险合同的继承,同时规定了对于由于保险标的的转让导致危险程度增加的例外情况。而按旧法的规定,保险标的的转让并不当然导致保险合同的继承,只有保险人同意,才能使得保险合同发生继承。也就是说,保单还没有过户的情况下发生事故造成损失,该怎么赔偿,按照原先的惯例,发生这样的问题,保险公司直接拒赔。旧法的规定不利于保险合同履行连续性,变相增加了投保人和被保险人的负担,有必要进行修订。因此,针对二手车过户不及时导致的保险理赔纠纷的问题,新《保险法》汲取了一些其他国家和地区保险法的立法经验,让购买二手车的用户吃了"定心丸"。在新《保险法》中已明确指出,车辆转让,保险权益也跟随而动,过户车只要办完了过户手续,新车主自动继承原保险人的权利和义务,即便在保单过户办理期间发生事故,依然可以获得赔偿。但如果车辆的承保风险发生变化,保险公司也有权利拒赔或部分拒赔。例如,原来的家庭用轿车,转让后变成营运车辆,对于保险公司来说其承保风险就上升了,而且这两种车投保的费率也是不一样的,可能会要求增补保险费用或者终止保单。

对于财产保险来说,存在较大争议的问题是:财产保险合同存续期间,如果保险标的因买卖、赠与等发生转让,转让后发生保险事故,保险公司赔不赔?以前保险标的发生转让也需要到保险公司进行报备,但是到底如何操作并没有细致规定。新修订的《保险法》对这方面的规定规避了操作中可能存在争议的一些问题,对保险公司和投保人都是一种保护,从根本上解决了日益频繁的因车辆转让而引发的理赔纠纷。

（2）估损、核损、定损阶段。

变化：过户车辆按实际价值投保、理赔，不再"高投低赔"。

新《保险法》第55条规定："投保人和保险人约定保险标的的保险价值并在合同中载明的，保险标的发生损失时，以约定的保险价值为赔偿计算标准。投保人和保险人未约定保险标的的保险价值的，保险标的的发生损失时，以保险事故发生时保险标的的实际价值为赔偿计算标准。"

解读：按照新车的价格投保，却只能根据现车的价格理赔，这种"高投低赔"现象，在车险业由来已久，引起投保人的极度不满。例如：消费者李先生买入一辆8万元的二手车，但保险公司却要求车主根据这个车型的新车市场价格18万元进行投保。5个月后，李先生驾车发生事故，维修费需要3万元，保险公司却告知只能按当初黄先生买入的车价8万元进行估损、核损、定损，最多只能赔2万。李先生非常生气："为什么当初投保时要按18万元进行投保，但赔付时却按买入价格8万元进行估损、核损、定损？这是明摆着损害我们消费者的利益。"新《保险法》实施后，这样的现象将不会发生。投保金额不得高于标的物的价值，也就是说给旧车投保时不再按照新车价，而是按照旧车目前的价值，否则违法。同时，投保时保险公司应将这一事项明确告知投保人，否则投保人事后才知道，有权要求保险公司退还多收的保费。其实，这也意味买车险可能会更便宜，让消费者多受益。

（3）理赔阶段。

①变化一：证明资料一次性通知到位且明确理赔时间，结束"持久战"。

新《保险法》第22条规定："保险事故发生后，按照保险合同请求保险人赔偿或者给付保险金时，投保人、被保险人或者受益人应当向保险人提供其所能提供的与确认保险事故的性质、原因、损失程度等有关的证明和资料。保险人按照合同的约定，认为有关的证明和资料不完整的，应当及时一次性通知投保人、被保险人或者受益人补充提供。"第23条规定："保险人收到被保险人或者受益人的赔偿或者给付保险金的请求后，应当及时作出核定；情形复杂的，应当在三十日内作出核定，

改革中的中国金融

但合同另有约定的除外。保险人应当将核定结果通知被保险人或者受益人;对属于保险责任的,在与被保险人或者受益人达成赔偿或者给付保险金的协议后十日内,履行赔偿或者给付保险金义务。保险合同对赔偿或者给付保险金的期限有约定的,保险人应当按照约定履行赔偿或者给付保险金义务。保险人未及时履行前款规定义务的,除支付保险金外,应当赔偿被保险人或者受益人因此受到的损失。任何单位和个人不得非法干预保险人履行赔偿或者给付保险金的义务,也不得限制被保险人或者受益人取得保险金的权利。"第24条规定:"保险人依照本法第二十三条的规定作出核定后,对不属于保险责任的,应当自作出核定之日起三日内向被保险人或者受益人发出拒绝赔偿或者拒绝给付保险金通知书,并说明理由。"

解读:新《保险法》对理赔时限做了明确规定,主要体现在"1、3、10、30"这些时间要求上。"1"为"及时一次性书面告知",在被保险人提出理赔申请后,保险公司认为被保险人等提供的有关索赔请求的证明和材料不完整的,应当及时一次性书面通知被保险人等补充提供。而在旧法中,没有规定通知多少次。而新法中省去了理赔时由于材料不全所造成的来回奔波之苦。如果拒赔,应3天内发出通知书。确认理赔,应10天内支付赔款。保险人收到索赔申请后,除另有约定外,对一些损失情况比较严重的、金额较大的理赔案件,也应该在30天之内做出最终核定,并且将核定的结果书面告知事故双方。赔付时手中的资料齐全,理赔时自然速度能够提高,让消费者更加满意。

②变化二:受害车主(第三者)可直接向加害方保险公司索赔。

新《保险法》第65条规定:"责任保险的被保险人给第三者造成损害,被保险人对第三者应负的赔偿责任确定的,根据被保险人的请求,保险人应当直接向该第三者赔偿保险金。被保险人怠于请求的,第三者有权就其应获赔偿部分直接向保险人请求赔偿保险金。"

解读:新《保险法》对于责任保险中保险人的赔付,明确规定了被告保险人对第三者应负的赔偿责任确定的情况下,根据被保险人的请求,保险人应当向第三者赔偿。同时还明确规定了第三者享有对于保险人的直接的赔偿请求权。另外,新《保险法》还增加规定了责任保险的保险人对第三者的注意义务,即责任保险的被保险人给第三者造成损害,被保险人未向第三者赔偿的,保险人不得向被保险人赔偿保险金。

这主要有三种情况:一是车主直接赔付第三者,然后拿到相关的票据找保险公司报销;二是车主没有赔付第三者,这时作为受害方的第三者,有权利向车主所购保险的保险公司请求赔偿;三是车主请求保险公司直接赔付第三者。经过实践证明,车主们对于新保险法这条规定很认同,都说遇到的麻烦事越来越少了。只要事故责任明确,肇事车辆又买了相关保险,就完全可以撇开肇事方直接向对方的保险公司索赔,再也不用担心遇到"老赖"大玩"迷踪拳"了。新《保险法》的此项规定为受害车主(第三者)直接起诉加害方保险公司提供了法律依据。

四、与《新保险法》相关的规定

新《保险法》的正式实施体现了国家大力发展保险市场的战略决策。与此同时,2005至2011年间还出台了一些与新《保险法》相关的保险规定,它们一同为推动保险业改革发展奠定了更加坚实的法制基础,为保险监管部门更好地履行职责提供了法律保障,全面提升了保险业的法治水平,为保险业的健康可持续发展产生了积极而深刻的影响。2005—2011年间与新《保险法》相关的规定主要有以下四个方面:

(一)综合方面

表5-1　2005—2011年新《保险法》综合方面的相关规定

时 间	相 关 规 定
2006年6月26日	国务院颁布《国务院关于保险业改革发展的若干意见》(简称"国十条",国家推动保险业的发展。
2009年9月21日	最高人民法院关于适用《中华人民共和国保险法》若干问题的解释
2009年4月20日	中国保险监督管理委员会办公厅关于《保险法》第七条理解的复函

改革中的中国金融

(二)市场监管方面

表 5-2　2005—2011 年新《保险法》市场监管方面的相关规定

时　间	相　关　规　定	角度
2007 年 06 月 22 日	保险许可证管理办法	监管措施
2008 年 11 月 18 日	中国保险监督管理委员会政府信息公开办法	
2010 年 01 月 06 日	中国保险监督管理委员会行政复议办法	
2010 年 04 月 27 日	中国保险监督管理委员会行政处罚程序规定	
2009 年 02 月 28 日	中国保险监督管理委员会关于印发《保险监管人员行为准则》和《保险从业人员行为准则》的通知	市场秩序
2008 年 07 月 30 日	中国保险监督管理委员会关于取缔非法商业保险机构和非法商业保险业务活动有关问题的通知	
2009 年 09 月 21 日	中国保险监督管理委员会关于加强和完善保险营销员管理工作有关事项的通知	

(三)保险合同方面

表 5-3　2005—2011 年新《保险法》保险合同方面的相关规定

时　间	相　关　规　定	险种
2009 年 09 月 25 日	人身保险新型产品信息披露管理办法	人身保险
2005 年 11 月 18 日	人身保险保单标准化工作指引(试行)	
2005 年 03 月 02 日	中国保险监督管理委员关于规范人身保险业务有关问题的通知	
2010 年 07 月 06 日	中国保险监督管理委员会关于印发《非寿险业务准备金评估工作底稿规范》的通知	
2007 年 11 月 02 日	保险公司养老保险业务管理办法	
2010 年 02 月 05 日	财产保险公司保险条款和保险费率管理办法	财产保险
2009 年 10 月 13 日	中国保险监督管理委员会关于印发《中国保监会关于建立财产保险承保理赔信息客户自主查询制度的工作方安排》的通知	
2006 年 03 月 21 日	机动车交通事故责任强制保险条例	再保险
2010 年 05 月 21 日	再保险业务管理规定	
2009 年 06 月 04 日	国家税务总局关于保险公司再保险业务赔款支出税前扣除问题的通知	

（四）保险机构方面

表5-4 2005—2011年新《保险法》保险机构方面的相关规定

时　间	相　关　规　定	保险机构
2009年09月25日	保险公司管理规定	
2010年03月12日	保险集团公司管理办法（试行）	
2010年05月25日	保险公司分支机构分类监管暂行办法	
2006年07月31日	保险公司设立境外保险类机构管理办法	
2006年07月31日	非保险机构投资境外保险类企业管理办法	
2009年11月05日	商业银行投资保险公司股权试点管理办法	
2010年01月08日	保险公司董事、监事和高级管理人员任职资格管理规定	保险公司
2006年07月12日	保险公司董事和高级管理人员任职资格管理规定	
2008年12月11日	保险公司财务负责人任职资格管理规定	
2010年09月02日	保险公司董事和高级管理人员审计管理办法	
2009年12月29日	保险公司信息化工作管理指引（试行）	
2010年05月12日	保险公司信息披露管理办法	
2010年08月10日	保险公司内部控制基本准则	
2006年04月06日	保险营销员管理规定	
2008年12月30日	保险专业中介机构分类监管暂行办法	
2009年09月25日	保险公司中介业务违法行为处罚办法	保险中介
2009年09月25日	保险经纪机构监管规定	
2009年09月25日	保险公估机构监管规定	
2009年12月22日	保险合同相关会计处理规定	
2008年07月10日	保险公司偿付能力管理规定	
2007年08月02日	保险公司资本保证金管理暂行办法	
2008年09月11日	保险保障基金管理办法	
2010年07月30日	保险资金运用管理暂行办法	经营规则
2010年09月05日	保险资金投资不动产暂行办法	
2010年09月05日	保险资金投资股权暂行办法	
2006年03月14日	保险资金间接投资基础设施项目试点管理办法	
2007年06月28日	保险资金境外投资管理暂行办法	

此外,在为了规范商业保险的《中华人民共和国保险法》正式实施一年之后,为了规范社会保险关系,维护公民参加社会保险和享受社会保险待遇的合法权益,使公民共享发展成果,促进社会和谐稳定,全国人民代表大会常务委员会于 2010 年 10 月 28 日颁布了《中华人民共和国社会保险法》,并于 2011 年 7 月 1 日起正式实施。

第二节　促进商业保险与社会保险的融合发展

一、商业保险和社会保险融合发展的必要性

(一)社会保险与商业保险简介

社会保险是国家通过立法,多渠道筹集资金,对劳动者因为年老、失业、患病、工伤、生育而减少劳动收入时给予的经济补偿,使劳动者能够享有基本生活保障的一项社会保障制度,是我国社会保障制度的核心部分。社会保险具有强制性、互济性和非营利性。

商业保险是指通过订立保险合同运营,以盈利为目的的保险形式,由专门的保险企业经营。商业保险具有自愿性、有偿性和营利性。商业保险关系是由当事人自愿缔结的合同关系,投保人根据合同约定,向保险公司支付保险费,保险公司根据合同约定的可能发生的事故,对因其发生所造成的财产损失承担赔偿保险金责任,或者当被保险人死亡、伤残、疾病或达到约定的年龄、期限时承担给付保险金责任。

(二)商业保险与社会保险融合发展的互补性

从定义上看,商业保险和社会保险历来都是界限清晰、泾渭分明的。二者在许多方面存在着明显区别,主要表现在二者的性质、具体目标、实施手段、保费来源、资金运用、税收政策、立法范畴、管理体制、服务对象、保障水平、覆盖范围以及二者所侧重的原则(公平还是效率)的不同。此外,商业保险主要是基于投保者自愿原则,而社会保险则多带有强制性。

但是,也正由于二者在许多方面的不同,才使得社会保险和商业保险在许多方面存在着互补性。

1.保障功能的互补性

社会保险可以对工薪劳动者的基本生活提供保障,但是由于投保金额及给付标准、保障对象的有限性,导致社会保险所起的保障作用十分有限,而商业保险则可以对公民面对的所有可保风险进行承保,并且可以提供不同层次的保障程度。二者是并行不悖的,可以共同构成对国民经济的保障。

2.保障范围的互补性

社保一般只包括应对工薪劳动者面临的生、老、病、死、伤、残、失业等其中风险的七大险种,而商业保险的险种则五花八门,层出不穷。可以说,社会保险满足了人们基本的、普遍的保障要求,而商业保险则满足了人们多层次、特殊的保障需求,所以两者在范围上是互补的。

3.保险技术和方法上的互补性

现在社会保险也越来越重视借鉴商业保险的收支相等原则及其精算技术,而商业保险公司由于其自身发展需要也需要开办一些偏重社会需要、忽视利润的保险以树立其良好形象。此外,由于商业保险和社会保险存在根本目的上都是保障劳动者的生活稳定,在资金运动上都需要使集聚的资金保值增值,从而保障被保险人的利益等共性,决定了商业保险公司可以承办社会保险。

二、我国商业保险参与社会保障体系的现状

(一)从市场主体投入来看,商业保险参与社会保障体系建设的积极性越来越高

我国保险机构参与社会保障体系主要涉及养老险、健康险和农村保险三大领域。在养老险、健康险的发展上,主要体现在专业化保险公司的数量越来越多、规模越来越大。目前已设立了 5 家专业养老险公司、4 家专业健康险公司,并在资金投入、机构发展上给予了重点支持。

改革中的中国金融

在农村保险发展上，主要体现在保险服务网点的覆盖率越来越高、服务功能越来越强。近年来，几家大型保险集团纷纷增强了在县域市场上的布局，并开发了一系列专门针对农村市场的保险产品，逐步建成全方位、多层次、广覆盖的农村保险服务体系，这将对农村保障体系的建立和完善起到积极的作用。

（二）从取得的成果来看，商业保险参与社会保障体系建设的社会效益越来越好

在我国社会保障体系建设时间不长、国家财力有限的情况下，商业保险对有效减轻财政负担、缓解政府压力、尽快扩大社会保障覆盖面和提高保障水平发挥了积极作用。一是满足居民多层次的养老、医疗保障需求。目前，商业保险提供的个人养老保险产品有 110 多个，医疗保险产品有 400 多个，为群众未来的养老和健康积累准备金 2.9 万亿元。商业保险将成为人们养老和医疗支出的重要来源之一。二是在完善农村保障体系方面的有益探索。保险业在被征地农民养老保险、农村小额保险等方面进行了积极探索。截至 2010 年年底，保险业在 20 个省市开展了被征地农民养老保险，在 12 个省开展了农村小额保险试点工作。三是有效管理、承办了新型农村合作医疗保险。目前保险机构共在 86 个县（市、区）参与了"新农合"工作，惠及农民 5118.9 万人，有效降低了政府管理成本，提高了医疗保障服务水平。

三、《社会保险法》的实施是促进我国商业保险市场进一步发展的大好契机

（一）《社会保险法》的实施

《社会保险法》在 2010 年 10 月 28 日召开的第十一届全国人大常委会第十七次会议上审议通过，已于 2011 年 7 月 1 日施行。《社会保险法》涉及养老、医疗、失业、工伤、生育五大险种，共 12 章 98 条。《社会保险法》拥有较高的法律层次，其出台将终结社会保险强制性偏弱，城乡之间，地区之间，机关、事业单位和企业之间的社会保险制度缺乏衔接

等诸多制度性难题。

《社会保险法》所调整的社会保险活动涉及我国城乡数以万计的家庭和成千上万的劳动者,其保障程度关系众多家庭和劳动者的基本生活需要,而且,为适应社会经济的迅速发展,尤其是在国家强制适用社会保险政策的影响下,我国社会保险的适用范围也必然不断扩大。通过《社会保险法》的适用,广大公众势必置身于社会保险的范围内,并为此接触和了解社会保险的运作原理和基本知识,品尝到社会保险在稳定生活秩序方面的社会价值,这无疑是保险知识的社会化普及,当然也包含着对于商业保险的认识。增强社会公众的保险意识,提高大家投保商业保险的意愿,在适用社会保险保障的同时,寻求商业保险提供的保障。

(二)商业保险的发展契机

我国商业保险市场近年来的发展速度之快是有目共睹的,但是,其市场规模和保障效果仍然差强人意,《社会保险法》的实施是促进我国商业保险市场进一步发展的大好契机。原因是,我国《社会保险法》的施行势必促进社会保险制度的完善和发展,使其适用范围和适用深度出现重大变化,这就为我国商业保险市场创造了新的发展空间,商业保险公司可以借此获取重要的发展创新途径。其结果是商业保险市场范围得以扩大,创新性保险产品的出现为社会公众提供更为丰富多彩的保险服务和保险保障。

商业保险可以考虑以下几点应对措施:

1.在《社会保险法》调整的社会保险领域内,商业保险公司可以充分发挥其保险产品的创新能力,在法律允许商业保险公司介入的范围内,设计与社会保险相配套的新的商业保险险种,补充社会保险适用上的空白点,丰富社会保险的服务层次和服务内容。

2.在商业保险范围内,可以借鉴社会保险的适用经验,推出新的保险产品来充实传统保险险种的适用空间,发展商业保险的保障深度。

3.利用商业保险经营的经验和优势,在法律允许的范围内为社会保险领域的巨额保险基金提供科学的、安全的、稳健的使用途径,提高社会保险基金的运用效率,加快商业保险市场的发展速度。

四、商业保险参与社会保险险种的市场竞争对策

结合发达国家经验及我国的实际,商业保险公司可以在社会保险与商业保险相结合的基础上,以社会保险的投保形式,和社会保险一起参与社会保险险种市场竞争,通过市场竞争,优胜劣汰,替代部分社会保险险种,从而提高保险资金的运营效率。

(一)充分利用商业保险险种较多的优势弥补社会保险的自然缺陷

商业保险的资金统筹范围是全国性的,远高于目前社会保险的统筹程度,这一特点,无疑将有助于解决我国二元社会保障体系及区域统筹制度所致的社会保险区域性及其所致的社会保险关系的断裂等问题。商业保险的经营范围不受地域的限制,如在政府的支持下,用商业保险替代某些社会保险险种(养老、医疗、工伤),是完全可以满足社会多层次人群需求的。

(二)充分利用偿付能力监管优势,提高保险资金的运用能力

商业保险的资金运用是在较完善的法律法规监管下运营的,能较好保持保险资金的增值性及有效提高保险资金的保障能力。目前我国社会保险资金的监管及运营主要由各级社会保险管理机构完成。然而各级社会保险管理机构从性质上讲是政府行政部门,既是社保资金运用的监管者,又是社保资金的运营者,这样的定位,既违反了政企分离的原则,也违反了监管与运营相分离的金融业经营管理法律法规,为社会保障资金的违规挪用创造了条件。

与之相比,商业保险资金是在较完善的法律法规监督下,由具有经营经验及能力的专业金融企业(保险公司)运营的。这种经营机制既能有效避免和减少社会保险资金的违规挪用,又能有效提高社会保障基金的增值及保障能力。

（三）增强社会保障功能，提高抗御风险的能力

不论商业保险，还是社会保险，都具有社会互助保障性质，社会互助的范围越大，其所建立的保障基金来源越广，基金总量越大，保障基金融资增值能力及抗风险能力越强，保障能力也就越强。同时，参与互助，受保障者所需缴纳的费用也就越少，费率也越低。商业保险所具有的保险资金的统筹范用程度高和保险基金的融资及增值能力强的特点，使其具有用商业保险替代部分社会保险险种，切实减轻受保障者缴费负担的能力。

社会保险和商业保险的融合发展可以使商业保险逐步成为社会保险体系的重要组成部分，同时可以健全、完善社会保险体系的保障功能，对社会保险体系的再分配、资金的保值增值有积极作用。二者的融合发展，也可以使得商业保险的社会管理功能得以更加全面的体现，商业保险也可以借助参与社会保险的过程，扩大自己的影响力，促进自身发展。商业保险与社会保险的融合发展将有力促进国家政治、经济和社会的全面发展，社会保险与商业保险在根本上都是为了保障社会公众的生活安全，它们在经营形式、经营机制上存在众多不同，但并非相互矛盾，也不是互相替代的，而是相辅相成、互相补充的。社会保险机构与商业保险机构应相互配合，合理分工，共同促进我国社会保障体系的完善，为构建社会主义和谐社会提供重要支撑。

第三节　后金融危机时代保险业的发展与展望

后金融危机时代我国保险业将何去何从？编者认为，我国保险业虽然不可避免地受到了一定冲击，如承保业务需求减缓、保险投资业务遭受重创、公司管理遇到瓶颈、与国外保险业务相比我国的保险业还比较落后等，但发展的势头和前景还是光明的。我国保险业仍有后发优势，可以通过促内需、加快经济步伐、提高保险投资运用水平、加强公司治理和风险防范意识等措施，保持我国保险业持续稳定健康发展，未来的

改革中的中国金融

保险业将必然辉煌灿烂。

一、金融危机对我国保险业的冲击

全球金融危机自 2007 年爆发以来，对世界保险业产生了巨大影响，继美国国际集团最终接受美联储 1228 亿美元贷款而被政府接管后，日本大和保险公司也因负债额高达 2695 万亿日元宣告破产，欧洲金融集团中的富通集团也陷入困境，使其股东——我国平安股权投资市值大幅缩水。此次金融危机无疑给我国保险业的风险管理敲响了警钟。美国金融危机对我国保险业的直接冲击和影响主要表现在以下方面：

(一)承保业务需求减缓

管理风险是保险公司最基本的职能，保险公司正是通过承保风险来获取保费，而其基本利润的主要来源之一是保费与赔付之间的差额。在金融危机的作用下，我国承保业务需求减缓，主要体现在：

1.国际贸易环境恶化

近几年我国的对外贸易依存度一直在 60%以上。由于国际贸易经济涉及不同国家和地区的经贸往来，货物往往要经过海岸、陆上、航空运输等若干环节，因而遭到自然灾害或意外事故而导致损失的风险也较大，这就使保险成为必需。2008 年 11 月，随着国际金融危机的影响不断加深和蔓延，我国对外贸易增长的总体平稳态势发生逆转，进出口额同比下降 9%，其中出口下降 2.2%，是 2001 年 7 月以来的首次下降。2009 年第一季度，我国对外贸易进出口同比下降 24.9%，其中，出口下降 19.7%，进口下降 30.9%。由于出口受到严重冲击，贸易出口量逐月回落，与之相关的货运险、船舶险、产品责任险需求都发生不同程度的下降。部分外贸企业经营困难，压缩保险费用开支，企财险、工程险以及员工团体保险等相关险种也受到一定影响。

此外，全球经济动荡也使得进出口过程中的风险增大，保险索赔增加。仅2008年上半年,受美国次货危机影响,我国出口信用保险公司在全国范围内共接到出口信用险索赔案件936宗,报损金额为2.34亿美元,同比增长108%。其中,美国报损案件202宗,同比增长31.2%,报损金额为1.05亿美元,占报损总金额的44.8%。

2.居民保险消费需求增长趋缓

随着金融危机的爆发,我国GDP的增速放慢,2009年第一季度增速为6.1%。我国经济发展的放缓,消费者投保意愿的降低,在一定程度上也影响到了保费收入的增长。

(二)保险投资业务损失惨重

保险资金投资增强了保险公司的偿付能力,保险资金入市,有利于增强保险公司的投资收益,然而,由于金融危机导致的投资环境恶化,初尝甜头的我国保险公司经受了史上最大的一次投资损失。

1.利率下降进一步压缩了利润空间

随着金融危机的逐步深化,我国政府采取了主动的调控措施,多次下调基准存款利率和存款储备金率,意在防范宏观经济面临的通缩风险,并对积极的财政政策构成支持,保持经济平稳发展。仅2008年9月到12月,我国人民银行就已经把人民币存贷款基准利率下调了五次。我国保险公司投资行为一般偏稳健,偏好存款与债券等收益波动较小、安全程度较高的资产。金融危机下的低利率政策给保险公司的这部分投资带来巨大的压力。

2.股市投资损失巨大

2007年,随着我国股指的高速增长,保险资金逐步扩大了在股市中的投资额,在这一年,保险公司资金直接投资股市的比例由原来的不超过上年末总资产的5%提高到10%,同时还取消了"禁止投资过去一年涨幅超过100%的股票"的限制,以满足保险机构优化资产配置和提高收益的需要。2007年7月25日,我国保监会正式下发了《保险资金境外投资管理暂行办法》,将境外投资范围从固定收益类拓宽到股票、股权等权益类产品,支持保险机构自主配置,将投资市场从香港扩大至美国、新加坡等国家的成熟资本市场;将按单个品种逐一规定投资比例改为控制单一主体投资比例(总资产的15%),改变了"一事一批"的审批方式。2007年,我国保险公司投资的闸门大开,使得我国保险资金收益大增。

然而,好景不长,在金融危机因素的作用下,2008年我国股市大幅下跌,海外金融资产更是出现暴跌,直接导致我国保险公司投资损失惨重,严重吞噬了正常的经营利润。在国内投资方面,2008年我国中国人寿保险公司的投资收益率由2007年的11%降低为3.5%,其中交易性金融资产投资收益同比降低93.45%,主要收益来源于固定收益业务;我国太平洋保险公司的投资结构中,股票加基金占全部投资比重由2007年年底的22.7%下降到2008年年底的4.7%,证券买卖损失37.56亿元。海外投资方面,中国平安保险公司更是蒙受了巨大损失,是我国保险行业遭受金融危机直接打击最大的一家。中国平安海外投资遭受的主要损失来源于富通集团的股权投资。2007年10月,中国平安作为我国保险业第一个海外战略投资者,在公开市场陆续买入富通股票,并持股4.99%,总对价21.1亿欧元,成为富通单一的最大股东。但伴随着国际金融市场的不断下滑,富通集团股票呈现出持续下跌之势,富通集团的核心价值顷刻间所剩无几。2008年年报表明,中国平安投资富通的损失最终为227.9亿人民币,我国保险公司的首次海外试水以几乎全军覆没而告终。中国平安2008年保险业务投资收益为−79.35亿元,保险业务总投资收益率为−1.70%,同比下降幅度为全行业最大。2009年5月,尽管富通的股价又有所回升,但是按照会计准则,可供出售的权益投资的资产减值不能通过损益转回,因此,富通股价回升不影响平安的利润表,但计入股东权益。

(三)公司管理遭遇拷问

金融风暴在让我国保险业承受巨大压力的同时,也使得日积月累的深层次问题暴露出来,这也是发展中的我国保险业在所难免的。主要表现在:

1.公司治理缺失

公司治理实际上是一种所有权和经营权分离的制度安排，是民主制度在公司领域的运用,其目的在于通过股东大会、董事会、总经理,形成决策、执行与监督之间相互制衡的关系,保证企业决策科学、运转协调。但是面对金融风暴的来袭,保险行业的公司治理并没有发挥其应有的作用,使得保险公司遭遇重创,如我国中国平安海外投资的决策失误等。这主要表现在三个方面:

(1)大股东操控。董事会没有真正发挥应有的职能作用。

(2)管理层控制。由于保险经营以及业务技术的复杂性,再加上缺乏外部的审计和监控,股东对公司的监督权无法实现。

(3)外部干预。这种干预有的来自行政部门,有的来自社会组织,等等。

2.偿付能力总体水平下降

金融危机使我国保险行业的财务状况在一定程度上受到了影响。除了盈利下降、营业额减少外,少数保险公司甚至出现了偿付能力不达标的状况。据2008年全国保险监管工作会议披露,截至2008年6月底,偿付能力不足的保险公司为12家,比年初增加2家,其中个别公司偿付能力严重不足。2009年年初,保监会根据各家保险公司上报的2008年三季度末偿付能力报告,陆续亮出了10多张监管"黄牌",要求其尽快解决阶段性偿付能力不达标的问题。

二、我国保险业发展的现状

(一)从我国保险业总体情况来看,国内保险业仍属相对平稳状态

我国保险运营情况详见表5-5(见下页):

改革中的中国金融

表5-5　我国保险运营情况表

单位:万元

类　别	2007 年	2008 年	2009 年 1 月
原保险保费收入合计	70357598.09	97840966.41	11476413.23
财产险	19977363.42	23367097.78	2973274.39
人身险	50380234.66	74473868.63	8503138.84
(1)寿险	44637521.00	66583717.92	7834667.90
(2)健康险	3841660.53	5854589.92	488045.63
(3)人身意外伤害险	1901053.13	2035560.78	180425.31
养老保险公司企业年金缴费	855461.40	2054823.00	
原保险赔付支出	22652149.38	29711659.83	2837258.58
账产险	10204703.46	14183324.57	1251807.76
人身险	12447445.92	15528335.26	1585450.82
(1)寿险	10644498.66	13149788.95	1344880.23
(2)健康险	1168645.51	1752812.77	183986.72
(3)人身意外伤害险	634301.75	625733.54	56583.86
业务及管理费	9476193.44	10795228.27	837728.02
银利存款	65162588.18	80875509.19	81948010.66
投资	202056853.78	224652161.10	223636240.80
资产总额	290039208.73	334184386.70	338154395.46
养老保险公司企业年金受托管理资产	840101.90	4736396.10	
养老保险公司企业年金投资管理资产	797369.90	3773747.90	

资料来源:中国保险监督管理委员会统计数据

(二)与国际保险业比较,我国保险业尚存在较大差距

1.从我国保险深度的指标来看

近 5 年提高较快, 如 2005 年为 2.7%,2007 年为 2.8%,2008 年为 3.3%,2009 年为 3.32%,2010 年为 3.4%, 与 1980 年的 0.1% 和 1990 年

的 0.96% 相比,确实增长了很多,但与国外发达国家相比,如 2006 年英国为 13.1%,美国为 4.0%,日本为 8.3%,韩国为 7.9%,还有相当的差距。

2.从我国保险密度的指标来看

近几年有较大提高,如 2004 年为 332.19 元人民币,2005 年为 379 元人民币,2006 年为 431.3 元人民币,2009 年为 831.14 元人民币,2010 年为 100 美元。与 2000 年的 127.7 元人民币相比,确实提高了,但与国外发达国家相比,如 2006 年英国的 5140 美元、美国的 1700 美元、日本的 2829 美元、韩国的 1480 美元,与它们的差距不是一点点,而是较大。

3.从人均保单数对比来看

在比较成熟的国际保险市场中,人均保单数是体现保险普及率和国民保险意识的一个重要量化指标。然而在我国,即便是经济发达的北京,人均保单数也仅为 0.6 张,与西方发达国家的 5.2 张相比,也相距甚远。(见表 5-6)

表 5-6　2007 年西方发达国家人均保单数对比情况表

	保险类别	平均	法国	德国	荷兰	意大利	西班牙	瑞士	英国	美国
寿险	终身寿险	0.4	0.4	0.2	0.4	0.4	0.4	0.3	0.3	0.6
	定期寿险	0.5	0.5	0.5	0.5	0.5	0.4	0.4	0.4	0.6
	年金	0.7	0.4	0.7	0.5	0.8	0.6	0.7	0.8	0.9
	合计	1.5	1.3	1.6	1.2	1.7	1.4	1.4	1.5	2.0
非寿险	家财险	0.9	1.1	1.0	0.6	1.0	1.0	1.1	1.1	0.9
	车辆险	1.1	1.2	1.0	1.4	0.9	1.3	1.0	1.0	1.2
	责任险	0.3	0.6	0.2	0.2	0.1	0.4	0.1	0.3	0.2
	健康险	0.7	0.9	0.4	0.4	1.0	0.5	1.3	0.3	0.8
	其他	0.7	0.8	1.1	0.7	1.1	0.4	1.0	0.2	0.3
	合计	3.7	4.6	3.7	3.2	4.0	3.5	4.4	2.9	3.5
总计		5.2	5.9	5.3	4.4	5.7	4.9	5.8	4.4	5.5

资料来源:Capagemini Analysis,2007。

改革中的中国金融

三、后金融危机时代保险业的发展对策

(一)加强公司治理战略

公司治理是一种据以对公司进行管理和控制的体系，它明确规定了公司的各个参与者的责任和权利分布，如董事会、经理层、股东和其他利益相关者，并且清楚地说明了决策公司事务所应遵循的规则和程序。同时，它还提供了一种结构，使之用以设置公司目标，提供了达到这些目标和监控运营的手段。保险业可以具体从以下几个方面着力：

1.股权的优化与平衡

目前我国保险业还是以国有控股保险公司为主导，虽然四大中资保险公司均已在海内外上市，但除中国平安保险公司的国有股权占较低外，其他都较高，中国人寿国有股占比为68.4%，中国人民财产保险公司为69.0%，太平洋保险公司为61.3%。这种一股独大的现象，阻碍了公司治理水平的提高，反映为公司目标泛政治化、小股东利益受损、风险不易管控等。所以应从如下方面努力：一是构建若干不同类型股东共生的新型股权结构，形成股权之间的制衡关系；二是避免股权结构的过度分散。

2.强化董事会的责任

董事会是公司的核心和灵魂，在公司治理中起承上启下的不可取代的决定性作用。此次金融危机中，诸多问题保险公司的董事会出现大换血，正是董事会对公司成败要负全责的表现。应主要加强如下方面的建设：一是加强董事会的职责，强化董事会问责机制；二是加强董事会的独立性，应尽量避免总经理兼任董事长；三是建立对董事会的评价体系；四是完善董事会自身的组织结构。

(二)提高保险投资运用水平

1.评估系统性的风险和机遇是保险投资的主要任务

美国金融危机之所以迅速演化为全球金融危机，原因就在于冰冻三尺，非一日之寒。从优质贷款到次级贷款，到次级贷款抵押债券，再

到含次贷债券的 CDO，最后到对其中的高级债券提供信用保障的 CDS，可以说每一次创新都伴随着风险的放大，只有当风险积累到一定程度并且出现导火线的情况下，风险才会爆发。这就是冒险者会存在而且还可能赚取暴利的原因，对冲基金就是代表。但是它们以对特定工具的特别熟悉、短炒和高破产率为运营基础，这些都是保险公司不具备的或不能承受的。这就决定了保险公司不能激进和冒险，不能去追求极端的低点和高点，而要专注于评估系统风险的高位区域和底部区域，进入底部区域而不是极端低点就应买入，进入高位区域而不是极端高点就应卖出。保险机构一定要抵挡住这种短期诱惑，保持保险资金长期收益率的要求。

2.吸取西方金融公司的经验教训，打造我国保险业投资品牌

从保险公司的实际运行来看，承保业务由于有精算技术支撑，近几十年来很少发生由于损失精算而造成破产的案例，但是世界保险业先后在 20 世纪 80 年代、90 年代和本轮金融危机中，出现了高风险投资工具造成的倒闭或濒临破产的案例。回顾起来，这些倒下的公司都是高风险投资工具激进参与者，比如垃圾债券、次贷债券、股票、衍生工具和房地产等。美国 AIG 的教训是鲜活的、深刻的，作为总资产超万亿美元的金融航母，被几百亿美元的流动性压力和浮亏打垮了，现在看来，以整个集团的信用来为一种 1997 年才发明的衍生品担保，实在是太激进、太冒险了。AIG 的高管们并不比我们笨，但 AIG 摔跤给我们的教训是，稳健规范经营是保险公司打造和巩固百年老店的法宝，是安身之本，一旦放松，风险就会降临。

（三）实施有效监管，提高保险偿付能力

偿付能力充足率既是保险公司的财务指标，又是保险公司核心经营指标。我国《保险法》明确规定，保险公司应当具有与其业务规模和风险程度相适应的最低偿付能力。在这次金融危机席卷下，日本大和生命人寿保险公司于 2008 年 10 月 10 日宣告破产，成为金融危机下第一家破产的日本保险公司。该公司的业务规模较小，综合盈利能力有限，但

为了利润而大量投资于高风险金融衍生品。在 2008 年上半年,该公司的偿付能力仍高于监管要求水平,曾一度达 500% 以上,但是到了 2008 年 9 月,该公司偿付能力充足率迅速下降到 26.9%。可见不仅要将偿付能力问题看做是监管机关的一项监管要求,更要从公司管理层的意识形态上,将偿付能力看做是决定公司能否长期稳定发展的核心问题。

我国保监会于 2008 年 7 月颁布《保险公司偿付能力管理规定》,将偿付能力额度作为偿付能力监管的主要目标,在新规定中引用了偿付能力充足率指标,但对于偿付能力过程管理的规定只提出了一些指导性意见。所以,我国保险监管体系目前尚不健全,严格监管仍是我国保险偿付能力监管的趋势和要求。

四、后金融危机时代保险业发展前景展望

后金融危机时代对我国保险业的发展环境总体来说比较有利,危机蕴藏着机遇,此次席卷全球的金融风暴给保险业上了生动的一课,也引发了其深刻的反思和调整,可以预见,未来我国保险业将走向良性的和可持续发展的新征途。随着我国 GDP 连年增长和市场经济的日趋完善及法制的不断健全,会促使人们对保险意识的转变和保险需求的变化,同时也会促使保险在种类、数目等方面发生改变,为保险业的发展提供了更多的发展空间,也对其提出了更高的要求。

(一)保险业将保持持续稳定增长

1.保费收入持续增加,保险业务持续扩大

全球金融风暴阻挡不了我国保险业前进的步伐,我国保险业仍将一贯保持较快的发展速度,代表保险业发展水平的指标如保险密度、保险深度、保险费收入等指标仍将大幅提高,保险市场的发展以后将相对成熟,我国在亚洲地区的保险市场中占有绝对重要的位置。2009 年,我国成为世界第七大和亚洲第二大保险市场,保费收入为 1630470 亿美元,占世界市场份额的比例为 4.01%。

2.保险业业务增长测算

从量的方面来考察,据测算,未来30年我国保险业发展情况如下:

表5-7　我国保险业增长测算表(2010—2039年)

单位:亿元

		保守情形 (GDP年增7%)			中间情形 (GDP年增8%)			乐观情形 (GDP年增9%)		
		寿险	非寿险	总保费	寿险	非寿险	总保费	寿险	非寿险	总保费
年均增长率		12.3%	10.8%	11.8%	13.9%	12.2%	13.4%	15.5%	13.5%	14.9%
2010年	保费	5800	2806	8606	6232	2986	9218	6668	3171	9839
	密度	423	205	628	455	218	673	487	231	718
	深度	2.3%	1.1%	3.4%	2.3%	1.1%	3.4%	2.4%	1.1%	3.5%
2015年	保费	10368	4680	15048	11969	5298	17268	13705	5973	19678
	密度	733	331	1064	846	375	1221	969	422	1391
	深度	2.9%	1.3%	4.2%	3.0%	1.3%	4.4%	3.2%	1.4%	4.5%
2020年	保费	18536	7804	26339	22990	9401	32391	28168	11252	39421
	密度	1270	534	1804	1575	644	2219	1929	771	2700
	深度	3.7%	1.5%	5.2%	4.0%	1.6%	5.6%	4.2%	1.7%	5.9%
2039年	保费	117498	46907	164406	205216	70987	276202	43855	102802	446657
	密度	7883	3127	10960	13681	4732	18413	22924	6853	29777
	深度	6.14%	2.45%	8.59%	7.81%	2.70%	10.52%	9.57%	2.86%	12.43%

资料来源:孙祁祥、郑伟、王国军等著,《保险制度与市场经济——历史理论与实证考察》,经济科学出版社,2009年版。

(二)保险服务方式将更加规范科学

1.保险服务理念的创新

服务理念的核心在于保险公司的发展战略应该从以业务为中心转向以客户为中心。公司的一切活动包括保险产品的设计、保险营销、保险理赔等皆以客户至上为原则。如保险产品设计应考虑我国经济状况和社会文化的特点,多推出一些诸如老人护理保险、医疗意外事故保险、特殊疾病保险、贷款人信用保险、人体器官特殊功能保险、"三农"保险和巨灾保险,等等。保险营销应从传统的交易性推销转变为关系营

改革中的中国金融

销。保险理赔也应注意快速、准确、及时、周到、不惜赔、不滥赔。

2.保险服务手段的创新

一方面发挥后发优势,学习外国保险公司的先进经验,另一方面结合我国具体的发展阶段与社会文化环境,创造属于自己的服务特色,如网上服务、24 小时免费查询电话、一站式服务、海外交费和理赔、IC 卡保单等。

3.保险服务制度的创新

包括客户服务制度和员工管理制度两方面。客户服务制度主要包括展业、承保、理赔的各项服务细节,克服"轻质量,重数量"、"轻核保,重核赔"、"轻保障,重投资"的观念,一切为客户着想。对于公司员工而言,服务制度的创新主要体现在激励机制与约束机制的改变。无论对于内勤和外勤人员,无论对于管理经营层还是普通员工层,激励机制的设计都应体现以客户为中心的理念, 如保险代理人的佣金应降低其在首期保费中所占的比重,才能克服保险推销中轻质量、重数量的现象,提高保险服务水平。

(三)保险功能将更加充分地发挥

1.人身保险的社会保障功能将更显突出

当前我国的社会保障体系建设滞后于经济建设, 不能完全适应经济社会发展的需要,社会保障的相关问题现在比较突出。后金融危机时代,应更充分发挥商业保险在社会保障体系中的重要作用,建立与社会发展相协调的健全、完善的社会保障体系。

2.财产保险的经济补偿、风险管理功能将得以提升

商业性的财产保险在补偿社会财产损失方面将发挥主导性的作用,特别是在责任、信用和保证保险方面发展速度较快,未来 30 年,我国责任保险占财产保险市场份额有望突破 20%,价格低廉但保障全面的家庭财产保险预测其投保率在 70%以上。其他如海上保险、建筑工程保险以及航空、核电保险的发展也将极为迅速。另外,在风险管理方面也将提升其科学性和可靠性。

3.资金融通功能将日益显现

我国在能够满足保险公司资产配置要求的前提下，将不断提高保险资金运用水平，鼓励保险公司直接或间接投资资本市场。坚持长期价值投资理念，引导保险公司以债权方式投资交通、通讯、能源等基础设施项目和农村基础设施项目，稳妥推进保险公司投资国有大型龙头企业股权，特别是国家战略、能源、资源产业，更好地发挥保险资金的融通功能，支持和促进投资。

第六章

积极发展小额贷款公司　不断推进民间融资规范化

　　民间融资是相对于国家依法批准设立的金融机构融资而言的,泛指非金融机构的自然人、企业及其他经济主体(财政除外)之间以货币资金为标的的价值转移及本息支付。民间融资是游离于正规金融体系以外的资金融通行为,生于民用于民,伴生于经济社会,具有旺盛的生命力和不容忽视的规模作用。作为金融体系的一部分,民间融资在现代经济中发挥着越来越重要的作用。尤其在国家经济转型时期,民间资金的融资跟进和投资范围,对国民经济平稳增长将是一股强大的推动力量。因此,根据国家的鼓励引导政策,对民间融资要积极支持,引领规范,给予合理的发展空间。2005 年开始的小额贷款公司试点就是规范民间融资、健全金融体系的一个有益探索。

第一节　快速发展的民间融资市场

一、民间融资的发展状况

　　改革开放以来,随着城乡经济的日渐活跃,民营经济日益发展壮大,民间融资亦以各种形式发展起来。民间融资作为一种资金资源的市场配置行为和金融服务的一种补充形式,对经济金融运行的影响日益深刻。2005 年 5 月,中国人民银行发布《2004 年中国区域金融运行报告》,明确指出"民间融资具有一定的优化资源配置功能",其发展"形成了与正规金融的互补效应",要正确认识民间融资的补充作用,因势利导,趋利避害,给具有强大生命力的民间金融正了名。几年来,我国民间融资不断增长,日趋活跃,在发展中呈现出以下一些特点:

(一)民间融资增长快,规模不断扩大

近年来,我国民间融资发展速度加快,日趋活跃,在民营经济发达地区,民间融资更是较为普遍。像浙江、福建等地区的民间融资规模逐年递增。即使是在一些经济欠发达地区,民间融资在当地金融贷款增量中也占有一定比重。从整个经济环境来看,民间融资总量和银行金融总量互为补充,在国家银根紧缩、市场资金短缺时,利率就上升,民间融资的规模就扩大;反之利率下跌,民间融资规模缩小。近些年我国几轮紧缩调控政策使民间融资获得了较大的获利空间,促进了民间融资的发展。

2006年下半年至2008年上半年,在国家紧缩货币政策的影响下,商业银行的资金面趋紧,许多企业将资金需求转向依赖民间融资筹集,民间融资出现大幅增长。2010年,宏观货币政策调整,从1月开始法定存款准备金率不断上调,先后12次上调存款准备金率,到2011年6月20日达到了21.5%的高位。随着这一轮从紧货币政策的实施和银行信贷门槛的提高,中小企业、个体工商户想获得银行信贷支持更加困难,越来越多的企业、个人转向民间借贷市场"求援"。而民间借贷利率的持续走高,也更助长了逐利资金的"入市",民间融资规模不断壮大。由于民间融资本身固有的隐蔽性特点,人们很难确切地了解它的实际规模。根据中国人民银行调查统计司对民间融资的调查推算,2005年我国民间融资规模为9500亿元,占GDP的6.96%左右,占本外币贷款的5.92%左右。而2011年中国人民银行的民间融资现状调研显示,截至2011年5月末,全国的民间融资总量约3.38万亿元,考虑到统计误差,实际规模可能要比3.38万亿元还略有扩大。而在民间融资非常活跃的温州,中国人民银行温州市中心支行的监测数据显示,2010年6月,温州民间借贷规模为800亿元,2011年6月,温州民间借贷市场规模约

改革中的中国金融

1100 亿元。这意味着约 1 年时间,又有 300 亿元资金涌入民间融资市场。在此期间,专业民间融资机构——小额贷款公司机构数量及贷款余额呈现快速增长。截至 2011 年 6 月末, 小额贷款公司机构数量达到 3366 家, 贷款余额 2875 亿元,2011 年上半年累计新增贷款 894 亿元。同时,另一民间融资机构——典当行于 2011 年 1 月至 6 月实现典当总额 1180 亿元,同比增长 38%。

(二)民间融资成本不断上升,利率水平参差不齐

2005 年以来,民间融资活动的日趋活跃,直接导致了民间融资成本——利率的攀升。

首先,利率水平逐年上涨。除了亲朋好友之间一些无息借贷或低息借贷之外, 民间融资的利率一般至少比正规金融的利率要高 50% 以上,其中民间生产性借贷一般是年息 10% ~ 30%,企业的民间集资大多是年息 10%,其他民间融资月利率也多集中在 5‰ ~ 30‰ 之间,远远超过了银行及信用社的贷款利率。从 2003 年起,中国人民银行温州市中心支行就建立起民间借贷利率监测制度, 逐月监测民间利率走势和市场动态。2003 年至 2010 年间,监测到的利率水平一直在 13% ~ 17% 的区间内波动。2011 年 6 月,温州民间借贷综合利率水平为 24.4%,折合月息超过 2 分,比 2010 年同期上升了 3.4 个百分点,这一民间借贷利率水平处于阶段性高位。

其次,利率差异化特征明显,弹性较大。各地利率水平不一致,即便同一地区不同的借贷活动中融资利率也有较大差异。不同主体、不同用途、不同行业、不同期限的借贷,其民间融资利率的水平都有所不同,呈现出比较大的弹性。由于民间借贷市场远非价格统一的市场,各子市场的利率价格差距很大,中国人民银行温州市中心支行的监测数据显示,温州市社会融资中介的放贷利率为 38% 左右,而一般社会主体之间的普通借贷利率平均为 19%, 小额贷款公司的放款利率则接近 20% 等。具体分析,按融资主体划分来看,居民民间融资成本要比企业高一些;按行业划分来看,不同的行业其利率差别也很大,呈现出行业融资难度

越大,平均融资利率越高的态势;按期限划分来看,民间借贷利率高低与期限长短密切相关,呈现出期限越短、利率越高的态势。与银行的利率期限特征有着明显的不同,民间融资的这种利率特征反映出一些企业为了获取临时性的紧急资金周转,不惜承担高昂的融资成本。

(三)民间融资来源不断拓展,融资方式多样化

随着民间融资规模的扩大和利率水平的不断提高,民间融资资金来源也越来越广泛,既包括城乡居民的剩余闲散资金,也包括部分中小企业的短暂富余资金,甚至有些企业在直接向居民融资后再高息转借给其他企业。

早期的民间融资主要以信用借贷为主,但随着民间融资活动的日趋活跃、融资规模的日渐增长,融资方式呈现出多样化特征。其中,居民民间融资方式变化不大,主要以口头协议和借据为主,借贷手续也比较简单。而企业民间融资形式趋向多样化,除了借贷、股权投资、集资等传统的融资方式外,还兴起了以实物为媒介的融资,如赊销、货款延期支付形式等。此外,专业民间金融机构的发展也丰富了民间融资方式。随着政策的放开,各地陆续成立了一些小额贷款公司、担保公司、典当行等专业民间金融机构,可直接发放贷款或为客户提供担保。这些机构往往拥有专业人才,具体操作较为商业化,手续较完备。该种融资方式占比逐步扩大,正成为民间融资发展的重要力量。

(四)民间融资主体多元化,资金活动呈现地域性

从民间融资资金供给方看,参与主体包括城镇居民、个体工商户、民营企业主、农户乃至机关及企事业单位工作人员等,涉及各行各业、各个阶层。从资金需求方看,以前民间借贷主要是农户之间、亲朋好友之间应一时之急,而现在需求主体多是民营企业、个体工商户等。一些民间融资较发达地区,随着投机气氛日浓,也出现一些赚取利差的掮客。2011年7月中国人民银行温州市中心支行发布的《温州民间借贷市场报告》显示温州市大约89%的家庭、个人和59.67%的企业都参与了民间借贷。

　　同时,民间融资资金筹集与运用呈现出明显的地域性特征。由于民间融资的自发性、非公开性,民间融资活动一般多发生在亲朋好友之间,借贷活动主要基于个人信用,以亲缘、业缘、地缘为纽带。近年来随着一些中介人及中介机构的出现,融资范围向外拓展,但仍以县域为主。在一些经济比较发达的地区,随着财富不断增加,积聚了大量的民间资本,形成了较为集中、活跃的区域性的民间融资市场,如浙江温州、内蒙古鄂尔多斯、陕西神木等地。以温州为例,从民间借贷城乡分布情况看,温州县及县以下地区的民间借贷总额约占全市民间借贷总量的80%左右。

　　(五)民间融资周转率高,资金期限短

　　民间借贷期限不确定,随借随还,流动性强,资金周转率高。借款短则两三天,长则十多天,一般不超过三个月,最多不超过一年。不过,近年来,随着民间借贷主体和借贷用途的变化,民间借贷期限有向长期化发展的趋势,一些借贷由过去的几天、几个月,发展到现在的一两年,甚至更长时间,这个现象值得注意。

二、民间融资快速发展的原因

　　近几年来,我国民间融资活动发展迅速,规模逐渐扩大,已经成为我国金融市场中不可忽视的一支力量。具体分析,其原因是多方面的。

　　(一)民间融资的活跃,是城乡经济和金融发展不平衡的结果

　　我国是一个典型的二元经济国家,城乡经济和金融发展极不平衡。受我国二元经济结构的影响,信贷市场也呈二元分布,金融机构主要分布在城市。在大中城市和经济发达地区,以中国工商银行、中国银行等四大股份制银行为龙头的商业银行居于过分垄断地位,而在广大的农村、乡镇地区,银行机构比较少,非银行的金融机构更是种类单一,数量很少。特别是近年来,随着四大银行商业化改革进程的加快,各行纷纷按照商业化和盈利化原则,将经营重心逐步向大中城市和经济发达地区转移,一些县及县以下的经营机构相继被撤并,与此同时,在县、乡、

镇等地区,信用社和邮政储蓄机构又难以担负起支持当地经济发展的需要,从而导致县域金融主体的缺失,乡镇地区金融发展严重滞后,为民间融资的存在和发展提供了一个广阔的空间。

(二)民营中小企业的发展催生了对民间融资的大量需求

自党的十五大确立了非公有制经济的合法地位后,民营经济得到了快速发展。近些年来,民营经济对 GDP 的贡献率已达60%以上,成为我国经济增长的重要源泉。民营中小企业的崛起是我国市场经济体制不断成熟的结果,它成为我国相当长一段时期内经济发展的主要动力。但由于我国金融体制改革的滞后,金融体系的不完善,加之民营中小企业规模比较小,大多生产技术相对落后,产品技术含量不高,附加值低,不符合政府宏观调控政策导向,又普遍缺少抵押品,经营不规范,银行信贷部门很难对其资金的使用进行有效的监督,致使中小企业难以从正规金融体系中获得信贷支持,其经营发展中不断增长的资金需求远远不能得到满足。于是,借贷活动从"体内"转到"体外",中小企业纷纷转向民间融资寻求支持,产生对民间融资的大量需求,促进了民间金融的快速发展。

(三)相对于正规金融,民间融资具有其独特的优势

民间融资具有正规金融所不具备的一些优势,弥补了正规金融的不足。

1.信息透明

正规金融机构因无法低成本地把握信息,为降低信贷风险而实行信贷配给。而且其信贷中的信息不对称现象是经常存在的,有的借款人为了得到贷款甚至不惜编造虚假的财务数据或实施其他造假行为。而民间融资中基于亲缘、业缘和地缘的便利,借贷双方保持相对频繁的接触,彼此之间比较了解,与融资相关的信息极易获得且高度透明。

2.手续简便

民间融资的门槛较低,程序简明。商业银行为强化管理,对基层实行了严格的风险责任追究,提高了信贷准入条件,银行贷款手续繁杂,

收费较高。相比之下,民间融资方式灵活,手续简单。一般情况下,既无需贷前调查,也无需贷后检查。贷款合同可以简化到一张白条,甚至仅仅是口头承诺而无需任何资料和字据。正规金融日趋严格的内控制度,较高的信贷准入条件,信贷业务繁杂的处理手续,不仅难以从中贷到款,而且其贷款审批时间过长,这与中小企业和广大农户资金需求短、快、急的特点不相适应,对于中小企业等融资主体来说难以满足其资金需求。而民间融资无烦琐的交易手续,操作简单,交易过程快捷,融资效率高,放款及时足额,使借款人能迅速、方便地筹到所需资金。

3.利率趋向市场化

民间融资活动的利率主要是由市场供求关系决定的,不像正规金融机构的利率存在人为的上限控制,民间融资可以根据资金市场的供求变化来灵活调整利率,可以根据企业的信用及项目的风险状况调整利率,能较真实地反映出一定时间和空间内市场资金供求状况和资金价格,调动了资金的组织者和供给者的积极性,发挥了利率的杠杆功能。与正规金融机构相比,民间融资活动一般不存在收益与成本、收益与风险不匹配的问题。

4.融资交易成本较低

在民间融资过程中,由于借贷双方一般彼此之间比较熟悉了解,信息比较透明,因此融资前的信息搜寻成本和融资后的管理成本很低,也不需要对融资方“公关”而支付“寻租”成本,因而融资交易成本相对于正规金融明显要低。

5.担保形式灵活多样

正规金融机构为防范金融风险,绝大部分贷款都需要抵押或担保,而中小企业和农户很难具备有效的抵押品,更少有人为其提供担保。而民间借贷双方居住地域相近且接触较多,许多在正规金融市场上不能作为担保的东西在民间融资市场中可以作为担保,如土地、设备等。同时,民间金融市场上还存在一种社会担保机制或称隐性担保机制。民间金融活动是建立在民间非正式的一种信任基础上的,这种基于地缘、业缘、亲缘上的信任关系能产生一种强大的约束力,或者说,信誉担保可以给借款人施加一种有效的约束。

(四)从紧货币政策的实施一定程度上也促进了民间融资的活跃

2006年年初至2008年6月,中国人民银行先后8次上调金融机构人民币存贷款基准利率,贷款基准利率从5.58%一路升至7.47%,同时先后18次上调法定存款准备金率,存款准备金率从7.5%攀升至17.5%,银根紧缩,信贷规模缩减,中小企业更是融资困难。2010年年初,又开始新一轮紧缩政策,先后5次上调存贷款基准利率,12次上调法定存款准备金率,资金面趋紧,各地中小企业融资难问题加剧。2011年6月底公布的《深圳市中小企业发展情况报告》调查显示,仅深圳地区就约有75%的中小企业存在融资难的问题,资金缺口达5700亿元。资金严重缺乏的中小企业不得不转向民间融资市场,助推了民间融资市场的增长。

此外,社会财富的增加、大量游资的存在为民间融资提供了充裕的资金来源。近年来,我国经济进入快速发展时期,城乡居民生活水平有了显著提高。2010年实现国内生产总值422.9亿元,年增长13.2%;城市居民人均可支配收入为10945元,年增长13%;金融机构储蓄存款269.46亿元,年增长14.45%。社会财富的大量增加为民间融资壮大提供了来源。在金融投资品种单一、储蓄存款实际利率倒挂、投资渠道狭窄的背景下,大量民间资金自谋出路,转向民间融资市场。

第二节 民间融资发展中存在的问题

民间融资作为一种社会信用的补充方式,在一定程度上缓解了中小企业和"三农"的资金困难,促进了地方经济的发展。但随着民间融资规模和范围的不断加大,由于缺乏有效的监督和引导,民间融资中潜藏的风险不断积聚,不仅阻碍了民间融资的健康发展,还将对地方经济金融造成一定冲击。民间融资发展中的问题主要体现在以下几个方面:

改革中的中国金融

一、民间融资缺乏有效约束，容易引发纠纷

民间融资随意性大、规范性差，容易引发一些民事、经济纠纷或诉讼案件。目前，大部分民间融资仍通过打借条或口头协议的方式进行。据调查显示，在借贷过程中签订正式借贷合同的只占民间借贷总户数的十分之一，且多数合同内容不规范，部分合同只注明还款日期和还款金额，贷出资金者、借款日期和利率等信息基本未在合同中体现。民间借贷手续不完备，一旦出现违约，极易引发法律纠纷。在民间融资活跃的温州，温州市中级法院统计数据就显示，2011年3月至5月，全市法院共受理民间借贷纠纷案件2628件，比2010年同期多出474件。换言之，平均每天有近30起民间借贷纠纷产生，案件总标的额高达9.31亿元，比2010年同期多出3.15亿元，平均每天有近1000万元的纠纷产生。

二、民间融资利率水平偏高，加重企业负担

从紧货币政策和旺盛的资金需求使得民间融资活动趋于活跃，导致民间融资利率水平显著上升。2010年上半年以来，随着中央宏观调控政策的不断出台，银根紧缩，民间融资利率攀升更快。中国人民银行调研结果显示，截至2011年5月末，中国民间借贷平均利率为15.6%，是同期金融机构贷款基准利率的2.47倍。而2011年6月温州民间借贷综合利率水平达到24.4%。在正常利息范围内的民间融资，对于中小企业，特别是"短平快"项目来说是雪中送炭。但高息甚至超高息，则使借款企业还款压力大，严重影响着企业的可持续发展。近两年来，在人民币升值、出口退税政策调整、贷款利率上调、劳动力成本上升、油价电价上调、节能减排任务加重、国际贸易摩擦增加的宏观背景下，中小企业利润空间受到挤压，资金日趋紧张。许多中小企业转向民间融资市场，民间融资利率"水涨船高"，高额的利息成本使企业不堪重负。一些企业因难以承受日益增长的民间高息负债，企业经营风险不断加大，最

终出现无法偿付高成本民间借贷而破产倒闭的情况。2011年不少民间融资发达地区就先后出现中小企业资金链断裂和企业主出走现象,对经济和社会稳定造成了不小的影响。

三、民间融资风险较大,监管难度也较大

民间借贷利率不断走高,吸引了大批市场参与者。随着民间融资规模的增加及参与主体的广泛化,民间融资中蕴含的风险也日渐增长。但民间融资参与者众,涉及面广,操作方式不规范,其分散性和隐蔽性使相关部门难以监管。民间融资的不断增长,使大量资金长期在体外循环,游离于常规的金融监管之外,也缺乏必要的法律约束,对应的民间借贷的风险控制手段又很单一。在此背景下,很容易发生非法集资、高利贷、地下钱庄及诈骗等非法行为,对正常的金融秩序造成不同程度的破坏,甚至有可能引发系统性或区域性的金融风险。2011年以来,全国各地因民间融资引发的案件频发,民间融资风险有加大的趋势。如曾经因"高利贷"泛滥而成为"宝马县"的江苏省泗洪县,多名借贷大户因资金链断裂而"跑路";哈尔滨圣瑞公司非法集资一案,涉案金额高达45亿元,众多债权人血本无归;温州、厦门等地连续曝出民间非法集资案件,均牵连了众多投资者;包头惠龙公司非法集资案因法人代表金利斌非正常死亡,导致1500多名投资者受到损失。这些案例表明金融风险在民间融资领域逐步显现。

四、民间融资活动的隐蔽性,影响国家宏观调控

由于民间融资活动的自发性和隐蔽性,未纳入金融监管部门的监管范围,减少了货币政策的可控性。同时由于民间资金的盲目性、逐利性以及民间融资主体的生产经营和管理素质所限,易受一些行业高利润的诱惑,导致民间资金流入受限制行业,如一些门槛低、短期内能看到收益但高能耗、高污染和技术水平低的行业和项目,在一定程度上削弱了国家宏观调控政策的效果。此外,一些地区民间资金积聚形成规模

改革中的中国金融

巨大的投机力量,有可能导致经济发展失衡。近些年来,一些民间资金的积聚已经形成不可忽视的投机力量,巨额投机资金的兴风作浪对我国经济金融造成重大影响。如被大众所熟知的温州游资,从席卷各地楼市的"炒房团",到征战山西、新疆的"炒煤团"、"炒棉团",再到出击股市的"炒股团",对经济金融都造成了一定的冲击。

五、民间融资相关法规缺失,制约其规范发展

长期以来民间融资游走在法律边缘,既没有明确的约束条款亦没有保护正常的民间融资活动的明确规定。在现行法律制度中,与民间融资相关的法律法规多数是在20世纪90年代初维护金融垄断格局及垄断权益的前提下制定的,存在明显缺陷,与经济金融实际发展情况不相适应。而目前实施的民间融资相关法律法规条款又比较分散,可操作性和现实针对性都不强,这些已比较严重地阻碍了民间融资合规发展。

当前关于民间融资法律规范的主要问题有:一是相关法规缺乏协调性,导致对民间融资的认定标准把握不一。由于法律之间缺乏统一性和协调性,一些法律规范内容相互冲突。例如,符合《民法通则》《合同法》的民间融资行为,按照《非法金融机构和非法金融业务取缔办法》(以下简称《取缔办法》)和《贷款通则》就可能被认定为非法金融业务活动而遭取缔。实践中,不同国家机关对同一案件引用不同的规定,可能做出截然相反的处理,如在惠民吴云水集资事件中,当地法院认定其工厂与当地居民之间的借贷行为合法有效,而检察机关却以非法吸收公众存款罪对吴云水进行立案起诉。二是法规缺乏可操作性,民间融资合法性判断标准模糊。尤其是民间融资、社会集资与非法集资的法律界限模糊。《刑法》和《取缔办法》严厉禁止非法吸收公众存款或变相吸收公众存款行为以及集资诈骗行为等非法金融业务行为。但由于法律规定缺乏可操作性,实践中难以准确把握合法民间融资行为的界定标准,导致民间融资存在制度性风险。在孙大午案件中,法院对于其行为的定

性,曾引起了极大的社会争议。2009 年吴英案的判决结果依然引发了公众、专家等广泛的争议。三是法制不健全,严重制约民间融资的良性发展。由于缺少专门的民间融资立法,民间融资活动长期处于一种模糊的失范状态,使民间融资长时期处于"灰色金融"的地位,个人破产法律制度的缺位、征信体系的不健全、对消费型借款人权益的保障不足等形成法律真空,导致借贷双方的权益都无法得到全面有效的法律保障,限制了民间融资的健康有序发展。

第三节　小额贷款公司的兴起与发展

针对民间融资资金规模巨大、融资形式繁多、对经济金融影响和冲击不断加大的现状,对民间融资须予以组织化、正规化。规范民间融资、探索民间金融正规化的一条重要途径就是试点发展小额贷款公司。2005 年,中国人民银行在山西等 5 省区开展小额贷款公司试点,先后成立 7 家小额贷款公司,随后几年间小额贷款公司发展迅速,数量快速增长。可以说,小额贷款公司成为目前我国信贷市场的重要组成部分和补充力量,也是当前我国民间资本进入金融领域的一条重要途径和通道。

一、小额贷款公司出现的背景

长期以来,我国农村金融发展相对滞后,资金供求的矛盾一直比较突出。随着经济金融的发展,农村资金需求日益增长,既有金融体系却远远不能满足需要。20 世纪 90 年代中后期以来,国有商业银行大量收缩和撤并县(及以下)机构,分支机构网点数大大减少。到 2008 年年底,四大国有商业银行的分支机构网点数仅有 2.42 万个, 减少了 60%以上。四大国有商业银行撤并的网点大多是直接为农户和中小企业服务的机构。同时,作为农村资金市场主力军的农村信用社由于历史原因,包袱沉重,自身实力偏弱,能提供的金融服务也十分有限。这样,大量需

改革中的中国金融

求难以通过正规金融组织得到满足，民间借贷成为许多农户的必然选择。然而民间融资活动因为不公开性、地下性等特征，使其缺乏正常的监督和管理，由此造成了贷款利率过高、易引发民间纠纷等一系列问题，加大了农村金融风险。一方面，金融对"三农"的有效支持不足；另一方面，农村金融领域的风险在逐步积聚。为缓解农村融资难的问题，促进农村经济发展，同时规范民间融资行为，促进民间融资走上合法化轨道，引入新型金融机构、完善现代农村金融体系被提上议事日程。2004年中共中央1号文件提出要"积极兴办直接为'三农'服务的多种所有制的金融组织"。2005年中共中央1号文件明确有条件的地方"可以探索建立更加贴近农民和农村需要，由自然人或企业发起的小额信贷组织"。2006年中共中央1号文件则进一步指出"鼓励在县域内设立多种所有制的社区金融机构，允许私有资本、外资等参股。大力培育由自然人、企业法人或社团法人发起的小额贷款组织"。2005年，我国正式开始小额贷款公司的试点工作，开始了引导民间资本健康流动、促进民间融资规范化的新探索。

二、小额贷款公司的兴起

1.小额贷款公司的早期试点

在农村金融总体改革框架之下，为改善金融生态环境，拓宽融资渠道，积极引导民间资本健康流动，规范民间融资，由私人资本投资的商业性小额贷款机构开始出现。2005年10月，中国人民银行进行小额信贷模式尝试，在山西、四川、贵州、陕西和内蒙古5个省（区）开展商业性小额信贷组织的试点，试点的小额信贷组织被界定为：由私人出资，"只贷不存"。2005年12月27日，山西平遥县率先组建了纯粹由民间投资的日升隆和晋源泰小额贷款公司，标志着小额贷款公司的正式诞生。到2006年10月，全国5个试点省（区）共成立了7家商业性民营小额贷款公司，并发放了一定数量的小额贷款。具体情况见表6-1：

表 6-1 第一批设立的小额贷款公司一览表

公司名称	发起人数	注册资金（万元）	成立时间	所在地区
晋源泰小额贷款公司	4	1600	2005 年 12 月	山西平遥
日升隆小额贷款公司	3	1700	2005 年 12 月	山西平遥
全力小额贷款公司	3	2000	2006 年 4 月	四川广元
华地小额贷款公司	2	3000	2006 年 8 月	贵州江口
信昌小额贷款公司	4	2200	2006 年 9 月	陕西户县
大洋汇鑫小额贷款公司	1	2100	2006 年 9 月	陕西户县
融丰小额贷款公司	3	5000	2006 年 10 月	内蒙古鄂尔多斯

试点的目的在于，各试点省区积极探索不同的发展模式，积累经验，为小额贷款公司在全国范围内的铺开奠定基础。

2.小额贷款公司的发展壮大

7 家小额贷款公司的早期试点成效显著，它们不仅在支持三农、中小企业发展和规范民间融资等方面起到了积极作用，而且自身都得到一定的发展，达到了预期目标。7 家小额贷款公司试点的成功给其他非试点区域起到了很好的示范效应，小额贷款公司开始在各地兴起。但试点之初，小额贷款公司作为一种新型的贷款服务组织，我国法律法规对其还缺乏明确的市场准入和运作程序。2008 年 5 月银监会、中国人民银行相继出台了《关于小额贷款公司试点的指导意见》(银监发[2008]23 号)和《关于村镇银行、贷款公司、农村资金互助社、小额贷款公司有关政策的通知》(银发[2008]137 号)，对小额贷款公司的性质、设立、资金来源、资金运用、监督管理和终止进行了规定。尔后，各级地方政府也相继出台实施细则，小额贷款公司在全国范围内迅速建立起来。2008 年 9 月 29 日，浙江省首家小额贷款公司"海宁宏达小额贷款股份有限公司"成立；2008 年 11 月 15 日，上海第一家小额贷款公司"宝山宝莲小额贷款有限公司"揭牌；2008 年 12 月 5 日，安徽省首家小额贷款公司"舒城惠民小额贷款公司"诞生；2008 年 12 月 25 日，云南省首家小额贷款公司昆明市盘龙区"茂恒小额贷款有限公司"诞生；2009年3月18日，北京市首家小额贷款公司"兴宏小额贷款有限公司"揭牌；2009年3月25日，广东首批两家试点小额贷款公司东莞市"广汇科技小额贷款股份有限公司"、东莞市"东商小额贷款有限公司"诞生……至2010年4月，全国各省、自治区和直辖市均有小额贷款公司。2009年6月，中国银监会发布《小额贷款公司改制设立村镇银行暂行规定》，明确了小额贷款公司改制为村镇银行的准入条件、改制工作的程序和要求及监督管理要求等。这对小额贷款公司规范经营、持续稳健发展具有积极的引导和推动作用。截至2011年12月末，全国共有小额贷款公司4282家，贷款余额3915亿元，全年累计新增贷款1935亿元。

小额贷款公司的出现适应了市场融资的需要，是解决中小企业融资困难和满足农村金融需求的可行之道。但同时其发展过程中仍存在一些现实问题，亟须引起关注和重视。

三、小额贷款公司是规范民间融资的有力工具

小额贷款公司的兴起发展不仅开辟了满足农民和农村中小型企业资金需求的新渠道，更对规范民间融资具有积极意义。一方面，小额贷款公司为民间的庞大游资找到一个资金出口，能够将一部分处于"灰色地带"的民间资金转化为阳光下的资金流，这对于促进民间资本发展壮大以及我国经济长期可持续发展具有重要意义；另一方面，对地下钱庄形成了冲击，小额贷款公司执行的最高贷款月利率严格控制在人民银行公布的同档次贷款基准利率的4倍以内，远远低于民间高利贷的利率水平，利率定价的示范效应使周边地区民间借贷的利率水平得到了有效平抑，压缩了高利贷的市场空间，有效遏制了地下非法融资；第三，目前有不少担保机构、资产管理公司、典当行等民间金融组织，不仅从事本机构所标明的业务，也在进行着灰色借贷甚至高利贷等活动，小额信贷公司试点的成功与否，对于这部分民间金融组织也有相当大的参考意义。对小额贷款公司身份的定义、组织经营方式、监管机构和风险

控制手段等的探索及经验教训,都可以应用到"灰色地带"的民间金融组织机构上。此外,发展小额贷款公司还可以促进金融业竞争和多层次金融体系的建立。只有在多元化的市场主体共同参与、民间资本不断进入的背景下,金融机构体系才有望步入良性发展的道路。

尽管目前小额贷款公司在整个金融体系中占比较小,作用有限,但重要的在于它的示范意义。以小额贷款公司为突破口,疏导、吸收民间资本,规范民间信贷,压缩地下金融生存空间,实现民间信贷和正规金融的对接,把民间资金引导到一个正确的轨道上, 合法地开展金融活动,从而深化和完善金融体制改革。

我国小额贷款公司作为新生事物,有着广阔的发展空间和前景,在服务"三农"和中小企业方面具有重要意义。值得注意的是,目前小额贷款公司由于内外各种因素的制约,实现可持续发展有着不少障碍,如资金来源受限、身份定位不明、业务经营法律法规缺失、监管主体不明确、税收负担较重、风险控制机制不完善等。政府、社会和金融机构应共同呵护其健康成长,为其发展提供良好的环境和条件。小额贷款公司自身也应正视问题,抓住机遇,稳健发展,为促进地方经济发展发挥更大的作用。

第四节　民间融资的进一步规范

如前所述, 小额贷款公司的出现推进了民间融资的规范化、组织化, 但相比庞大的民间资本来说, 小额贷款公司的资金只占极少一部分,且先天的一些缺陷也制约了它的进一步发展,目前其作用很有限,更多的是一种示范效应及经验探索。近年来随着民间融资的越来越活跃,问题日益显现,风险逐渐积聚,对经济金融的冲击也越来越大。加强对民间融资的引导和规范,提升金融服务实体经济的能力,不仅对民间融资的健康发展至关重要, 而且对我国的金融改革和经济发展也具有重要的意义。

改革中的中国金融

一、完善民间融资的法律法规

任何经济活动的有效运行都需要法律法规的保证、规范和约束,民间融资的发展也不例外。完善民间融资相关的法律法规是规制民间金融的关键举措。建立起完备的法律法规体系,可以使民间金融运作有章可循,有法可依。我国现有的民事法律规定为民间融资提供了一定的合法性基础,应当继续发挥其调整作用。另外,有必要结合我国国情,制定单行法规,并修改完善相应的法律法规,以完备的法律体系满足我国民间融资对法律规制和保护的需要。

(一)明确民间融资的法律地位

前文讲到目前我国现行法律法规对民间融资有关内容存在一些冲突,导致对民间融资的认定标准把握不一。因此,应尽快研究出台民间借贷管理条例,修订《非法金融机构和非法金融业务活动取缔办法》、《贷款通则》等法律法规,协调立法,为民间融资构筑一个合法的活动平台,以规范、约束和保护正常的民间融资行为。

(二)完善民间融资立法

在充分调查论证的基础上,适时出台《民间借贷法》、《放债人管理条例》等法律法规,依法确定民间借贷的定义、适用范围、期限、管理部门及其职责、合理的税负、纠纷处理适用法律规定等,明确界定非法吸收公众存款、非法集资和正常民间融资的界限,以规范、保护正常的民间借贷行为,打击高利贷,通过法律手段使民间融资逐步走向契约化、规范化。出台民间融资管理登记办法,实行民间融资网上登记备案等方式,从而准确地了解民间融资活动的基本情况,便于防范和打击各种非法融资行为,规范民间融资市场,有效引导民间融资阳光化。还可尽快出台小额贷款公司的实施细则及规范民间融资的一些具体制度,使相关法律法规更具可操作性。

二、加强对民间融资的金融监管

对民间融资进行有效的监管是其实现规范化发展的关键。通过建立有效的监管体系,进一步规范民间金融运行。

（一）明确监管主体

正规金融市场的监管十分有针对性,银行业有银监会专门监管,保险业有保监会,证券业有证监会等。从产权上看,民间融资的监管也可参照正规金融监管方式,明确民间融资监管主体,则可相应化解一些难题和矛盾。根据各部门现有的职责规定看,目前中国人民银行、银监会、保监会、证监会以及政府工商、金融办都不是民间融资的监管主体。我国民间金融监管可以尝试分设分管各种形态的民间金融机构的监管部门,同时发挥地方政府的监管责任,加强地方政府防范金融风险和维护地方金融稳定的责任。

（二）构建监管网络

结合我国民间融资的特点,应该培育和建立一个包括政府监管、自我约束、行业自律和社会监督四者协同配合的监管网络。

首先要健全外部监管。即政府要明确民间融资监管主体,建立监管指标、明确监管责任、制订操作规程,形成以中央银行为核心的多元监管体制。其次要完善内部约束。虽然民间融资机构没有像正规金融机构那样系统的内控制度,但也要在国家法律法规的约束下,在政府监管和引导下,在资金筹集、借贷流程、借贷利息、债务追讨等环节实现规范操作,通过建立和完善信用制度、管理制度、业务制度等,将民间融资机构规范化。第三要培育行业自律。行业协会是适应该行业保护、行业协调与行业监管的需要,自发形成和发展起来的。我国民间融资虽然有某些约定俗成的行规,但多半由于地区差异、弹性过大不能实现有效约束,如民间融资机构在借贷利率、运作程度、中介收费等方面有很大差异。同时民间融资行业内部容易出现一些问题,对国家和地方金融造成隐患,因此国家应该在对民间融资实行外部监管的同时,注重培育其行业

改革中的中国金融

自律组织和自律规范,并赋予民间融资行业协会行业保护、行业协调、行业监管、行业合作与交流的职能。可对应地设立针对不同形式的民间金融协会,如典当协会、担保协会等自律性机构,并在一定范围内赋予其合理的权力,以形成"内外包围"的监管模式。最后,要实行社会监督,由地方政府、执法机构以及广大中小企业、农户、农村经济组织等组成联合监管体系,为民间融资营造良好的外部监管环境。

(三)完善监管方式

民间融资监管方式应灵活多样,如政府监管主要应以法律法规为准绳,依靠法律法规对民间融资活动起到规范保障作用;行业监管则通过制定行业行为规范准则和惩罚监督机制来进行行业自律,有效防范民间融资风险。民间融资形式各种各样,民间融资主体及其活动在各地区和各领域的地位和作用有明显差异,因此,监管民间融资时,还应采取分类监管、区别对待的方式进行。例如,对于互助型无息民间借贷活动,政府不应进行干涉,但必须提高其防范意识,减少产生借贷纠纷的可能性。一旦出现借贷纠纷,帮助其通过司法途径解决,保护借贷双方不受暴力威胁。对于有息借贷活动,要鼓励双方签订借贷合同,保护契约关系双方合法权益,依法规范双方行为。对于高利贷性质的民间借贷,鉴于其对社会的危害性巨大,政府应果断地予以严厉打击和惩处。对于企业内部融资或面向社会集资,由于它是官方金融信贷供给不足的条件下企业的次优选择,有利也有弊,政府应重点关注其集资过程和资金用途,一旦发现有欺诈或其他违法现象,立刻予以制止。此外,针对民间融资复杂多样的现状,监管必须在事前、事中和事后实时关注,推进民间融资规范发展的同时及时有效防范其风险。对于有利于国家经济发展的合法民间金融机构及其行为予以鼓励和扶持;对于有一定风险但对社会不具有危害性的灰色金融采取善意忽视的态度,在监控其不违反法律规定并且不对金融市场的秩序造成不利影响的前提下,灵活处理而不是一棒子打死,在情况趋向不可控时要立即处理,以免留下重大风险隐患;对于扰乱金融市场秩序、危害人民生活和国家经济发展、明显带有非法性质的民间金融机构和活动要坚决予以取缔和打击，如金融诈骗、洗钱活动等。

三、拓宽民间融资渠道

面对巨额的民间资本，需要疏导，提供丰富多样的投资渠道，给其以合理出路，才能化解相应的风险。这就要求我们逐步放开金融市场，疏通民间资本进入金融领域的渠道，实现资本要素的自由配置，也就是要打破现有银行的垄断体制。2010年5月，我国发布了《国务院关于鼓励和引导民间投资健康发展的若干意见》(以下简称《意见》)，鼓励和引导民间资本进入基础产业和基础设施、市政公用事业和政策性住房建设、社会事业、金融服务、商贸流通、国防科技工业领域，鼓励民间资本发起或参与设立村镇银行、贷款公司、信用担保公司、农村资金互助合作社等金融机构，放宽村镇银行中法人银行最低出资比例的限制。《意见》还明确提出，规范设置投资准入门槛，创造公平竞争、平等准入的市场环境。但《意见》的具体落实、实施还需要一个过程。

四、培育良好的民间担保体系

一方面，地方政府应积极建立民间融资的担保机构，完善担保机构方面的法律法规，对其经营管理、业务范围等做出细则规定，确保其独立地进行决策和经营。借贷双方和担保公司之间应理清关系，签署相关贷款和担保合同，明确担保金额和权利义务。另一方面，建立完善的信用担保风险补偿机制。担保行业风险巨大，一旦发生贷款方违约或延期支付现象，担保机构就必须无条件代偿，这使担保机构本身没有保障，也容易产生贷款企业或个人逆向选择和道德风险。因此可以效仿日本等国家的担保基金会，在我国各地成立担保补偿基金会，其资金可以来源于：(1)政府从财政预算中拨付相应风险补贴；(2)担保机构从其担保费中抽取部分资金；(3)参股企业的资金补充。当发生代偿时，可由担保机构代偿一部分，另外担保基金会也偿还一部分，这样减少了担保机构

改革中的中国金融

在遭遇大额代偿时自身的重大风险。同时，还应鼓励保险公司参与其中，为担保机构和担保基金会等提供风险保险，共同分散风险。另外，设立专门的再担保机构，构筑起再担保制度，以多层次、多保障的信用担保、风险补偿和保险机制来抵抗民间融资风险，使民间融资获得完备的"外围保障"。

五、构建民间融资监测机制

监管机构应建立完善的民间融资统计、监测制度。对民间融资行为进行登记备案，定期开展调查、统计，采集有关数据，特别是要准确监测民间融资的规模、融资方式、利率水平、资金来源及运用等，及时了解、掌握民间融资情况，及时向有关部门通报情况，建立有效的预警机制，适时向社会进行信息披露和风险提示。并可选择一些民间融资较为活跃的企业和乡镇作为重点监测点，长期进行调查监测，加强分析，有效防范、化解潜在的金融风险。

六、推进金融机构创新和制度创新

规范发展民间融资，应打破国家对金融业的垄断，有步骤地向民间资本开放金融业。通过必要的金融资源整合，将民间金融从"地下"引上正规发展道路。通过制度创新，引导民间融资阳光化、规范化，可考虑放宽小额贷款公司改制为村镇银行的相关条件，也可在信用社向地区性商业银行转制改造过程中，组建允许民间资本参股的区域性中小商业银行，探索大规模民间资本借助资本市场介入中小商业银行的途径，开办民间资本控股的民营银行试点。通过进一步探索发展新兴金融组织、建立多层次金融体系等举措，构建与我国当前经济结构相匹配的金融体系和组织，促进金融体系建设步入良性发展的道路。

第七章

金融产品创新步伐加快　金融创新能力提高

　　金融创新是金融业迅速发展的一种趋向，是在金融业务、金融方式、金融技术、金融机构以及金融市场等方面都进行明显的创新和变革。西方金融业从上个世纪 60 年代开始，70 至 80 年代日益活跃，并形成向全球扩散的金融创新浪潮，对整个金融体制、金融宏观调节以及经济发展带来了深远影响。金融业务创新的核心是金融产品创新。进入 21 世纪以来，中国金融服务业创新频繁，新产品、新业务层出不穷。在金融业全面开放之后，来自国际金融机构的越来越激烈的竞争及其多样性的金融产品和服务优势，使得中国金融服务业的创新具有更为紧迫的现实意义。

第一节　金融产品创新的现状、特点与效应

一、金融产品创新的内外部环境

　　金融产品创新的环境按照范围来分可以分为外部环境和内部环境。外部环境包括市场竞争环境、信用环境、法制环境和政策环境等，内部环境包括金融机构的资源管理、配置、人才以及技术等。良好的金融环境是金融产品创新发展的前提和保障。金融环境优化主要体现在三个方面：首先，金融机构与产品组合能成体系，尤其是中小型、创新型金融机构资源要足够丰富；其次，必须具有创新活力，开发适应不同类型、

不同成长阶段的企业需求的多样化金融工具和产品;第三,资本市场在金融体系中能担当起关键性角色,发挥枢纽、杠杆、带动效应。金融产品创新作为经济金融创新的一个重要部分,受外部环境的影响很大。从金融产品创新的历史来,在成熟的市场经济体制的发达国家里,微观金融主体有旺盛的创新能力和充分的创新自主权,一直起着主导作用,由利益驱动、回避管制、规避风险等内因引致的金融产品创新成为主要创新方式,政府只是为创新创造条件,使其规范化、有序化,降低风险,起到辅助作用。在我国,现行的"分业经营、分业管理"体制框架决定了微观金融主体的产品创新主要由政府主导的外力来推动。政府对金融产品的品种、规模、价格和交易都实行着严格的管制,几乎每一项重大金融创新措施的出台,都是政府行为的产物,而商业银行推出的一些创新措施都必须通过政府的批准或认可才能得以推行。微观金融主体产品创新的动力和压力不足,创新的积极性较低。随着全球经济一体化的深化和不可逆转,我国的市场经济制度改革的不断深入,市场竞争加速,我国金融创新的环境正在不断地向有利于产品创新的良性方向变迁。

(一)金融产品创新的外部环境

1.金融市场竞争加速产品创新

我国的金融市场发展不够成熟,目前金融工具、交易方式不完备,债券市场、货币市场、衍生品市场不成熟,这既是限制了金融机构金融创新的空间的原因,但也是形成金融机构创新的动力。随着我国金融业开放程度的提高,金融机构面临的竞争程度已经不是单纯的国内市场,国内的银行金融机构必须开阔视野,提高衡量竞争力的标准,提升国际竞争力。

虽然国内金融机构如银行业经过近年来的股份制改革,商业银行在资产质量、资本充足率、公司治理结构、人才储备以及风险管理等方面都有显著提高,银行业整体状况有了明显的改善,但相对外资银行金融机构,我国银行业仍存在较大的提升空间。国内银行金融机构需要提升可持续竞争力,加强风险管理和控制的能力,特别是应对经济周期风险的能力。与此同时,国内的大、中、小银行金融机构正纷纷采取跨区经营,各地的城市商业银行凭借政策推动,加速布局省内外市场,这势必使我国银行业面临日趋激烈的竞争局面。同时随着我国金融脱媒化趋势的加剧,银行业、证券业以及保险业之间的竞争也日趋激烈,银行业面临的负债短期化,资产长期化的矛盾也日益尖锐。因此,创新金融产品以及全面提升金融服务水平,成为各大银行金融机构保持竞争优势的关键。

2.政策与法制:监管部门鼓励金融创新

我国是一个由计划经济向市场经济转轨的东方大国,金融业是受政府高度监管的行政垄断性行业,在这样的历史文化背景下,我国金融业的发展与创新是一个高度受政府推动和引导的过程。监管政策不协调,监管政策落后于创新实践,使得金融机构在创新过程中存在着一定程度的无所适从,影响创新活动向深层次发展。在当前我国的国情下,这个过程还需要持续很长一段时间,但会随着我国现代化进程的发展而逐步有所好转。

近年来,金融产品创新获得了较大的发展,创新监管和引导创新工作也取得了很大进步,我们这里主要讨论银监会监管与推动和引导银行业金融机构创新的情况。银监会成立后,将鼓励创新作为银监会倡导的良好监管标准的重要一条。在鼓励创新的同时,从机构监管和功能监管两个方面改善创新监管工作。2004年,银监会开始了功能性监管建设,2005年成立了业务创新监管协作部,建立了创新业务功能监管和机构监管相结合的监管矩阵。2006年12月6日,银监会出台了《商业银行金融创新指引》,使银行业金融创新工作开创一个了新的历史时期。

银监会把鼓励竞争作为重大监管原则。鼓励金融机构引进新产品和新服务。创新是竞争的动力源,竞争本身是服务业改善服务质量、提高服务水平的动力。鼓励金融机构在经济比较发达的地区开展健康有序的竞争,在农村和边远地区、落后地区,也引入了新的金融机构,引进新产品和服务的竞争与创新,既鼓励金融机构在引进、消化吸收的基础上进行再创新,也鼓励集成式地创新新产品、新服务。

银监会重视在法规和市场准入许可中的透明度和可预测性建设。银监会立足把创新工作搞好,重视法规建设和提高市场准入许可的透明度和可预测性。帮助银行业金融机构在产品研发时,可以把脉和预知相关监管要求和准入标准,进而带动金融机构创新的积极性和新产品的研发效率。

银监会逐步提高市场准入的便利。当银行业金融机构具有浓厚合规意识和良好的合规管理,风险管控有效,人才比较具备时,就应逐步提高其市场准入的便利。只要有比较清晰的规制导向或者原则导向等方面的规定,就不需要事先在同类金融机构中反复对同样的金融产品进行审批。银行监管部门对外资银行实施国民待遇,对国内外银行业金融机构实行非歧视性政策。这意味着国外银行能够做的,国内银行只要具备条件,也能做。同样,国内银行能做的,只要符合有关要求,国外银行也能享受同等的待遇。

银监会不断创新监管制度和体制,以适应新形势下持续有效监管的需要。银监会三个层次的垂直管理体制和制度以及相应的职责划分,将进一步完善。比如,银监会主张银行进行扁平化管理、业务条线管理,监管设置需要进行适应性的调整,避免政出多门、因地而异,造成金融创新难以形成合理预期或创新工作本身的不稳定。认真研究创新监管制度和体制,明晰责任的边缘和界线,提高矩阵式监管的有效性、协作性和一致性。同时,加强属地监管主报告局和其他报告局工作机制的总结和研究,处理好机构监管、功能监管、主报告局和其他报告局之间的关系,不断创新监管制度和体制,适应新形势下有效监管和持续监管的需要。

完善金融法治是建设良好金融生态和鼓励金融创新的根本所在。根据我国目前的实际情况,首先要完善金融法律体系,特别是与保护金融债权和金融消费者密切相关的《破产法》、《担保法》、《公司法》和《专利法》等相关的法律法规。包括应进一步丰富债权人保护金融债权的手段，强化债权人在企业破产和重组中的法律地位，强化担保债权的优先受偿顺序，发挥抵押、担保在规避债权风险和充当保障性还款来源的作用，将金融产品创新的知识产权以专利等形式加以有效的法律保护，推动金融产权交易机构转型来带动私募及场外柜台交易市场的发展等，为建立多层次资本市场留有足够的空间。《合作金融法》、《邮政储蓄法》、《小额信贷法》、《非正规金融法》、《物权法》、《农业保险法》及有利于信用环境建设和金融机构发展的其他相关法律,已经列入工作日程。

综合上述分析，我国金融产品创新的政策法制环境正在不断地优化。虽然目前全球经济还处在欧债危机的影响中，但这并没有改变金融产品创新的方向和发展趋势，相反，对我国金融产品创新提出了更高的要求，也带来了新的契机。

3.信用环境不断改善,促进产品的创新

信用环境是决定一个局部地区金融产品创新效率的关键因素。优化适于金融产品创新的信用环境，要重点加强企业和个人征信系统建设，加快市场培育，适当集中信息基础数据的采集环节，统一征信关键技术和业务标准，避免重复建设，促进信息共享，在信用评级、评估等增值服务环节发挥规模效应，鼓励平等竞争，形成适应不同征信需求的多层次征信机构体系，逐步建立起分业监管和行业自律相结合的市场监管体系。实践证明,哪里的信用环境好,那里的金融市场运行的质量就高,金融支持地方经济的力度就大,反之亦然。信用环境建设是一个繁复的系统工程,它需要政府、企业、银行、个人共同参与和通力协作。人民银行和银行监管部门牵头,制定统一、规范的企业信用评级标准,综合考核企业在各金融机构的信用状况, 给予科学的信用等级评定推广的覆盖面越来越大。人民银行推出的全国联网的"个人征信系统"对个人客户的信用评级,也越来越成为社会广泛接受的信用标准。因此,就目前来看,我国的信用环境虽然还存在着一些问题,但总体上在制度、方法、操作、实施等环节中有很大的改善。

改革中的中国金融

（二）金融产品创新的内部环境

金融机构自主创新能力不仅包括积极的创新意识,而且还包括足够的风险识别和管控能力,这些均建立在金融机构提高对经济金融规律的认知、对市场需求和客户特质的把握以及对创新活动综合收益权衡的基础上。金融机构要认真研究分析当前复杂的国内外经济金融形势,在吸取发达国家商业银行金融产品创新经验和教训的基础上,加强对专业人才的培养,辩证分析收益和风险、成本和利润、经营和管理之间的关系,提高风险管理能力,全面提高金融产品创新的专业水准。在资源配置、整合、利用过程中,内部管理机制是金融机构开发新产品的制度保障。

1.金融机构内部的资源管理

金融机构内部的资源管理是一个追求效益最大化的过程,从内部制度上保障了新产品的开发,对于调整资源配置、消除不确定性、降低机会成本、提高配置效率是十分关键的。合理配置人力、财务、产品、技术、制度资源,加强企业的应变能力与创新能力是金融机构的内部管理体制核心。金融机构自身是资源配置的主体,也是市场参与者,决定着资源配置与利用的效率。在进行经营活动时,选择适量、适当的内部资源,谋求获取效益最大化是金融机构内部资源管理和配置的主要方式之一。通常,金融机构借助价格、竞争机制等市场原则,增强内部资源的协调性,减少资源功能上的抵消作用,研发新产品,有效推进"既定的目标与责任",这是企业内部管理效率的表现方式。

2.金融机构内部的资源配置

金融机构实现金融创新势必涉及资源调整和资源融合。金融机构内部资源总量和经营目标是相对固定的,但随着市场条件发生变化,内部资源管理也需要有动态调整。首先,要突出重点,适当调整业务比重。根据市场导向,采用灵活管理机制的金融机构能较容易地将人力资源、财务资源、制度资源向高附加值的业务倾斜。其次,充分发挥市场配置作用。市场配置依赖于价格机制、供求机制,将市场配置因素纳入内部资源管理,能提高新产品开发决策的灵活性和准确度。

整合资源的目的就是使现有的资源相互配合与协调，达到整体最优。将分散的资源有机融合，取得整体最优，是转化和提升资源配置效用的关键。

(1)整合客户、产品及技术资源。首先，利用技术手段，建立完善的客户关系管理数据库(CRM)。在此基础上，把目标客户群的主要特征从数据中筛选出来，细分市场目标，为金融创新产品提供依据。同时，利用内部网络，实现信息共享，避免新产品开发的重复投入，寻求针对性的产品开发方案与资源配置计划，提高资源利用效率。其次，以经营品牌为核心，发展"一揽子金融产品"。以市场需求为核心，改善交叉销售网络，稳定、拓展、扩大客户资源。

(2)整合资金、信息和无形资产资源。首先，利用信息资源优势，牵线搭桥，促使金融机构内部各经营模块的业务相互关联，在互动过程中获得资金资源的高收益。其次，利用无形资产资源(深厚的市场信誉及专业形象)，创新和发展新的金融工具与服务品种。

(3)整合制度、文化、人力资源。首先，重组内部架构，建立扁平化的网络型结构，模糊各业务模块的边界，高效利用人力资源。比如，机动灵活的新产品项目小组就是国际银行集团普遍采用的组织形式。小组依据开发项目设立，开发完毕即完成使命。小组内部并不区分行政等级，而以产品开发各业务单元划分。开发小组各成员并不互相隶属，而是设置一个"协调人"的角色将各个单元创新结合起来，以满足产品开发的及时性、综合性。其次是制度与人力资源的结合。把市场研究、产品开发、细分客户等功能集中到金融机构一级管理层面(如集团市场部等)，将基层机构发展成市场营销团队。在营销团队的基础上，结合组织结构与具体业务流程，扩大员工的授权范围，向员工提供发挥和创造的空间，增强员工的专业竞争能力。目前，各跨国银行集团越来越重视集团的内部功能协作和外部市场营销。

3.我国金融机构基础性条件还相对薄弱

我国金融机构还未能成功建立起一个高效的管理体制。经营管理层次较多、内部组织架构设置不甚科学、用人机制不尽合理、分配激励机制不够健全等问题存在于国内各大银行，尤以国有商业银行最为突出。金融产品创新的管理机制和管理战略还不十分健全，产品创新缺乏统一的整体领导与协调，由于各业务部门之间分工模糊，创新活动分散在不同的部门和机构内自主运行，随意性较强。而且对外营销重复，甚至发生冲突。同时，过长的管理链和冗长的决策过程，使银行对市场需求和业务发展缺乏适应性和弹性，产品创新往往滞后于市场需求。偏重于资产负债业务（尤其是存款业务）考核的传统考核激励机制已不能对创新职能部门进行科学有效的评价和激励。

二、商业银行产品创新

（一）商业银行产品创新的现状

我国商业银行金融产品大致可分为四种类型：资产业务产品、负债业务产品、中间业务产品和银行卡产品。近年来，这四类金融产品在创新方面所呈现的趋势为：资产业务产品是重点的创新领域；负债业务产品集中了理财产品的创新；中间业务产品创新活跃，但效益不显著；随着银行卡业务的发展壮大，银行卡产品创新也将备受重视。在这里，还要特别分析具有混业特点的综合经营试点的创新。综合经营试点创新成效显著，为其他产品创新和混业经营提供了一个重要的突破口。

1.资产业务产品创新现状

（1）个人信贷产品创新步伐加速。近年来，居民个人消费信贷迅速发展。表 7-1（见下页）统计数据表明，我国商业银行的个人消费信贷从 2005 年的 2.2 万亿元发展到 2010 年年底的 7.5 万亿元，占商业银行总贷款规模的 14% 以上。

表 7-1　2005—2010 年我国个人消费信贷规模及其占总贷款的比例

年份	个人消费信贷规模(亿)	占各项借款总额比例(%)
2005	22000	12.7
2006	25300	10.61
2007	33000	11.87
2008	37000	11.56
2009	55000	12.91
2010	75000	14.73

资料来源:根据 2005—2010 年中国统计公报编制

其中个人住房贷款是个人消费信贷的主要组成部分,从 2005 年到 2010 年,个人住房贷款占消费贷款总额的比例平均为 80% 以上,而且其业务模式不断出新,涌现了个人二手房贷款、个人住房加按揭贷款、个人住房转按揭贷款、个人商品房组合贷款、双币种个人按揭贷款等新产品。

汽车消费信贷是仅次于个人住房贷款的银行个人信贷产品。除了个人住房贷款和汽车贷款之外,商业银行还提供诸如教育助学贷款、旅游度假贷款、个人耐用消费品贷款、个人综合授信、个人质押贷款、家居装修贷款等贷款品种,由于市场普及率不高,所占份额均比较小。(见表 7-2)

表 7-2　我国商业银行的资产业务中的产品

类型	产品	
个人业务	个人住房贷款、汽车消费贷款、个人综合消费贷款、个人助学贷款、个人小额信用贷款、个人质押贷款	
公司业务	国内业务:国内保理、仓单质押、融资性保函、银团贷款、应收账款质押贷款、回购型应收账款转让、法人商业用房贷款、流动资金循环贷款、公司账户透支	
	票据业务:特定客户专项银行承兑汇票、票据包买、买方付息票据贴现、准全额保证金开立银行承兑汇票、商业承兑汇票保贴、商业票据质押、商业汇票无追索贴现	
	国际业务:出口信用保险项下融资、出口发票融资、出口退税账户托管贷款、海外销售融资、全球综合授信、福费廷	
机构业务	信贷资产转让(回购)、卖出回购票据、货币互存、网购担保融资	

资料来源:根据各银行网站及公开资料编制

(2)公司业务产品创新向纵深方向发展。由表7-2可以看出,近年来公司业务的新品种日益增多。我国商业银行针对公司法人客户推出的新产品达20余种,而且已经推出的产品能够得到迅速推广和广泛应用。原来仅由少数银行开展的业务如福费廷、出口退税账户托管贷款等业务,如今大部分银行都已经引用并推出。业务内涵日益丰富,能及时发现客户需求,推出创新产品。

(3)资产证券化工作由鼓励到谨慎。2005年我国已经开始资产证券化工作,2006年到2007年积极鼓励银行业金融机构开展资产证券化项目,2006年,批准信达、东方两家资产管理公司开展不良资产证券化,批准国家开发银行开展第三期信贷资产证券化试点项目。2006年5月,银监会会同人民银行对国家开发银行和中国建设银行的试点工作进行总结,提出逐步完善政策和法律体系、扩大合格机构投资者范围、进一步开放支持证券信用评级市场等工作思路,为下一步试点工作的顺利开展指出了方向。2007年,银行业金融机构在风险可控的前提下,加大金融创新力度,中国建设银行、中国工商银行、上海浦东发展银行、兴业银行和上汽通用汽车金融公司参与第二批资产证券化试点,批复的资金规模在230亿以上。2008年,信贷资产支持证券发行量稳步增长,证券化产品的基础资产种类逐渐丰富,参与机构覆盖面增加。截至2008年年底,累计发行规模667.8亿元。但是,由于2007年美国次贷危机以及2008年引发的金融危机使我国对资产证券化的创新与改革由积极转向谨慎。银监会2008年年初印发《关于进一步加强信贷资产证券化业务管理工作的通知》,要求参与信贷资产支持证券发行的各银行业金融机构严格执行,有效防止房地产贷款风险通过资产证券化业务放大。2009年至今资产证券化工作处于探索阶段,不过目前有很多的学者认为,我国应该继续鼓励金融机构开展资产证券化的工作来完善我国金融市场和丰富金融产品种类。

(4)小企业金融服务创新和农村金融服务创新成为近年来的重点,小企业金融服务创新力度加大。部分银行业金融机构尝试推出房产商铺抵押,知识产权质押,仓单、提单质押,应收账款质押,存货抵押,出口退税税单质押等多种担保模式,开发文化创意企业贷款、专业市场贷款等小企业融资特色产品,有针对性地满足各类小企业和个体工商户的有效融资需求。部分金融租赁公司推出厂商租赁、联合租赁等新业务品种,将企业生产、产品销售和用户需求有机结合,有效增加企业融资渠道,满足多样化融资需求。

农村金融服务创新重点突出。2010年7月,人民银行、银监会、保监会、证监会在开展9省农村金融产品和服务创新试点的基础上,印发《关于全面推进农村金融产品和服务方式创新的指导意见》(银发[2010]198号),要求将农村金融产品和服务方式创新工作扩展到全国范围,探索低成本、可复制、易推广的金融产品和服务方式。深化农村金融领域的银保合作,鼓励银行参与和建设由农业产业化龙头企业、农民专业合作社、农户、银行、保险公司、担保公司等共同参加的农村信用共同体,引导发挥联合增信功能。部分银行业金融机构将涉农保险投保情况作为授信要素,在确认借款人参保类别和参保比例后,确定相应的贷款优惠条件,通过保单质押拓宽借款人抵质押物范围。

2.负债业务产品创新现状

我国商业银行的存款类产品品种相对单一,基本上局限在个人(企业)定期存款、个人(企业)定活两便存款和通知存款等传统的存款业务上。金融脱媒对商业银行传统盈利模式构成了强大压力,导致一部分长期沉淀在银行的资金转向收益率较高的资本市场,从而减少了银行的资金来源,长期资金来源的不断减少使得银行负债的短期化倾向加剧。因此创新理财类产品是商业银行募集资金的重要途径。近几年来,我国商业银行通过理财产品募集的资金逐年增多。(见下页表7-3)

改革中的中国金融

表7-3　2006—2010年我国商业银行理财产品募集资金情况表

年份	开展理财业务的商业银行金融机构	理财产品资金募集量余额	备注
2006	全部国有和股份制商业银行、8家外资银行和部分城市商业银行	4000亿元	
2007	全部国有和股份制商业银行、8家外资银行和部分城市商业银行,其中有23家中、外资银行(12家中资,11家外资)取得开办代客境外理财业务资格。	8190亿元(代客境外理财业务销售额414亿元,美元销售额12.5亿元。)	
2008	83家中外资银行业金融机构	8233亿元	
2009	98家商业银行	9744亿元	个人理财产品5728款
2010	124家商业银行	1.7万亿元	个人理财产品7049款

资料来源:根据中国银行业监管管理委员会年报整理

商业银行进一步完善个人理财业务管理,业务规模保持快速增长,产品种类日益丰富,整体收益状况良好。理财业务增长有序平稳,稳健发展。丰富多样的银行理财产品为企业和居民管理财富资产、调整风险结构、优化资金配置提供了灵活便利的选择,成为社会投资和银行服务的重要组成部分。

3.中间业务产品创新现状

我国中间业务可以分为九大类:支付结算类、代理类、担保类、银行卡类、承诺类、交易类、基金托管、咨询顾问、其他类。作为现代商业银行业务的重要组成部分,其发展已成为银行业拓展生存空间的焦点。近年来,银行中间业务创新势头迅猛,创新产品层出不穷,电子银行、银行卡、个人理财和衍生产品交易逐渐成为最活跃的领域。

(1)银行卡业务保持较快发展。近年来,银行卡业务发展十分迅猛,不管是发卡数量,还是银行卡交易金额都呈快速增长态势。银行卡累计发卡量从2006年的11.3亿张增长到2010年的24.1亿张,年均增长近20%。银行卡交易金额从2006年的88万亿元,增加到2010年的283.6

亿元,年均增长近50%。(如表7-4所示)

表7-4　2006—2010年我国银行卡发行数量及交易情况表

年份	(累计)发卡量(亿张)	增长比例	交易金额(万亿元)	增长比例
2006	11.3	—	—	
2007	14.7	30%	88	—
2008	17.8	21%	111.3	27%
2009	20.3	14%	162.8	46%
2010	24.1	18.6%	283.6	74.2%

资料来源:根据中国银行业监督管理委员会年报整理

　　银行卡中信用卡的发卡量和交易金额也呈递增的增长态势。2009年发行信用卡1.65亿张,全年信用卡交易金额达到3.5万亿元,其中消费金额1.9万亿元;2010年发行信用卡2.11亿张,全年信用卡交易额达5.1万亿元,其中消费金额2.7万亿元。信用卡总消费金额在社会消费品零售总额中的占比从2006年的3.1%上升至2010年的17.7%,在GDP中的占比从2006年的1.1%上升至2010年的6.9%。信用卡交易进一步活跃了消费,便利了商品流通,增加了消费在经济增长结构中的比重。

　　(2)银行服务渠道不断优化,电子服务渠道发展迅速,电子银行业务交易活跃。中国银行业监督管理委员会公布的2006—2010年年报数据表明,2006年商业银行电子银行业务交易额规模达到122万亿元,比2005年增长101%。2007年年底,主要商业银行电子银行交易额规模达到348.3万亿元,其中,网上银行交易额达到229.3万亿元。2009年年底,我国主要商业银行电子渠道累计交易笔数342.45亿笔,比上年增长49.34%。其中,网上银行客户数超过1.97亿,网上银行交易笔数达137.14亿笔,交易金额达325.96万亿元。2010年年底,我国主要商业银行电子渠道累计交易357.29亿笔,交易金额628.52万亿元。其中,网上银行客户数超过2.79亿,网上银行交易109.02亿笔,交易金额

520.77万亿元,呈现出非常快的增长态势。

4.商业银行综合经营试点从审慎推进到平衡发展

(1)稳步推进商业银行设立基金管理公司试点工作。第一批试点的中国工商银行、中国建设银行和交通银行投资设立3家基金公司,共经营8只基金产品,资产净值超过600亿元。2006年,银监会批准中国银行、中国农业银行、上海浦东发展银行和民生银行作为投资设立基金公司的第二批试点银行。截至2007年年底,5家银行成为第二批试点银行,其中2家成功设立了基金管理公司,开始正式运营。截至2008年年底,投资设立基金管理公司8家,基金产品从2007年年底的30支增至46支;以资产净值计算,基金管理规模2331.92亿元,市场份额从2007年年底的6.87%增至12.36%。2010年年底,已有8家试点银行投资设立基金管理公司。

(2)积极探索银保深层次合作,2006年4月,银监会与保监会举行高层会谈并出台《关于进一步规范银行代理保险业务的通知》规范性文件,探索银保合作新模式,鼓励合作各方对产品创新进行深入研究,增进对彼此经营模式、风险和产品的了解,以更好地满足不同层次金融消费者的投资理财需求,商业银行与保险公司共同推进新产品开发,不断丰富市场新产品供给能力。

(3)商业银行与租赁公司、信托公司综合经营取得新突破。2007年1月,银监会印发《金融租赁公司管理办法》,允许商业银行试点设立金融租赁公司。截至2007年年底,5家银行筹建金融租赁公司已获银监会批准,其中3家开业。2008年,银监会批准苏格兰皇家银行公众有限公司、摩根士丹利国际控股公司、中国民生银行、中国华融资产管理公司、中国信达资产管理公司、中国华电集团公司、华能资本服务公司等境内外机构投资者入股信托公司,对信托公司的公司治理有效性、风险管理能力、战略规划能力和业务创新能力等核心竞争力的提升产生了积极作用。2010年,银行业金融机构认真吸取国际金融危机的深刻教训,坚持以"风险可控"为前提,审慎开展综合经营试点工作,探索开展商业银行投资保险公司、信托公司股权,投资设立金融租赁公司和消费金融公司试点工作。截至 2010 年年底,已有 4 家商业银行获批成为投资入股保险公司试点机构,7 家商业银行设立或投资入股 7 家金融租赁公司,2 家商业银行投资入股 2 家信托公司,3 家商业银行设立或投资入股 3 家消费金融公司。银行业综合经营试点工作稳步开展,对新形势下银行业满足公私客户多元化和综合性金融服务需求做出了有益的探索和尝试。

(4)推动商业银行开展代客境外理财业务。2006 年 4 月,银监会与人民银行、国家外汇管理局联合印发《商业银行代客境外理财业务管理暂行办法》,单独发布《关于商业银行开办代客境外理财业务有关问题的通知》。截至 2006 年年底,18 家中外资商业银行取得了该项业务资格,11 家中外资银行共推出 14 款产品,人民币认购额达到 30 亿元,外币认购额达到 1.3 亿美元。

在银监会的大力推动下,商业银行代客境外理财业务得到平稳健康发展。截至 2007 年年底,共有 23 家中外资银行(12 家中资,11 家外资)取得开办代客境外理财业务资格,其中 21 家中外资银行(12 家中资,9 家外资)共取得 166 亿美元境外投资购汇额度;16 家中外资银行推出 262 款银行 QDII 产品,人民币销售额达到 414 亿元,美元销售额为 12.5 亿元。但是随着欧债危机的发展,也改变了我国商业银行代客境外理财业务的环境,近几年业务发展缓慢。我们相信,随着全球经济走出危机,商业银行代客境外理财业务将会出现一个繁荣的时期。

(5)商业银行参与债券交易、境内黄金期货交易等试点工作也不断推进。按照国务院金融促进经济发展相关政策措施的要求,银监会会同证监会联合开展工作, 明确上市商业银行申请在证券交易所参与债券交易试点应具备的条件, 并对试点上市商业银行相关业务的风险管理及业务限制提出要求。针对商业银行参与黄金期货业务,进一步完善相关监管规则和管理流程,并加强监管协作沟通。中国工商银行、交通银行、中国民生银行、兴业银行等四家银行已经获上海期货交易所自营会

改革中的中国金融

员资格。

(二)商业银行产品创新的特点

1.金融业务综合化,呈现出合作化和专业化的双重趋势

就微观金融企业之间而言,互相参股、控股活动日益活跃,信托与租赁、银行与信托、保险与银行机构之间联手打造的金融产品层出不穷。我国商业银行通过组建金融集团、设立基金公司以及设立保险公司,不断扩大创新资产业务、负债业务和中间业务,尝试银行资金的跨业流动,如开展高科技贷款、个人消费贷款、CPS票据业务(以票据为核心的企业短期融资解决方案)、金融租赁业务、投资及信息咨询业务、设立基金管理公司和保险公司、开展资产证券化业务试点工作等。一方面,金融机构之间的合作与融合不断增加和深入,不但有金融机构签订合作战略协议,还有一些金融控股公司出现,从股权层面上实现更为紧密的融合,甚至产业与金融机构的合作与融合也在不断加深。合作的内容从股权投资发展到共同开发产品、共同开展业务、实现资金相互融通等。但合作主要局限于互为客户、可共同开发的客户上,还属于简单的组合性创新,对现有工具基本要素重新分解与重新组合的整合性创新很少。另一方面,在强调机构间合作的同时,出于市场专业化服务的需要,一些专业化的、服务于某些特定客户群体的金融机构又在不断涌现。例如一些银行、证券公司纷纷把数据、清算、个人理财等业务集中,成立各种各样的中心,部分已经或正在将其公司化。金融机构的业务外包,特别是研发业务外包的现象越来越普遍。

当然,由于受我国金融市场工具和交易手段有限、市场分割和分业经营等因素影响,其创新的空间仍受到一定的限制。虽有创新,仍主要集中于不同金融机构之间代理业务及简单的混合产品开发。相当多的产品的投资模式与风险管理还都处在概念层次,距离实质性的创新尚有一定的距离。

2.金融产品创新以吸纳和模仿为主,创新处于较低层次

创新基本停留在以争夺市场份额为重点,是尚处于初级阶段的创

新。一是缺乏系统性和战略性。股权、组织结构的创新没能落实到业务、产品创新上，一些业务、产品创新也没有从组织、股权结构上给予配合，两者之间存在一定的脱节，仍停留在各自层面上。金融机构在对金融创新的鼓励和支持的选择上，战略意图不明确，基本上以机构内部部门为主体，是市场推动的被动创新，缺乏主动从机构整体进行统一战略安排，没有确立自己的发展战略，没有有意识地培育自己某方面的创新特长以形成核心竞争力，具体表现为各商业银行的创新产品的同质化现象及各自为战的现象，深刻表明多数金融机构还没有从公司战略高度安排创新策略。二是创新尚处于未对成本风险收益进行细致测算的模仿型创新阶段。很多商业银行的一系列创新主要来源于对海外产品简单、形式性的模仿，这是一种较为简捷的创新途径，有一定的可取之处。但由于缺乏前期对市场的深入调研及对产品在我国开展应有的成本收益的测算，风险较大。各银行的银行卡业务重复引入，重复创新，业务与风险特性雷同，成本效益问题突出。有些模仿甚至背离了原来产品与组织框架的精神实质，仅为了取得概念性的品牌效应，导致创新的实际效果出现较大偏离。

3.创新规模小，主要表现为数量扩张，质量较低

从已开办的新业务的发展水平来看，由于受到内外部条件的限制，我国商业银行新业务的发展规模较小，在银行的整体业务规模中占比低，难以起到调整优化整体资产负债结构的作用，也难以产生相应的规模效应。我国现有金融创新的重点放在易于掌握、便于操作、科技含量小的外在形式的建设上，如金融机构的增设、金融业务的扩张等，而与市场经济体制要求相适应的经营机制方面的创新明显不足。有一些创新不是从客户、市场出发，不是从利润出发，而是以提高知名度、抢占市场份额为主，较少从战略角度进行思考，创新的金融技术含量低，其利润增长有限，且易于被交易对手所模仿。

4.个人金融产品的开发创新受到越来越多金融机构的高度青睐

随着居民收入的不断提高，个人财富的不断积累，特别是拥有百万

改革中的中国金融

资产以上个人数量的不断增长,以及电子技术与网络技术的发展,使得交易成本大幅降低,在当前我国形式多样的金融创新中,各种面向个人的创新产品不断推出,这是创新产品中的重点。面向普通大众而言,银行卡功能不断刷新,各类基金信托、炒汇工具、消费信贷新品种不断出现,特别是以富有个人为主要对象的理财业务创新成了近期金融机构争夺的重点,这些业务综合了银行、信托、证券投资等功能,不断开发出不少信托产品、房地产基金等各类私募型基金服务,但是真正满足量体裁衣式的个人理财服务还处于刚刚起步阶段。

5.金融交易电子虚拟化、活动国际化

我国几乎所有大中型商业银行都开办了电子银行业务,已初步形成了以互联网、电话和手机为渠道,包含信息查询、支付结算和投资交易等多种功能,覆盖企业、个人用户的电子银行网络,2010年交易金额达到 628.52 万亿元。同时,中资银行开展了代客境外理财业务,引导国内资金投向国外安全、稳定的金融产品,从而使我国资本进入了国际市场,优化了中资银行的业务结构。

6.金融产品创新遵循政府供给导向的创新模式,自主创新不足

近年来,监管当局直接介入产品创新过程的行为减少,但仍直接干预产品进入市场的时机,一发现风险会直接限制,指令性限制某个产品的销售等。尽管商业银行也努力创新,但要符合监管当局的要求和政府的阶段性安排,在较大程度上限制了商业银行加强创新的积极性和效率,创新的演化效应必然受到影响。近年来,商业银行产品创新环境改善,市场竞争压力加大,银行机构的自主创新积极性不断提高,产品创新活跃。当前创新的活跃一定程度上得益于政府监管部门的鼓励,政府在鼓励创新方面主要体现在四个方面:一是不断给予金融机构新的发展空间,逐步放宽机构与市场(产品)的准入;二是对市场上一些创新从审批制过渡到备案制,并且为能产生大量创新的领域给予明确的利润空间的鼓励;三是政府部门从监管需求角度,提出一些带有强制性、半强制性的制度创新;四是政府批准成立一批新的金融机构,对金融企业

在组织与股权结构方面的创新给予承认等。

然而,政府监管部门的很多监管制度没有适应市场发展的实际需要,出现了脱离创新要求的被动局面。因此,基于市场竞争日益激烈的局面,政府主导型创新将被金融机构主导型创新所替代。

(三)商业银行产品的创新效应

金融创新是金融市场发展的关键,创新让金融市场充满活力并向广度和深度发展。我国银行业经过多年的改革和发展,特别是近年来的股份制改革,商业银行在资产质量、资本充足率、公司治理结构、人才储备以及风险管理等方面都有显著提高。目前,银行业整体的外部环境和内部机制都有很大变化,金融产品创新速度加快,创新产品在若干领域产生了积极影响,不但提升了我国商业银行的综合竞争力,扩大了金融市场规模,丰富了产品种类和层次,而且推进了利率、汇率的市场化进程。

1.金融创新提高了银行金融机构的运作效率

首先,金融创新通过大量提供具有特定内涵与特性的金融工具、金融服务、交易方式或融资技术等成果,从数量和质量两方面同时提高需求者的满足程度,增加了金融商品和服务的效用,提高了资产的流动性,减轻了商业银行的"存短贷长"的期限错配现象,提高了资本充足率,从而增强了金融机构的基本功能,提高了金融机构的运作效率。其次,金融创新提高了支付清算能力和速度。计算机引入支付清算系统后,使金融机构的支付清算能力和效率上了一个新台阶,提高了资金周转速度和使用效率,节约了大量流通费用。再者,金融创新大幅度增加了金融机构的资产和盈利率。现代金融创新涌现出来的大量新工具、新技术、新交易、新服务,使金融机构积聚资金的能力大大增强,信用创造的功能得到发挥,使金融机构拥有的资产存量急速增长,提高了金融机构经营活动的规模报酬,降低了成本,加之经营管理上的创新,金融机构的盈利能力增强。

2.金融创新提高了金融市场的运作效率

首先,金融创新提高了市场价格对信息反应的灵敏度。金融创新通

改革中的中国金融

过提高市场组织与设备的现代化程度，使金融市场的价格能够对所有可得到的信息做出迅速灵敏的反应，从而提高价格的合理性和价格机制的作用力，推动利率市场化。其次，金融创新增加了可供选择的金融商品种类。现代创新中大量新型金融工具的出现，使金融市场所能提供的金融商品种类繁多，投资者选择性增大。面对各具特色的众多金融商品，各类投资者很容易实现他们自己满意的效率组合。特别是远期外汇交易和人民币与外币掉期交易的推出不但为企业和商业银行增加了汇率风险管理和套期保值的工具，满足了避险要求，而且为市场提供了未来汇率走势的重要信号，它在一定程度上影响市场的预期，最终影响即期市场的价格水平，推动汇率市场化。第三，金融创新增强了剔除个别风险的能力。金融创新通过提供大量的新型金融工具的融资方式、交易技术，增强了剔除个别风险的能力。投资者能进行多元化的资产组合，还能够及时调整其组合，在保持效率组合的过程中，投资者可以通过分散或转移法，把个别风险减到较小程度。第四，金融创新降低了交易成本，使投资收益相对上升，吸引了更多的投资者和筹资者进入市场，提高了交易的活跃程度。

3.金融创新提高了金融整体经济运作的经济发展效能

这个效应一般是通过金融创新对总体经济活动和经济总量的影响及其作用程度体现出来的。首先，提高了金融资源的开发利用与再配置效率。现代金融创新使发达国家从经济货币化推进到金融化的高级阶段，大幅度提高发展中国家的经济货币化程度，导致金融总量的快速增长，扩大了金融资源的可利用程度并优化了配置资源效果。其次，金融创新使融资成本降低，有力地促进了储蓄向投资的转化；金融机构和金融市场能够提供更多更灵活的投资和融资安排，从总体上满足不同的投资者和筹资者的各种需求，使全社会的资金融通更为便利；逐渐消除了各种投资与融资的限制，各类投资、融资者实际上都进入市场参与活动，金融业对社会投资和融资需求的满足力大为增强；金融业产值的迅速增长，直接增加了经济总量；增加了货币作用效率，等等。

4.金融创新增加了金融业的系统风险

金融创新工具对微观金融机构和投资者而言具有规避风险功能，这些创新工具在很大程度上起到了转移和分散风险的作用。但就整个金融系统而言，并不能从总体上减少风险。因为风险的转移和分散风险载体的改变，并不意味着金融业系统风险的消失或减轻。非但如此，某些新型金融工具的运用反而使金融业在传统风险的基础上面临新的风险。例如作为表外业务的四大金融创新工具——票据发行便利、远期利率协议、期权交易和互换交易，一般不反映在资产负债表中，透明度较差，其风险具有潜伏性和放大性，一旦爆发，就会给有关金融机构造成巨大损失甚至致命性打击，严重的还会引起金融恐慌。因此对金融机构的产品创新，监管当局需要给予充分的注意，加强监管。

三、证券产品创新

（一）证券产品创新现状

新中国证券市场起源于 20 世纪 80 年代国库券的发行、转让以及深圳、上海等地企业的公开募股集资活动。1990 年，上交所和深交所成立。随后，随着《公司法》《证券法》等一大批相关法律法规、规章及规范性文件的陆续颁布，我国证券市场从试点迈入逐步规范、快速发展的轨道。经过 22 年的发展，我国证券市场的发展虽然不乏曲折和坎坷，但仍取得了举世瞩目的成绩。统计表明，截至 2012 年 2 月 23 日，我国沪、深两市共有 A 股和 B 股上市公司 2424 家。截至 2011 年 12 月底，投资者股票开户数量达到 16168.25 万户。截至 2010 年 12 月底，A 股、B 股、封闭式基金、国债、企业债、可转债和权证总市值 27.72 万亿元。以证券公司为核心的证券中介机构和机构投资者队伍不断壮大、日趋规范，根据中国证券业协会统计数据，截至 2012 年 2 月，全国共有 109 家证券公司、89 家证券投资咨询公司、64家基金管理公司、6 家资信评估机构等，QFII、保险公司、社保基金也都迅速成长为重要的机构投资者。我国证券市场在改善融资结构、优化资源配置、促进经济发展等方面发挥了十

改革中的中国金融

分重要的作用,已成为我国社会主义市场经济体系的重要组成部分。

目前证券公司一直存在比较严重的业绩波动与同质化竞争。数据显示,证券行业 2010 年净利润 776 亿元.同比下降 17%。经纪佣金、承销、资管和自营同比分别增长 −24%、80%、37% 和 −11%。佣金率为 0.098%,同比降低 22%。2011 年行业净利润同比甚至下降近五成。国内证券公司业绩波动明显,原因在于券商盈利仍然主要靠传统的经纪与投行业务,而佣金率大降则反映了这种同质化竞争的激烈程度。特别是个人投资者所占市场份额下降很快,股票有效账户增长乏力的情况就更加严重。(见表 7-5)

表 7-5　证券市场股票有效账户数

年份	股票总账户(万户)	股票有效账户数(万户)	增长率
2007	11504.61	9280.95	—
2008	12941.23	10449.69	12.60%
2009	14674.00	12037.69	15.23%
2010	16168.25	13391.04	11.24%
2011	16960.49	14050.37	4.92%

资料来源:根据中国证监会公布统计报告整理

证券行业的解决之道在于证券创新。证券市场创新是指优化证券市场结构,通过创新丰富交易品种来改变证券市场结构单一的现状,尽快实现市场结构多元化,交易品种多样化,促进证券市场快速发展,为证券市场发展和参与国际竞争奠定基础。但是由于金融创新具有复杂性,推出证券创新产品,将有一个谨慎与渐进的过程。

我国证券市场的主要产品——股票、债券、权证和封闭式基金已经具备一定的规模,但还存在产品结构不够完整、主要品种结构失衡、信息披露制度不健全等问题,具体表现在:

1.产品结构不够完整,主要品种结构失衡

目前我国证券市场产品不够完整,主要集中在股票、债券、权证和证券投资基金,2010 年推出了股票指数期货、融资融券等业务,但是缺乏股票期货、股票期权等海外成熟市场的主流产品。在原有格局之下，我国公司债多头监管，分割交易，导致股票市场和债券市场结构失衡。债券产品规模小、品种少，企业债券规模偏小，且基本都是长期债券，导致交易所债券的长期萎靡，债券市场发展滞后于我国证券市场的总体水平。由于二板市场、场外交易和产权交易体系还没有建立，市场其他可以交易的金融产品也很少，投资者选择投资的空间狭小。

2.金融衍生产品品种单一，难以满足需要

虽然近年来我国金融衍生品种类在不断丰富，但总体上依然局限于利率类和外汇类两大类，而信用类、商品类和股票类仍处于空白状态。就实践而言，我国多个品种的金融衍生品运用中的风险并未有效转移，反而扩大。我国证券市场产品种类有限，又缺乏可以对冲风险的金融衍生产品，难以满足投资资本多样化的收益和避险需求。

（二）证券产品创新的特点

包括证券创新在内的金融创新不仅应需求而生，亦在一定程度上被外在压力迫使，并且这种内在需求与外在压力往往交织在一起。2010年股指期货与融资融券业务的推出，既是在机构投资者兴起与财富管理升级大环境下应投资者套期保值等需求而生，亦是为规避类似2007年与2008年证券市场大幅波动的风险而生。目前证券创新的特点表现为创新多样化、融资方式证券化、证券创新表外化、金融市场一体化。证券创新产品的主要功能是：规避风险、发现价格、降低信息不对称性、构造新的投资组合等。

四、保险产品创新

（一）保险产品创新的现状

伴随近年来我国保险业的高速发展，我国保险产品创新也取得了长足的进步。目前我国保险产品创新的现状如下：

1.我国传统保险产品创新比较活跃

传统的保险产品在过去几年得到了很大程度的创新发展，主要体

改革中的中国金融

现在:一是通过市场细分有针对性地设计产品。保险公司进一步细分保险市场和客户,为特定保险标的、特定人群开发设计了大量保险产品。二是拓展营销渠道,开拓业务创新产品。保险公司大力拓展销售渠道,通过将渠道扩展至银行、证券、邮政、网络、超市、电话等多方面,实现由传统的"以产品定渠道"到"按渠道定产品"的模式转换,进一步挖掘和整合渠道资源,在对传统业务流程进行改造的基础上实现产品创新和业务扩展。三是产品重新组合创新。许多传统保险工具经过内部功能整合和服务捆绑,优化了产品结构和品牌形象,满足了消费者日益多样的需求。其中较为成功的产品包括投资联结保险、万能寿险、分红保险和投资型非寿险产品。投资联结保险将保单的保险利益与独立投资账户的投资业绩捆绑,投资收益将全部分摊到投资收益账户内,归客户所有,同时,投资的风险也由客户承担,保险公司只是就投资的运作和管理收取一定的管理费和手续费。该产品的投资收益绝大部分所有权不属于保险公司,而属于投保人本身,这不仅丰富了投保人的投资渠道,而且有利于投保人进行长期投资规划。万能人寿保险又称综合人寿保险,通常具有投资联结保险的所有特点,但比投资联结保险在缴费、保额变动等方面具有更大的灵活性。该类产品在保证最低收益、允许保单所有人与保险公司分享超额的投资收益方面又与分红保险相似。分红保险,就是指保险公司在每个会计年度结束后,将上一会计年度该类分红保险的可分配盈余,按一定的比例,以现金红利或增值红利的方式分配给客户的一种人寿保险。相对于传统保障型的寿险保单,分红保险向保单持有人提供的是非保障的保险利益,红利的分配会影响保险公司的负债水平、投资策略以及偿付能力,有利于我国寿险公司规避利率风险,保证自身的稳健经营。投资型非寿险产品是带有投资性质的保险产品,该产品在提供保险保障的同时,保险人对投保人一定数量的投资资金代为投资运用,所得的收益按照合同约定返还给投保人或被保险人。

2.保险衍生产品创新尚处于初级阶段

保险衍生产品是保险市场与资本市场融合的典型产物。由于我国市场基础比较薄弱,保险期货、期权、巨灾债券、寿险产品证券化等一系列保险衍生产品的发展尚未成型,在利用期货、期权作为风险管理的手段来避免或减少财产损失、替代传统的保险产品方面仍处在尝试阶段。随着巨灾债券、巨灾期权、气象指数期货等衍生产品的发展,保险市场传统的以再保险为主的风险转移机制开始扩大到资本市场。《中国保险业发展"十二五"规划纲要》提出"要加大再保险技术引进力度,加快再保险业务创新发展,提升风险管理水平,探索发展非传统再保险业务"。可以相信,随着我国市场的不断成熟、法律法规的不断完善等,在未来一段时间里,我国保险市场将逐渐出现这类结合金融衍生工具开发出的新型保险金融衍生产品。

(二)保险产品创新存在的问题

目前我国保险产品创新存在的问题也不少,主要表现在:

1.保险市场内部创新能力不足,简单照搬的模仿型创新成为主流

我国保险公司尤其是内资保险公司管理粗放, 制约我国保险企业创新水平的提高,因此模仿成为我国保险产品创新的主要方式,在我国热销的保险产品中多数仍是由保险业发达的国家引进的。国内保险市场从海外保险公司引进先进的产品开发、产品服务和创新机制,这对我国保险业整体水平的提高起到了重要作用。但同时更多情况是国内保险公司仅仅将国外的成熟产品进行了一些简单的模仿甚或直接照搬,而不注重按照本国国情进行消化吸收。一些在国外比较好的产品在我国保险市场却存在水土不服,效果大打折扣,甚至成为保险机构经营中存在的"隐患"。

2.保险产品的创新思路与核心价值偏离,尤其是寿险产品表现明显

保险存在的核心价值在于风险管理和风险保障,而储蓄和投资功能均属于其衍生功能。近年来由于资本市场的持续活跃,投资型保险产品受到市场的热烈追捧,以致国内保险机构在产品研发上过于强调其投资功能,使得保险的保障功能被不断地弱化,保障功能甚至一度成为

投资理财型保险产品的附属功能,其中寿险表现特别突出。一是寿险产品定位缺陷。许多寿险产品轻保障,重储蓄投资,与银行储蓄投资产品差别不大,所以宏观形势一变,就可能出现所谓"与银行理财产品竞争乏力"的问题。二是寿险产品设计缺陷。很多应当纳入保障范围的责任没有纳入保障范围,都放到责任免除中去了,比如意外险的责任免除太多了。三是寿险产品定价缺陷。有些产品赔付率太低,只有百分之十几。赔付率太低的产品是"不道德"的产品,若赔付率太低,该产品的正义性和合理性将遭到质疑。四是寿险公司服务缺陷。最突出的是销售误导和理赔难,让消费者对寿险失去信心,如分红险、万能险和投连险等。虽然在改革开放过去的30多年中,我国经济水平取得了长足发展,但是相对于西方发达国家而言,我国人均收入仍然处于较低水平。在大部分民众的基本风险保障仍未被满足的情况下,国内保险机构过分强调保险的投资理财功能,使得保险业的发展建立在小部分富裕群体的理财需求之上,而大部分民众的基本保障需求则被漠视。这样一来,我国保险业就如同无本之木,失去了其发展的坚实基础。2011年我国寿险增长明显放缓,遇到发展瓶颈在所难免。

3.市场研发与需求脱节,陷入同质化困境

缺乏系统的市场调研,缺乏对市场需求深入认识和把握,使得现阶段国内保险公司不得不简单模仿市场上比较成功的产品,进而使得各保险公司提供的保险产品之间条款差异非常小,以致各公司业务结构基本雷同,保险产品的同质化现象比较严重。险种同质化的倾向说明保险机构在保险产品研发上未做到"有效创新",而真正的有效创新的首要前提之一是以科学的市场调研为基础,对目标客户的风险保障需求、经济水平、市场供给状况等进行详细的调查研究。随着经济的发展与科技的进步,人们面临的风险以及对保障的需求也在不断发生着变化。产品的研发只有建立在详细的市场调研基础上,对保险客户的需求进行全面、深入的了解,才能真正满足消费者的需求,适应市场需求的多样性,从根本上解决保险市场上有效供给不足的困境。

4.外在制度和技术限制束缚了保险产品的创新

外在制度制约保险市场产品创新主要体现在两个方面：一是现行的政策扶持力度不够,影响了保险创新的发展;二是对已经取得的一些创新成果缺乏配套的保障措施,尤其是税法和金融衍生工具会计制度的支持。纵观我国现行的税收制度,关于保险业的规定略显粗糙,其中关于创新型保险产品的规定少之又少, 仅有的几条规定也存在不少缺陷。创新涉及的是新产品、新服务、新流程,它是一个系统,需要得到各个环节的技术支持。在重点发展创新的同时,知识产权保护、风险管理机制等各个环节都要启动。没有高科技含量的创新很容易被别人抄袭,创新的优势也就难以长久。如何保护创新中的高附加值和高科技含量、追求创新业务的稳定性是目前保险产品创新的薄弱环节。

第二节　金融产品创新的风险及其防范

一、金融产品创新的风险及其形成原因

金融产品创新一方面有助于规避金融风险和提高金融效率, 有助于货币融通、金融体系稳定和金融发展安全;另一方面,可能带来金融脆弱性、危机传染性和系统性风险,并给金融监管带来巨大挑战,对金融安全产生负面冲击。在金融动荡期间更将可能产生信用骤停,严重影响货币资金的融通安全,对金融安全造成重大威胁。2007 年开始出现的美国次贷危机就是由金融创新过度、滥用金融工程技术、银行业逐利投向高风险领域等引发的多层面的金融创新风险所致。

从交易主体的视角来看,金融产品创新的风险可以分成设计风险、信用风险、操作风险、流动性风险、市场风险、法律风险等几种风险,这些是由创新金融产品设计过程、交易过程中的各种不确定因素而导致的风险,另外也有人为操作、市场存在缺陷以及合同欺诈等产生的风险。带给交易主体的各种风险是相互联系、相互影响的,是一个由多种

风险交织在一起的彼此制约的复杂链条。如果站在更大的视角看,金融创新产品自身隐含的缺陷,创新金融工具扩大了货币供应的主体、加大了通货膨胀的可能性以及创新金融工具弱化了金融监管的有效性,增加了监管难度等因素是金融创新产品风险的形成原因。

在我国,金融机构风险管理组织架构还不完善,风险量化管理技术落后,缺乏风险对冲的工具等使得风险管理机制有待提高,也制约了我国金融机构风险管理的现代化进程,更增加了风险的不确定性。

二、商业银行产品创新的风险防范

(一)商业银行产品创新的风险

商业银行产品创新的风险主要为市场风险、信用风险、流动性风险、操作风险和法律风险。目前,我国商业银行金融产品创新种类少、参与主体较少、风险来源相对可控、监管严格,相对丁欧美复杂的金融产品创新及其风险传播链条,我国商业银行的产品创新链短,一般仅仅包括商业银行、产品承销机构和投资者三方,风险流向较为简单,风险传染轨迹较为明晰。

尽管如此,我国商业银行产品创新风险也不可忽略,及早认识到金融产品创新的风险性对我国商业银行发展具有重要意义。一是商业银行产品创新具有风险隐蔽性。金融创新只是转移了金融风险,缺乏专业知识的普通投资者很难确切知晓这类产品的风险程度,投资者和整个金融系统都将处于高风险状态,只是后延风险爆发的时间。二是商业银行产品创新对流动性的依赖导致了其风险放大效应。金融产品创新是商业银行等金融机构在传统业务基础上为提高其资产流动性、分散风险或逃避监管而创造出来的金融产品,因此对现金流具有很高的依赖性。在流动性不足的情况下很容易对整个金融系统产生更大的叠加压力。其三,商业银行产品创新具有较高的风险集中性。商业银行产品创新只能转移风险,却不能消除风险,产品创新还派生出了新的风险。因而当金融市场出现变化时(如利率上升、投资者不信任等),风险就会集中爆发,造成叠加效应,对风险起到倍加和放大效果,使得风险爆发后的结果更难控制。其四,商业银行产品创新的杠杆性使得其风险具有较强的不可控性。产品创新由于其派生的复杂性、与生俱来的高风险性、参与主体多且逐利性强、在流通过程中的高杠杆交易等因素,使其在风险披露后也依然具有极强的不可控性。

(二)商业银行产品创新风险的防范

金融产品创新是商业银行的战略选择,在这种战略导向下,建立完善的金融产品创新的风险防范体系是维系商业银行安全的基本要求,也是维持国家金融安全的基础。因此,我国商业银行产品创新的风险管理至关重要。本书认为,从微观上讲,商业银行产品创新需要建立企业战略意识、管理机制、产品设计与制度创新四维度的风险管理体系。

1.建立商业银行产品创新风险防范战略

风险管理战略及其弥漫于商业银行全体员工的风险意识是风险管理的基础,对于商业银行产品创新的风险防范而言,建立风险管理战略是基础性工程。在现阶段我国金融机构创新性产品品种单一、服务简单、利润严重依赖于传统业务和简单中间业务的情况下,开展金融产品创新尤为重要。首先,从战略上应该认识到,商业银行产品创新风险是可以被认识并进行管理的,关键是掌握金融产品创新的规律、参与主体、风险来源、关键环节等要素。其次,商业银行在开展金融创新时,要将风险管理放在首位并将之切实贯穿到金融创新及各项业务开展的环节中,确立风险管理的主导地位,把风险管理置于与金融创新同样的高度,并通过在全企业建立风险文化将风险管理内化到每一个员工,包括技术管理人员、产品研发人员、一线服务员工等,在金融产品开发、销售、售后服务等所有环节建立风险意识。其三,产品创新的风险控制不仅要着眼于眼前,还要延伸到未来,考虑到不同种类的产品创新之间的风险互动和强化效应。其四,商业银行产品创新风险管理还要坚持开放战略,加强国际交流与合作,提高创新性业务鉴别能力,防范或减少金融产品创新风险的国际输入。

2.完善商业银行产品创新风险管理机制

风险管理机制涵盖金融产品创新全过程。首先,商业银行必须在分析产品创新链和风险链基础上,建立起完善的产品创新风险跟踪和反馈市场变化的风险管理机制, 在产品研发部门设立风险跟踪人员,专职研究跟踪、监测、反馈金融产品的风险状况。其次,建立风险预警机制,完善各类风险计量方法和披露制度,建立适合我国银行业的现代计量方法和模型,以实现对客户的动态监控。其三,完善我国银行业风险控制体系和方法,探索合理的呆坏账准备金制度,建立对行业信贷风险的管理机制, 强化银行创新性产品售出后的风险管理。其四,建立新型的金融组织间的合作机制、银行—企业间合作机制。商业银行要与其他金融组织建立联合产品创新机制,分散风险,但要防范创新链上的风险合谋。商业银行与企业之间则要建立合理的、长期的互利合作关系,突出资源共享,分散风险。其五,重视金融创新链上的风险传染,过度的金融创新(诸如美国次贷产品创新上的复杂金融工具和金融主体)会导致市场约束机制的失灵,继而引发风险在不同创新主体之间的传染,我国商业银行应着力构建面向业务和面向流程的风险免疫机制,发挥金融产品创新的风险分散作用,克制其风险传染。

3.从产品设计上降低风险发生的可能性

如果创新型金融产品本身的风险是可控的,那么,商业银行金融创新风险都将处于银行掌控之中。但是,金融创新与风险却是共生的,这就造成了矛盾, 化解这种矛盾的关键是明晰并科学界定金融产品的风险及风险规律。要科学设计信贷产品和金融衍生品,谨慎创新与应用。美国次贷危机爆发的重要原因之一在于贷款公司和银行为了营销推出了一系列金融创新产品,将贷款证券化,把风险从银行账本上转移到资本市场,由于高杠杆作用,衍生产品价值与其真实资产价值完全偏离,放大了相关投资和交易风险。尽管这种金融创新产生于金融产业高度发达的美国,在我国暂无发生的条件,但是,这毕竟对我国商业银行具有警示意义。商业银行必须审慎经营,科学设计信贷产品、理财产品和金融衍生品。在产品设计、创新与应用过程中,要重视宏观经济、行业及公司研究,充分利用金融市场的各方研究成果,全面把握宏观经济走势与具体产品的关系,科学使用资产证券化手段。应把谨慎经营原则贯彻在银行金融产品设计与每一单合约执行的过程中,并对无风险约束下的市场行为与潜在风险的平衡状况进行评估,以防患于未然。同时在进行金融创新时,要将产品内含的隐性风险分析透彻并进行适当的披露,制定相应的风险管理措施,从而避免次贷危机的类似问题在我国出现。从产品设计上降低风险发生的可能性是降低商业银行金融产品创新风险的根本,我国商业银行要吸取国外教训,根据我国国情,在监管机构的监督下进行产品创新,创新国外金融衍生品模型并创制适合我国的产品模型。

4.推进金融制度创新

如同企业制度之于企业的重要性,金融制度创新是商业银行产品创新的基石,是所有类型金融创新的基础。不少金融风险根源于制度风险,推进金融制度创新是基础性工作,应该属于商业银行基础设施建设的一部分。根据创新理论,金融产品创新实际上是对现有金融制度约束的一种突破。因此推动金融创新,首要是要推动金融制度层面的创新。这样一方面可以消除资金流动的制度瓶颈,促进资金在不同市场之间合规、有序地流动,提高资金的使用效益;另一方面则通过制度层面的创新,为金融创新在业务发展方面营造稳定环境,降低金融创新的业务风险,增强投资者的信心。同时,制度创新本身也要求商业银行从系统角度分析其内部问题,建立坚实的风险管理体系。因此,金融制度创新是达到商业银行与金融创新互相促进、共同发展的根本途径。无论商业银行产品创新的种类多么繁杂、程度多么深广,其风险控制策略仅仅是操作层面的行为,而银行金融制度创新则是基础层面的行为。

三、证券产品创新的风险防范

(一)证券产品创新的风险识别

风险管理首先要对风险因素进行识别，证券产品创新的风险识别主要是对证券公司开展业务产品创新在法律、政策、市场环境、业务管理和产品发展前景等方面可能遇到的困难和不确定性进行识别。

1.法律政策风险

法律政策风险反映在两个方面：一是我国证券市场受法律政策影响非常大，政策的改变影响股市、债市的波动，从而对证券创新业务产生不利影响；二是政府对证券公司监管政策的改变直接影响证券公司的经营，监管加强时，证券公司的经营风险加大。我国已制定《证券法》、《证券公司管理办法》、《证券公司内部控制指引》等法律法规来监管和评价证券公司风险。在业务创新方面，证监会先后发布《关于推进证券业创新发展有关问题的通知》和《试点证券公司创新方案评审暂行办法》。尽管法律法规体系在逐步完善，但与之相配套的实施细则和相关的法律，如《证券交易法》、《证券信誉评级法》等尚未制定。目前，证监会还在积极推动出台《证券公司监管条例》、《证券公司风险处置条例》和《上市公司监管条例》，有望为证券公司的监管和风险管理提供更为具体的制度保障。

2.市场风险

证券业受宏观经济的影响比较明显，随着经济运行的周期性变化，证券市场的行情也发生周期性变动。当市场利率、汇率、通货膨胀率发生变动时，也会引起证券价格变动，进而影响证券收益的确定性，给证券公司的业务创新在定价、营销、收益确定等方面带来风险。近年来，证券业内竞争越来越激烈，各券商在一级市场股票承销、二级市场代理以及业务创新等方面都展开了白热化竞争，那些竞争失败、经营不善的公司往往成为被兼并的对象。

3.业务管理风险

(1)券商的信用风险。表现在证券公司治理薄弱、"内部人控制"、道德风险突出。证券公司治理薄弱,使决策权过多集中于经营班子,容易造成经理层操纵董事会、董事会操纵股东大会的情况,会导致公司高层在业务创新过程中过多的冒险和违规操作,其后果具有很大的破坏性。

(2)券商的经营风险。这是指证券公司在业务创新过程中由于自身管理存在的问题、隐患,公司决策人员与管理人员在经营管理过程中出现失误而发生亏损的不确定性。证券公司可以通过正确的经营策略、科学的决策程序、一定的技术手段以及严格的内部控制管理,将这类风险降到最低程度。

4.创新产品发展风险

证券公司业务创新过程中会遇到来自技术、咨询、培训和推广等多方面的挑战,风险控制难度加大。如在新产品的设计、定价、营销及未来发展前景等方面存在诸多不可预料的因素,创新产品的管理规模、方式、期限、清算事宜,各类风险揭示及券商与客户承担风险的方式和比例,与创新产品有关的费用的提取与支付方式,当事人的权利与义务等业务细节都可能产生风险。

(二)证券产品创新的风险管理对策

1.建立有效的公司治理结构

加强对风险的控制,必须严格按照现代企业制度建立真正意义上的董事会、监事会领导监督下的总经理负责制的法人管理体制,完善公司法人治理机制,切实发挥股东大会、董事会和监事会的功能。利用正在进行的增资扩股和联合重组的时机,进行法人治理结构的完善和整合,健全风险管理的制度创新和管理手段创新。强化"独立董事制",履行"董事连带责任制",提高监事会地位,强化监事会职能。此外,防止"内部人控制"还需发挥社会监管力量,如实行准入审核制、常年会计审计制、定期与不定期报告制、定期述职制和离职审计制等。

2.建立科学的风险管理组织模式

风险管理的组织模式决定了证券公司产品创新风险管理的行为方

式和管理流程,因而也就决定了风险管理的决策和执行效率。理想的风险管理组织模式是建立监事会、风险控制委员会、职能性监管部门与业务部门的四级风险管理框架,形成以风险管理委员会为核心,经纪、投行、自营、资产管理等业务部门自律管理,稽核、财务、信息技术、法律等职能部门具体监管,监事会全局监督的风险管理相互制衡体系,对证券公司产品创新中的风险进行识别、评估、预警和控制。

3.建立健全风险管理的内部控制机制

建立严密有效的内部风险控制机制,是保证证券公司稳定发展的基础。证券公司应建立严格的证券产品创新试点工作程序,制定相应的内控程序和风险控制措施,明确责任人及其职责。要梳理工作流程,建立明确的岗位责任制,实现定岗、定人、定责,使每一个员工各司其职,互相监督。明确关键控制点,对在业务流程中起重要作用的控制环节进行重点监控。加强内部稽核的检查力度,把稽核审计放在证券公司整体风险控制体系之中,协调好审计部门与其他风险管理部门之间的关系,根据创新产品和创新交易方式的发展变化不断更新稽核思路和方法。建立事前防范、事中监控、事后把关的内部监督体系。完善文件记录控制,建立创新业务操作的规程手册、授权审批权限等文件,对要求进行内部控制的各个环节和措施都形成文字材料,有据可查。

4.建立高层次的创新队伍

证券公司的业务创新与风险管理依赖于具有丰富投资专业知识和技巧的专家,因此券商应加强人才的培养,大力发展业务研发队伍,这是未来证券公司的核心竞争力之所在。要提高创新人员的业务素质和服务手段,强化自律和诚信意识,树立科学、理性的投资理念,培养一批有正确风险平衡意识的经理人队伍,妥善摆正客户利益和券商利益的关系,拓展业务新领域,提高券商的竞争力和盈利能力。

产品创新是证券公司发展的源泉,也是降低风险的有效途径。针对目前金融市场投资品种单调、风险相对集中的现状,要不断探索和创新业务品种,学习和借鉴国外券商的先进经验,开发包括期货、期权、远期合约、资产担保证券等在内的金融衍生产品,同时创新服务方式,提高服务质量和客户满意度,探索出适合自己的创新之路。

四、保险产品创新的风险防范

（一）保险产品创新的风险来源

一般来说,保险产品创新的风险主要来源于以下几个方面:其一,信息的透明度问题。众所周知,传统的保单由于专业术语的艰深已令非专业投保人畏怯,而创新型的投资联结保险,再加上复杂的投资联结账户之后,保单变得更为复杂,难以理解。由于此类信息的误导而导致的对保险公司的诉讼已经极大地影响了保险业的声誉。其二,表外业务的风险。银行业从一般的存贷业务向资产负债表外业务的拓展给了保险经营很大的启示,近几年,保险公司的资产负债表外业务有了很大发展,但是也由此带来一些与传统的承保业务无关的其他风险。其三,创新型保险业务交易的安全性。网络保险的发展带来保险产品创新的同时也产生关于网络交易安全性的问题。要实现真正意义上的网络承保、理赔,保险欺诈是不得不克服的障碍。在国外,基于网络的保险欺诈已经给保险公司带来很大的损失。其四,来自投资的新风险。基于利率风险的保险产品创新,在极大地缩小来自银行利率变动带来的直接风险之后,却也使保险公司陷入证券市场的风险。"利差损"必然是要解决的,但是来自股市和基金的投资亏损也不容忽视。

（二）保险产品创新风险的防范

1.不断加强创新型保险产品的外部监管

外部监管是保证保险业稳步发展的重要保障,良好的外部监管能有效地防止风险的发生。可以采取以下几点措施:

（1）制定更为全面系统的法律法规,使保险监管真正地做到有法可依、有章可循。我国目前的相关法律法规体系还不完善,制定系统的法律法规能为创新型保险工具的监管提供法律上的支持和保障。

(2)加强对市场准入的监管。市场准入监管是防范产品创新风险的第一道防线。加强对市场准入的监管就能够从源头上有效地防范金融风险。各管理机构应该加强对创新型保险产品的审批,控制产品创新风险,确保保险市场的健康发展。

(3)建立保险创新风险预警体系。在金融创新方面,发达国家往往比我国有经验,我们可以在立足本国保险业的实际情况的基础之上借鉴发达国家(或地区)创新风险防范成功经验,做到防患于未然。

2.加强行业自律组织在保险产品创新风险防范中的重要作用

随着保险市场的不断发展,创新型保险产品的品种越来越多,产品设计越来越复杂,规模越来越庞大,监管部门很难对所有的交易进行全面的监管,而行业自律组织在产品创新风险防范中可以发挥积极的作用。因此,对于创新型保险产品风险的防范不能单单依靠政府的监管作用,更应该充分发挥行业自律监管的作用。监管当局应该采取各种行之有效的措施,充分调动市场主体自律管理的积极性,通过政府与行业自律组织的双重作用,加强对保险市场的监管。

第三节　金融产品创新发展趋势及发展路径

一、商业银行产品创新的发展趋势

1.商业银行电子银行快速发展,呈现替代营业网点业务的态势

电子银行业务不仅可以大大降低银行的运营成本,而且具备规模经济优势,其单位成本会随用户数量的增加而降低,因此电子银行业务具有较大的利润增长空间。随着信息技术和经济全球化的快速发展,电子银行已经成为维护客户关系、拓展客户规模、实现产品和服务创新的重要业务。发展电子银行业务取得的成效及其产品优势有:一是电子银行业务可以带动中间业务收入快速增长,其中电话转账业务发展尤为突出;二是电子银行可以有效分流柜面业务,缓解了临柜排长队的压

力,为网点转型提供了有力支持;三是电子银行可以吸引一些用户成为银行的忠实客户;四是电子银行可以发挥对物理网点的替代作用,大力发展电子银行业务,可以延伸服务半径,提供个性化的金融服务;五是电子银行业务可以增强网点对中高端客户的服务能力,发展电子银行业务、提高电子渠道占比可以加快客户分流,增强对中高端客户的服务能力。

目前商业银行纷纷对员工开展电子银行产品的普及性培训,还加大客户细分,开展针对性营销,积极促进单一电子银行产品营销向多品种综合营销的转变,将银行卡、网上银行、电话银行、本外币理财产品、集团理财等业务有机地融合在一起,为客户提供个性化、差异化的一揽子金融产品服务和个人理财服务,提高电子银行产品的综合营销效果。

2.商业银行中间业务成为商业银行激烈竞争的创新领域

商业银行中间业务创新竞争激烈,其发展呈现出"五大转变",主要体现为:一是在发展的内容和方向上已由分业经营向混业经营转变。由于金融创新的发展和金融体系的变革,国际的经营区域突破传统的限制,商业银行与非银行金融机构的界限日益模糊,中间业务的发展已涉及证券、保险等领域。二是由不占用或不直接占用客户资金向占用客户资金转变。有些中间业务在提供服务时,银行可以暂时占用客户的委托资金而扩大资金来源,使资产负债表的数值发生变化,推动资产负债业务的发展,形成中间业务和资产负债业务的互动趋势。三是由接受客户的委托向出售信用转变。随着金融国际化的发展,商业银行在办理信用签证、承兑、押汇等业务时,银行将提供银行信用,这时,银行收取的手续费既是银行经营管理效益的价值体现,也是客户给银行信用出售的补偿。四是收取手续费由不承担风险向承担风险转变。随着中间业务的发展,商业银行办理中间业务往往需要运用资金并承担一定的风险,如各类担保、承诺、代保管、承兑、押汇等,这时银行收取的手续费就不仅仅是劳动补偿,同时也包含着利息补偿和风险补偿。五是由传统业务向创新业务转变。商业银行出于规避风险、增强资产流动性和提高竞争能力以及盈利水平等目的,实现了传统业务的突破,业务范围涉及管理、担保、融资、衍生金融工具等众多领域,如从事票据发行便利、货币或利率互换、期货和期权等业务。

3.中小企业业务成为商业银行新的增长点

改革开放以来,在市场机制与政府推动的双重作用下,我国中小企业成长迅速,数量增多,活力增强,素质提高,已成为繁荣经济、增加就业、推动创新、催生产业和稳定社会的重要力量。然而融资难成为制约中小企业发展的瓶颈因素,特别是 2008 年以来,随着金融危机的不断蔓延,中小企业所面临的国内外经营环境更加严峻,融资难问题更为突出。中国银监会于 2008 年 12 月出台了《银行建立小企业金融服务专营机构的指导意见》,要求各政策性银行、国有商业银行、股份制商业银行根据战略事业部模式建立小企业金融服务专营机构,即主要为小企业提供授信服务。业务范围限于《银行开展小企业授信工作指导意见》(银监发[2007]53 号)中所包含的授信业务,即各类贷款、贸易融资、贴现、保理、贷款承诺、保证、信用证、票据承兑等表内外授信和融资业务以及相关的中间服务业务。事实上,银行业界已经对"处于资金饥饿状态的中小企业是银行业的最后一块蛋糕"观念形成了广泛的共识,近年来中外银行经营的实践发现,中小企业在数量上仅占整个贷款组合的 10%,但却为银行贡献了 50%的收入。大多数的私人银行业务客户都是中小企业业主,中小企业银行业务并不仅仅是中小企业信贷业务,存款和交易类产品是银行中小企业业务的主要利润来源。很多银行企业将中小企业视为需要进行业务渗透的关键领域。只是商业银行在经营过程中,需要进行切实的创新,因为小企业银行业务和中型企业银行业务是两种非常不同的业务,它们需要不同的商业模式、业务流程和拥有不同技能的团队。不管怎么样,中小企业银行业务具有巨大的发展前景。

二、证券产品创新的发展路径

1.组建金融控股集团,加快证券公司的业务流程再造

随着经济全球化和金融一体化的进程加快,混业经营和综合经营逐渐成为各国金融机构保持和提高综合竞争力的重要选择。从发展趋势上看,稳步推进综合经营、鼓励金融创新将是我国金融业今后发展的必由之路。那么从国际金融业的发展实践上看,组建金融控股集团是金融综合经营的一种有效的组织模式选择,可以起到"防火墙"效应、股权"杠杆"效应以及组织协同效应等,为创新提供一个有效的平台和机制。具体做法是以龙头证券公司为主,组建金融控股集团,这是我国"分业经营、分业管理"的现行金融监管体制下的现实选择和可行模式。组建金融控股集团,可以实行多元化经营,为证券公司开辟新的业务渠道,扩大业务范围和业务空间,增强盈利能力;可以利用各行业之间的互补性,有利于证券公司有效分散和规避经营风险,增加风险承受能力;可以整合金融服务产品,为客户提供全方位、"一站式"的综合金融服务,满足不同类型客户的多元化的需求,打造并提升综合竞争力。

我国证券市场快速发展,已经进入到客户主导的买方市场,客户成为证券公司最为核心的商业资源。"以客户为中心"的经营理念已经成为广大证券公司的共识,但是目前我国证券公司的传统的以"业务为中心"的服务模式已明显滞后。因此,我国证券公司必须适应国内外金融环境的变化,适时再造和优化业务流程,整合业务链条,建立"以客户为中心"的新的、有效的盈利模式,以增强客户服务能力,提升核心竞争力。业务流程再造要遵循观念再造、客户需求导向、符合证券公司整体发展方向、全员参与的原则。

2.完善相关政策法规和专利保护制度,营造良好的金融发展环境

首先要加强制度建设,健全相关法规体系,完善相关法规制度。特别是《证券公司监督管理条例》等制度的出台,有利于促进证券公司规范、稳健运作,提高运作的规范化程度。

其次是完善专利保护制度，主要目的是保护金融产品的自主知识产权，因为拥有自主知识产权的金融产品，特别是在信息化的新技术环境下，已经成为券商开拓市场、拓展市场空间、提高核心竞争力的利器。在做法上，一是逐步建立专利申请的全面的实质审查制度；二是加强对我国专利制度的宣传，使广大公众特别是国内企业正确认识我国的专利制度，增强专利保护意识；三是加强专利保护机构的建设，建立健全专利保护体系。

3.推进多层次的资本市场体系建设

发达和完善的资本市场体系是证券产品创新的重要推动力量。在我国目前现有的资本市场的背景下，要逐步健全创业板和场外交易市场；在股指期货交易市场发展的契机下，进一步发展金融衍生品市场；加快公司债券市场建设，完善债券市场监管体制，加强证券交易所市场与银行间市场的统一互联，等等。

4.改进监管方式，优化审批流程

证监会应进一步完善证券市场监管体制和行政审批机制，推进证券市场的市场化和法治化，为证券公司创新业务创造有利的监管环境和外部条件。一是改进监管方式，目前的行政管制式的监管不利于证券公司产品创新，对创新有明显的压制效应。为了支持证券业自主创新发展，加快形成创新机制，证监会应积极探索和总结以市场为导向、以需求为动力的行业自主创新的路径以及适应行业创新发展的监管原则和对策，实现行业自主创新与有效监管的良性互动。二是优化审批流程，监管部门实施审批应当遵循公开、公平、公正、效率以及便民的原则。

5.加大对证券创新人才的培养

市场竞争归根结底是人才竞争，证券业是典型的智力密集型行业，专业人才对证券来说至关重要，谁拥有了人才的制高点，那么谁就掌握了市场竞争的主动权，占据了市场的制高点。因此，证券公司在引进专业人才的同时,还要高度重视员工的专业培训,不断提升员工的道德规范水准,不断增强员工的业务能力和专业能力,提高员工的业务素质、专业素养和执业水平,为推动证券公司的自主创新奠定坚实的人才基础,提供有力的人才保障。

三、保险产品创新的发展路径

在竞争日趋激烈的保险市场,保险产品创新已俨然成为保险企业获得超额利润、取得竞争优势的源泉。但保险产品的易仿制性,又使得多数保险企业在主动选择创新还是等待其他企业创新后模仿的两种策略中举棋不定。针对保险业产品创新的困境,编者提出以下几点建议:

1.政府改善执政水平,引导行业积极发展

政府部门要将对保险市场的管理重心放在规范程序、信息披露、公平交易秩序等方面,着重建立市场约束机制,充分发挥信息披露与信用评级的作用。各相关政府部门应加强协调,推动解决在保险市场发展和保险产品创新中遇到的法律、会计、审计、税收等方面的制度问题。同时,要加强基础设施建设,进一步完善保险市场发展的风险管理体制和保险金融工具开发运行的规范,有效降低和控制金融风险。

2.适当制定对保险商业方法的专利保护

保险创新成本远比分析模仿的成本高得多,且一般低于模仿所带来的收益增加值,亦说明保险产品"先入优势"并不明显。同时国内企业的一味模仿国外企业的保险产品方式,也不利于国内企业的创新意识和能力的培养。制定对商业方法的专利保护,间接增加模仿者的模仿成本,保护保险企业产品创新成果,更加有利于维护创新企业的利益和积极性。

3.加强保险企业社会责任感建设

大型保险企业作为创新的主力军,引领产品创新的方向,大型保险企业应自觉以社会责任作为保险产品创新导向。企业对保险产品的创新不仅有利于企业自身风险管理,增加收益,同时,作为社会一份子的保险企业也应具有社会责任。因而创新的保险产品必然是被社会认可、承担社会责任、促进社会整体水平进步的产品,有利于企业的可持续发展,有利于行业的整体发展。

4.加强市场调研,开发适销对路的保险产品

保险产品开发要以市场需求为导向,进行产品创新时要进行充分的市场调研,对市场进行细分,了解不同市场的需求,针对不同需求开发相应的保险产品。新开发的产品要与销售渠道结合,针对不同的销售渠道,开发相应的保险产品,满足各个销售渠道的要求,并通过产品创新拓宽销售渠道。此外还应该注重与公司实际相结合,充分发挥比较优势,开发具有本公司特点的保险产品,尤其要加大原始创新的力度。保险企业核心竞争中除了产品外另一重要方面是服务,保险服务是其他企业无法模仿的。从保险企业战略角度进行转变,真正以客户为中心,在产品设计、营销、理赔中提升服务客户的意识,为产品创新夯实基础。

5.与其他行业多方合作,提高整体运营效果

近年来,保险业与银行业、证券业等其他金融业的联系进一步密切,证券投资基金、社会保障基金、企业年金等领域的发展进一步开拓了保险衍生工具的发展领域。同时,各个行业的进一步融合,一方面为保险业引进竞争机制,提高了管理技术水平,另一方面也使保险业有更大的风险转移空间和承接能力,进一步保障了其稳定发展。另外,其他行业的发展也能进一步为保险产品提供新渠道、新途径和新手段。

第八章

金融业走出国门 国际化进程加快

跨入 21 世纪以来,我国经济获得了长足发展,并取得了巨大的成就。在国际合作与经济全球化的国际形势下,我国的金融市场和金融产业融入国际市场参与竞争与合作,并吸收国外资本进入国内的市场,已是大势所趋,成为经济发展的必然。在经济全球化的情况下,一个国家很难脱离与他国的交流和合作而自我发展,而要参与全球化经济,金融必然要实现开放、实现国际化。金融市场国际化将给我国银行业推行海外发展战略提供丰富的业务机会,我国企业海外上市的步伐也将加快,同时国外的企业和国内的外资企业也能进入国内资本市场融资,为国内的金融业提供丰富的业务来源。

第一节 人民币国际化

自从 2008 年金融危机爆发以后,美元的国际储备货币地位受到挑战,以美元、欧元、日元等多元国际货币储备的格局需要调整。近年来,我国经济规模不断增长,已跃居世界贸易量第一位,经济总量世界第二位,在国际经济事务中进一步取得了话语权,国际化贸易进程不断增强,并具备了一定的规模。但与贸易进程相比,金融进程相对滞后。在国际贸易中,我国已经占有重要地位,人民币却未能具有与此相匹配的国际货币的职能。我国贸易大国与金融小国的矛盾, 在于我国是货币小国,国际贷款市场、国际债券市场和对外直接投资使用人民币计价的数

改革中的中国金融

量和份额都很小,人民币在这三个核心部分的国际化指数也近乎于零。正因为如此,近期人民币国际化问题已成为国内外关注焦点。由此,准确把握人民币国际化的进程及影响就有了重要意义。

一、人民币国际化进程

(一)人民币国际化始于边贸结算

自从 1987 年中国政府允许人民币现钞的出入境并逐步放宽中国公民出入境允许携带人民币限额以来,人民币现钞的出入境使得滞留在境外的人民币逐渐增加。同时,周边国家和地区政府为了增加旅游收入和促进边境贸易,对人民币在境内流通采取默认的态度。我国先后与俄罗斯、蒙古、越南、吉尔吉斯斯坦、朝鲜、尼泊尔、老挝等周边国家签订的双边支付与结算协定中都包含了边境地区商品和服务贸易、易货贸易的结算条款。双边支付与结算协定源于边贸中人民币结算需求,同时又为人民币在边贸贸易、旅游消费中广泛使用提供了制度层面的支持。目前,人民币在边贸结算中已广为使用,发挥了部分结算货币的职能。

(二)边贸结算带动了人民币跨境流通

近几年伴随中国经济强劲增长和币值坚挺,人民币境外需求不断增加,跨境流动范围不断扩大,规模不断增长。目前,部分周边国家(地区)居民已将人民币作为交易媒介和国际清算手段而大量使用。

在东北亚地区,人民币在蒙古国、朝鲜广泛流通。蒙古国已经把人民币作为主要外国货币,蒙古国的各个银行都开展了人民币储蓄业务。在与蒙古国的边境贸易中,人民币现金交易量占双边全部交易量的 1/3。在朝鲜,人民币拥有"第二美元"的称号,除了在边民互市贸易、外汇商店、大宾馆和饭店可用人民币消费,朝鲜政府还允许人民币在平壤、新义州和罗津—先锋自由经济贸易区等地限制性流通,并在罗津—先锋自由经济贸易区的金三角银行办理人民币储蓄业务。此外,朝鲜百姓愿意储存人民币,以求保值、增值,年货币流通总额超 3 亿人民币。

在西北亚地区,人民币在中亚五国、俄罗斯地区、巴基斯坦、阿富汗流通,其中人民币跨境流通量最大的是哈萨克斯坦,大约有十多亿元人民币,在中亚其他国家流通的人民币总共也有十多亿元。

在南亚和东南亚地区,人民币在印度、孟加拉国、尼泊尔、缅甸、柬埔寨、老挝、越南、新加坡等国流通。在中国与大湄公河次区域各国的边境贸易结算中,人民币一直都是重要货币,已经确立了在大湄公河次区域内"第二美元"的地位,成为了大湄公河次区域的硬通货。目前,人民币在大湄公河次区域各国民间已经通行无阻,可直接用于购物、消费和结算。在这些国家中的货币兑换点和部分银行机构,人民币与美元、欧元、英镑等国际货币同时挂牌买卖。各国官方对人民币在其境内流动大都持默许态度,如在老挝东北三省,人民币可以替代本币在境内流通;在越南,人民币已全境流通,越南国家银行开展了人民币存储业务;在新加坡、马来西亚、菲律宾和泰国,当地政府对使用人民币采取默认态度,商店大多有人民币的兑换点;在柬埔寨,政府公开支持本国居民使用人民币。人民币跨境流通量最大的是香港地区,人民币可通过多种途径自由兑换,且被用做投资手段。此外,在中国澳门、台湾地区,人民币流通使用也十分广泛。

不仅在周边国家和地区,甚至在一些发达国家,人民币也成为当地可自由兑换的货币,逐日公布与当地货币的比价,在美国、法国和德国等发达国家都有人民币兑换点。可见,人民币的境外滞留已经具备了一定规模,且在逐年增加,人民币走出国门已是不争的事实。

近年来,央行对人民币跨境流动日益关注,根据央行有关报告和国家外汇管理局统计和估算,2011年年底, 人民币跨境流量已增加至3.98万亿人民币,境外存量逾1.53万亿人民币,其中中国香港人民币存量达7000亿,成为境外最大资金池。从估值方式来看,央行估值一般较为谨慎,可以理解为人民币跨境流动的下限估计。因此,人民币在周边地区流通已具备一定规模,具有一定影响力。

改革中的中国金融

（三）人民币国际化发展现状

当前以人民币境外需求增长为背景，在制度安排的支持下，人民币国际化正呈加速发展态势。

1.在货币互换中引入人民币

双边货币互换的主要目的是两国相互提供短期流动性支持，以便通过各自商业银行为本国居民的商贸活动提供融资，是国家层面的人民币输出渠道。2008年金融危机发生之后，双边货币互换开始成为中国推进人民币国际化的重要渠道和手段。目前，央行已与中国香港、韩国、马来西亚、俄罗斯、蒙古、越南、缅甸、白俄罗斯、印度尼西亚、阿根廷等国家和地区签署双边货币互换协议，规模总计7200亿元人民币，且呈加速发展态势。双边货币互换安排需求反映出周边国家对人民币需求正在加大。

2.发行以人民币计价的债券

以人民币计价发行的债券对人民币的国际化具有重要意义。2005年开始，亚洲开发银行和世界银行下属的国际金融公司相继在中国发行人民币债券。2007年6月，中国人民银行和国家发改委共同公布了《境内金融机构赴香港特别行政区发行人民币债券管理暂行办法》，允许合格的金融机构在香港市场发行人民币债券。2007年以后，中国国家开发银行、中国进出口银行、中国银行、交通银行、中国建设银行等机构相继在香港发行人民币债券，2007年和2008年两年中，境内金融机构在港累计发行人民币债券达220亿元。2009年9月，财政部首次在香港发行60亿元人民币国债。2011年3月，全球第二大消费用品制造商联合利华公司又成功在我国香港地区发行人民币债券。这种被命名为"熊猫债券"的外国债券，再度引起世界瞩目，因为这是中国金融市场进一步走向国际化的积极信号。熊猫债券发行的意义非同一般。首先，有利于推动我国债券市场的快速发展与国际化进程，允许境外机构发行人民币债券，标志着我国在放开资本项目管制进程中迈出了试探步伐。其次，熊猫债券的发行也将大大有利于人民币国际化。贸易结算货币、投资货币、储备货币这三个过程在很多时候互相并行,而"熊猫债券"的发行,开启了人民币作为投资货币的序幕,这是人民币国际化进程中非常重要的一步。只有在金融市场经受国际化的考验,资本市场才能开放。这样,外汇最终就能通过资本账户的渠道得以释放,进而真正缓解外汇储备压力。

3.对非居民境内持有人民币存款不设限制

按照央行统计,截至 2011 年 12 月,非居民人民币账户的金额已达 7600 亿,其中,非居民个人人民币账户金额达 5800 亿元,港澳非居民个人人民币账户金额达 2547 亿元。具体来说,非居民境内人民币账户包括港澳人民币存款账户、边贸人民币账户、人民币债券账户、贷款清收人民币账户、QFII 人民币账户、人民币贷款提款账户、人民币还款账户以及其他非居民人民币账户等八类。由于人民币升值的预期,汹涌而来的短期国际逐利资本,除了经由地下钱庄等途径,事实上其均必须途经中国的银行体系。为此,国家外汇管理局需通过对境内银行的非居民人民币账户进行更加严格的统计监测来观察、分析资本进出的异动情况。

4.推行人民币国际贸易结算试点

2008 年 12 月,国务院明确将对广东、长江三角洲地区与港澳地区,广西、云南与东盟的货物贸易进行人民币结算试点。在国家外管局等部门推动下,2009 年在人民币贸易结算方面迈出重要步伐,国务院决定在上海市和广东省广州、深圳、珠海、东莞四城市先行开展跨境贸易人民币结算试点工作,境外地域范围暂定为港澳地区和东盟国家,特别是中国—东盟自由贸易区于 2010 年 1 月正式生效。2009 年 7 月 6 日,跨境贸易人民币结算试点在上海正式启动。推行人民币国际贸易计价有利于提高贸易便利性,降低中国进出口企业面临的汇率风险,提升人民币的国际地位。中、日、韩三国在金融领域的合作也取得实质性进展,扩大了双边货币互换规模,并建立了东盟共同外汇储备库。

5.少数国家已将人民币作为储备货币

2011年9月6日,尼日利亚央行行长萨努希在北京宣布,尼日利亚将成为首个与中国人民银行接触并开始将人民币作为储备货币的非洲国家。估计人民币将占尼日利亚外汇储备的5%～10%。截至2011年9月2日,尼日利亚的外汇储备规模约为323亿美元,意味着尼日利亚未来会将大约16～32亿美元的外汇储备转换成人民币。同时,尼日利亚央行将向中国人民银行申请进入银行间债市购买债券作为人民币储备资产,同时还可在香港的人民币离岸市场进行投资。在此之前已有马来西亚、韩国、柬埔寨、白俄罗斯、俄罗斯和菲律宾等国宣布将人民币作为其外汇储备的一部分。

根据IMF关于资本项目管制的定义分类,截至2011年年底,在我国所有的43个资本项目中,有19项是完全可兑换的或者仅受到非常少的限制;18项部分自由化,6项不可兑换。这表明,我国当前有一半的跨境资本项目交易是对非居民和居民开放的。另外,可以预期,随着我国对外经济联系的继续拓展,我国与经济伙伴之间的货币互换等货币合作将会继续增加,这将有利于提升人民币作为国际储备货币的功能。

二、人民币国际化的重要影响

(一)对我国经济的重要影响

1.获取铸币税收益

所谓铸币税,是指货币发行国通过印刷和发行纸币而获取的收益。它原本是指统治者拥有货币铸造权而得到的净收益。持有发行国货币的其他国家政府和居民不得不付出真实的商品和服务或是对资本的所有权。长期以来,由于美元的特殊地位,美国可以利用美元负债来弥补其国际收支赤字,从而形成持有美元储备的国家的实际资源向美国转移。据美联储估计,美国每年获取的铸币税高达150亿美元,其中大部分来自发展中国家。美国自1968年出现12.87亿美元的贸易逆差以来,就出现了贸易逆差持续扩大的局面。进入21世纪以来,美国贸易逆差进一步增大到了空前的规模，大多数年份贸易逆差和经常账户逆差超过GDP的4%。2006年达到的7585亿美元，约相当于1968年的589倍。2002年到2010年，美国货物贸易逆差累计达60956亿美元，经常账户逆差累计达53861亿美元。由此可见，美国从1968年开始就以支付贸易逆差的方式，越来越大规模地向世界流出了美元，同时获取廉价资源和商品。例如2007年和2009年，由于海外资产增值、对外负债缩水以及美元汇率贬值，存量价值调整给美国带来的收益均超过1万亿美元。这被美国人称为"帮助财富"，是源源不断从世界各地流向美国的"暗物质"。在2002年到2010年的9年里，这种"暗物质"给美国带来的收益高达43277亿美元。人民币只有走出国门，实现国际化，成为各国储备货币后，才能摆脱其在国际货币体系中的不利地位，也才能在国际贸易、国际投资中变劣势为优势，并获取铸币税收益。

2.促进对外贸易和国际投资，规避汇率风险

由于国际货币被广泛用于国际间的计价、支付和结算，绝大多数跨国货币收支，如国际贸易中的货款结算、国际金融市场上的资金借贷和本息偿还，都是用国际货币来进行的，这就使国际货币成为一种非常紧缺的资源。而要得到这种资源，其他国家就必须与货币发行国发展贸易往来，进行经济合作。人民币的国际化有利于中国对外经济往来的扩大，并给中国进出口商、投资者及消费者带来巨大的便利，使其在从事国际经济交易中可以较多地使用本币而少受或免受外汇风险的困扰。首先，人民币的国际化有利于企业加强成本利润的核算，最大限度地降低汇率风险。对进出口商来说，汇率风险是其面临的主要风险之一，规避它的最好办法是用本币计价、结算。人民币国际化一方面能使进出口商免去对外汇收支进行套期保值的成本支出，另一方面便于对国外进口商提供本币的出口信贷，从而进一步提升出口竞争力，扩大对外贸易和经济往来。其次，人民币国际化有利于我国海外直接投资的扩大，进而提高我国企业的国际化水平，在更高层次上参与国际竞争。人民币成为国际货币后，我国对外投资最大的障碍——外

改革中的中国金融

汇资金的供给问题也就迎刃而解,国内投资商可以直接利用手中的人民币对外投资,投资能力将大大增强,同时也降低了由于汇率变动而导致的投资风险,投资收益有了进一步的保证。

3.推动大陆与港澳台的经济合作,早日实现祖国统一

人民币国际化的进程将推动大陆—港—澳—台自由贸易区的建立,使大陆、港、澳、台在经济上成为相互依赖、不可分割的整体,有利于消除汇率波动,节约交易成本,增强两岸四地共同抵御国际金融风险的能力,早日实现祖国的统一,并形成人民币国际化促进中国货币统一、中国货币统一促进人民币国际化的良性互动局面。

(二)对东亚地区经济的影响

东亚地区只有建立起自己的货币合作体系,才能对抗现行国际货币体系中美元的霸权地位,从而促进东亚地区经济的稳定与繁荣。特别是在欧盟已实现了货币统一,并处在逐渐脱离美元的过程中,东亚更需要实现区域内的货币合作。但是东亚区域内各国经济发展极不平衡,文化差异较大,使得东亚不能照搬欧元区或美元区的货币合作模式,而应采取渐进灵活的方式。可以通过日元和人民币的合作,建立次区域货币合作安排,并以核心货币为桥梁建立东亚统一货币体系,这一过程的实现有赖于人民币国际化进程的加快。

1.有助于东亚各国维护储备资产,摆脱美元依赖

不可否认,美国在东亚经济腾飞的过程中曾发挥过重要作用。然而,战后出口导向型经济发展模式的盛行,使东亚各经济体比任何一个地区都更依赖美国市场。长期以来,东亚各国向美国输出廉价商品,美国向东亚输出美元和美元资产,东亚把积累的储蓄投向美国市场,美国再把聚集的资本投回东亚及世界各地,并渗透到经济的各个角落。这就使美国政府一边扩大财政支出,一边实行减税和低利率政策,从而支撑了美国经济的长期繁荣。然而,美国2008年次贷危机引发的全球金融危机,是美国经济增长乏力和房地产泡沫化在金融领域的表现,更使美国储蓄不足、消费过大的内伤暴露无遗。美元的贬值给拥有

大量美元外汇储备的东亚各国造成严重损失,使东亚各国饱受海外资产严重缩水之苦。美国经济的严重下滑,也使一直依赖美国市场的东亚各国苦不堪言。一旦美元继续暴跌,美国经济长期停滞,不仅东亚巨额的美元资产将遭受灭顶之灾,国际金融体系也将持续陷入混乱,进而严重打击东亚经济和世界经济。因此,人民币只有坚持走国际化道路,加强与东亚各国的货币合作,才能逐步摆脱对美元的依赖,维护其外汇储备资产价值。

2.有利于维护亚洲金融安全

为了避免汇率浮动,对贸易的冲击,将本国货币盯住主要贸易伙伴国货币,不失为一种好的选择。在全球转向浮动汇率体系时,亚洲各国货币一直或明或暗、不同程度地盯住美元,形成事实上的美元本位制。美元本位制使亚洲与美国的经贸联系进一步密切,并固化了这种格局。然而,在国际资本大规模高速流动、美国次贷危机蔓延以及美元大幅贬值的情况下,盯住美元的固定汇率制度存在诸多问题。如果人民币汇率能够保持长期稳定,并且我国能稳健地逐步推进人民币的国际化,人民币就可能成为亚洲支点货币,当危机发生时,担负起区域内主导大国的责任,及时帮助受冲击国家重组金融体制,从而维护亚洲金融安全。

(三)对世界经济的影响

人民币国际化是世界经济多极化和国际货币多元化发展的客观要求。二战后建立起来的布雷顿森林体系,使黄金退出了国际流通领域,美元成为地位与黄金等同的唯一的国际通行货币。上个世纪70年代布雷顿森林体系崩溃,打破了美元独霸局面,并呈现出国际货币的垄断竞争态势。1999年欧元的启动标志着一个由美元、欧元、日元组成的国际货币寡头垄断时代的来到。一方面,世界多极化意味着金融领域中国际货币多极化的趋势也将日益明显,有可能出现多种强势货币对峙、同时分享国际铸币税的格局。由于中国经济在世界经济格局中所处的越来越重要的地位,人民币国际化成为世界经济多极化及国际货币多极化

改革中的中国金融

发展的客观要求。另一方面,从目前的几种强势货币走势来看,次贷危机严重挫伤了美元的国际货币地位,实际上"弱势美元"目前更符合美国基本面的改善的要求,也是美国政府理性和无奈的选择;从欧元来看,由于高油价冲击了欧元区内需,强势欧元也影响到欧洲出口,加之英国同样面临楼市急剧下滑的打击,欧元目前已难以独自填补美元衰落留下的空间。因此,人民币国际化成了全球金融市场的共同愿望,也就是说,无论是国内投资者还是国外投资者,都迫切需要分享中国经济健康发展的成果,同时也需要一个新的"避风港",规避全球金融市场的动荡风险。

三、人民币国际化的发展前景

(一)人民币国际化区域三步走

从货币国际化的空间结构上看,从周边化、国际区域化到国际化的发展轨迹是货币国际化最稳定的空间路径。美元的国际化就是从战前的美元集团、美元区开始的。人民币国际化应沿着周边化、国际区域化、国际化的路径稳步推进。

(二)人民币国际化功能三步走

从货币国际化的功能上看,从国际储备货币、国际结算货币再到国际投资货币是货币国际化最稳定的功能路径。美元在一战、二战前同英镑争夺国际货币天下的初期,因其币值稳定坚挺获得了国际储备货币地位,为二战后成为全面执行国际货币功能单一的世界货币打下了基础。牙买加体系后美元国际货币的功能有所下降,目前,在国际支付和国际储备上分别占到80%~90%和60%~70%的比重。日元的国际货币功能主要表现为国际储备功能。1997年亚洲金融危机后,人民币开始成为周边国家的边境贸易和境外旅游的流通货币和国际储备货币。2009年4月8日起,人民币在中国5个城市跨境贸易中成为结算货币。随着人民币币值的稳定,人民币将逐步成为中国周边国家乃至更大范围的国际投资货币。

（三）东亚货币合作中的人民币国际化的三种可能趋势

在东亚货币合作中，人民币的国际化有三种选择空间：一是成为东亚"3+10"货币合作三足鼎立中的强势货币；二是成为东亚货币合作中创建"亚元"的基础货币；三是成为东亚货币合作中的驻锚货币、强势货币，进而实现人民币周边化乃至东亚化。东亚货币合作究竟走向何处，取决于中国经济的自身发展和东亚货币合作的进程。

（四）全球金融货币合作中的人民币将成为多元国际货币中的重要一极

从英镑、美元国际化的经验教训和国际货币制度发展趋势看，由强国货币担任世界货币会不可避免地出现"特里芬难题"，即世界货币双重角色的矛盾。因此，即便美国发生了严重的金融危机，美元国际地位衰退，即便人民币将来成为全球强势货币，人民币的国际化也应始终定位在多元国际货币中的一极——国际区域货币上，这不仅同中国经济实力相吻合，避免因承担国际货币角色而降低自身的竞争力，也符合国际货币区域化的发展趋势。

（五）人民币国际化是个较长的渐进过程

人民币国际化将同中国经济二元结构向一元结构转换及政治经济体制变革深化相耦合。从农业人口向城市有效转移的速度及政治经济体制走向成熟的速度看，至少需要20～30年的时间。如果这种转换和变革进展顺利，不出现大的市场和政府失灵，能够有效地应对外部冲击，中国经济还会保持20～30年的相对稳定的高速增长，从而为人民币国际化数十年的发展进程提供强大的动力和保障。

货币国际化是制度创新的产物，因此必须了解货币国际化的发展规律，创建最具国际竞争力的内外经济体制。货币国际化也是一把利弊并存的双刃剑，因此对于由人民币国际化带来的利弊影响和各种风险，要有清醒的认识，不失时机地谋划、确立和完善人民币国际化条件下的风险防范、趋利避害的监管机制。

第二节 金融机构国际化

随着全球经济金融一体化的不断深入发展，我国金融业国际化已逐渐成为一种不可逆转的潮流。从国际经验看，国际化是全球大型金融机构保持持续发展和增强竞争力的重要选择。从我国现实国情讲，金融机构国际化既是我国经济日益融入全球的必然结果，也是我国金融业实现战略转型及应对国际竞争的内在要求。面对后金融危机时期的国际环境新变化，我们应主动把握机遇，积极应对挑战，继续稳步推进国际化发展，朝着建设最具盈利能力、最优秀、最受尊重的国际一流金融机构的目标迈出更大步伐。并且随着我国人民币国际化进程的加快，给金融机构国际化提供了千载难逢的历史机遇。

一、国际化是我国金融机构的必然选择

在后金融危机时代，随着经济、金融全球化、信息化和市场化的进一步深入，银行业走出去已经成为推进国家经济发展战略、参与国际金融合作与竞争的内在要求，也是加快银行经营转型的重要步伐。我国银行业走出去，正在成为不可逆转的潮流。

(一)企业国际化客观要求金融机构国际化

我国已经成为全球生产、贸易和投融资市场的重要参与者，而且随着全球产业链的形成，境内企业对海外市场、资源、技术依赖程度越来越深，企业走出去的步伐明显加快。2002年至2010年，我国境外非金融企业的投资年均增长51%，2011年又继续增长32%。截至2011年年底，境外投资额已累计超过3000亿美元，在全球177个国家和地区设立境外企业1.3万家，海外客户基础不断扩大，这些都迫切要求银行经营向国际化、多元化方向发展，提供高效、优质、全面的跨境金融服务。在这方面，我国银行业已经加快进程。但整体上看，国内银行业走出去的步伐依然滞后于实体经济，海外机构总资产占比仅在4%左右，参与

国际市场的广度与深度依然有限。

(二)人民币国际化给金融机构国际化带来了新的机遇

从长期来看,人民币国际化是必然趋势,如金融危机后人民币跨境结算进程加快,在周边流通和使用的范围扩大,境外结算业务量加速增长。2011 年第一季度,银行办理跨境贸易人民币结算额为 3603 亿元,为 2010 年全年结算量的 71%。随着人民币国际化的推进,人民币存贷款结算、托管等业务需求势必快速增长。我国金融机构有望在人民币结算、清算、金融市场和海外融资领域确立领先地位。从这个意义上来说,无论是目前正在推进的跨境贸易的人民币结算,还是大力发展的人民币跨境投资和香港的离岸市场,都为国内金融业开拓海外业务和市场创造了很好的历史机遇和动力。我国金融业对于未来的趋势要有充分的预计。从经营的角度来看,我们也要做好充分准备。编者认为,在金融业国际化进程之中,首先要关注中国周边地区网点的布局,我国金融业走出去的战略考量是:只有在亚洲占据了重要的位置,在世界其他地区才能处于优势地位。

(三)金融业整体实力增长使国际化成为可能

国内银行业整体明显增长,银行业资产总额从 2003 年年末的 28 万亿元增加到 2011 年的 113.28 万亿元,净利润从 262 亿元增加到 1.04 万亿元。我国现在四大国有商业银行的利润总额加起来超过国资委主管企业一年的利润总额,不良贷款率从 17.9%下降到 1.01%。根据 2010 年英国《银行家》杂志表明,工、农、中、建四大行均已进入全球一千家大银行的前十位。目前我国金融机构公司治理机制逐步完善,抗风险能力显著增强,不仅经受住了金融危机的考验和冲击,也为银行业走出去奠定了坚实的基础。

二、金融机构国际化的现状

在外资金融机构步履匆匆地踏入中国之际,国内金融机构也在为自己的业务拓展寻找全球市场,暗自铺开了海外布局之路。很多金融机

改革中的中国金融

构都希望借中国企业"走出去"之机,为自己争得海外的一片天空。

(一)以大型银行为主的金融机构全球出击

分业监管的格局、稳健发展的思路,使得中国银行业在 2008 年金融危机中总体受伤较小。中资商业银行海外扩张之路正紧锣密鼓地展开,国际化战略的实施正加速挺进。

拿中国工商银行来说,其境外机构网络布局已初具规模,境外资产持续增长,经营效益稳步提高,跨国经营战略已显成效。尤其值得注意的是,工行 2011 年在海外业务上可谓"快马加鞭"。2011 年 1 月,工行的法国巴黎、比利时布鲁塞尔、荷兰阿姆斯特丹、意大利米兰和西班牙马德里五家分行正式对外营业。同时,工行还宣布将其在卢森堡设立的全资子公司"中国工商银行卢森堡有限公司"正式更名为"中国工商银行(欧洲)有限公司",下设五家分行。至此,工行在德国、卢森堡、英国、俄罗斯、法国、荷兰、比利时、意大利、西班牙 9 个国家拥有了营业机构。2011 年 5 月,工行孟买分行成功获得了由印度储备银行颁发的经营牌照。同样在 2011 年 5 月,工行巴基斯坦卡拉奇分行和伊斯兰堡分行开业。此前,工行已获得了巴基斯坦监管机构颁发的金融业务经营许可证和营业执照,成为目前巴基斯坦唯一一家中资商业银行。2011 年 8 月,工行又宣布就阿根廷标准银行及其两家关联公司 80%股权买卖交易与南非标准银行集团有限公司等达成协议,在布宜诺斯艾利斯签署了股份买卖协议文件。此外,2011 年 3 月11 日,工行首家海外人民币业务中心在工行新加坡分行正式开始营业,开启了工行大规模开拓海外人民币业务市场的序幕。工行行长杨凯生公开表示,截至 2011 年第三季度末,工行海外总资产 1230 亿美元,集团全部资产将近 24000 亿美元。目前工行已在 30 多个国家和地区设立了 234 家境外机构,加上正在等待有关国家的监管机构最终审批的几个项目,到 2012 年上半年,工行的海外机构将可以覆盖 40 个左右国家和地区。

当然,作为国际化程度较高的国内商业银行,中国银行的海外业务扩张也非常迅猛。截至 2010 年年末,中行海外资产总额达 2.3 万亿元,是 2006 年末的 1.8 倍;海外净利润达 239 亿元人民币,较 2006 年年末增长 50%。中行 2011 年年中报显示,除了 2010 年 9 月作为首批获准在中国台湾设立台北代表处的大陆银行,中行在其他国家和地区新设机构 12 家。除了设立分支机构,中行还加强与境外代理行的业务合作,推出"中国柜台"服务模式,在未设立分支机构的海外地区设立"中国业务柜台"。中行已在阿曼、加纳、秘鲁、阿联酋等国设立了"中国业务柜台",为"走出去"的中资企业、个人以及外国企业提供便捷的金融服务。

此外,交通银行、招商银行、民生银行、中信银行等大型股份制商业银行也交出令人满意的成绩单。以交通银行为例,从 2011 年 11 月 8 日起的 20 天里,交通银行有 3 家海外分行或子银行集中开业。2011 年 11 月 8 日,交通银行(英国)有限公司宣布正式成立,这也是交行在海外的第一家子银行。事实上,早在 1993 年,交行就在伦敦设立了代表处,是最早在英设立机构的中资金融机构之一。同一个月内,交行旧金山分行正式开业,悉尼代表处则将升格为分行,其中旧金山分行更是金融危机后美国监管部门批准设立的第一家中资金融机构。此外,交行胡志明市分行已于 2011 年 2 月份正式开业,2011 年 9 月底交行台北办事处设立已满一年,交行台北分行的筹备申设工作也正稳步推进,目前正在等待相关部门批准。截至 2011 年,交行已建立香港、纽约、东京、新加坡等 11 个境外机构,交行境外员工人数超过 1600 人,主要服务对象为当地中资企业、华人华侨以及部分当地优质企业客户,服务范围包括存款、贷款、结算、清算、汇款、债券投资以及理财等银行业务。截至 2011 年 9 月末,交行海外行资产规模达到 3339.92 亿,较年初增长 39.24%,大幅超过集团总资产增幅 28.85 个百分点。2011 年前三季度,海外行实现利润同比增长 70.54%。

截至 2010 年年底,国内五大行在亚洲、欧洲、美洲、非洲、大洋洲共设有 89 家一级境外营业机构,收购和参股 10 家境外机构,6 家股份制商业银行则在境外设立5家分行、5家贷款处,这些机构在境外除了开展传统业务外,还积极开拓其他各类新型业务,包括财务顾问、现金管理服务等。

(二)对我国金融机构国际化进程的评析

随着后金融危机时代的到来,我国金融机构国际化面临着前所未有的历史机遇,我国金融业海外扩张是发展趋势所在。伴随中资企业"走出去"步伐进一步加快,我国金融机构的跨境金融服务需求快速增长。同时,人民币跨境贸易结算和资本项目自由化逐步推进,也在不断优化我国金融机构国际化的环境,有助于其在海外逐步扩大业务经营范围和客户资源,做大市场和资产规模。

但同时也应看到,我国银行业国际化发展仍处于刚刚起步的初级阶段,面临着战略定位、机构网络、服务水平、风险管理、人才队伍等多方面挑战。我国国有大行在海外"昂贵"扩张,投资巨大,消耗资本金,但回报有限,转而又在国内借助资本市场补充资本金,银行不能"贪大求洋",为国际化而国际化。同时海外扩张要特别注意市场风险、信用风险、操作风险,以及更为复杂的国际政治风险、国别风险、国际市场风险、汇率风险等新风险。

值得注意的是,我国实业资本尚处于"走出去"的初级阶段,我国银行业的海外战略同样也处于初级阶段——海外网点和业务还不能完全满足我国企业的需求。国内五大商业银行现在约有90家海外分行,它们通常只在中资企业较多的发达国家和地区设点,且一个城市一般就设一家分行,或最多再在当地的唐人街增设一个网点。它们目前所能提供的金融服务更多是给予企业海外拓展所需的资金。这造成了中资企业开拓海外业务时,有时无法求助中资银行。以工行为例,到2011年为止,工行海外机构的资产、利润在全行的总资产、总利润占比仅5%,这虽然有工行自身资产总量、利润总量十分巨大的因素之外,也应该看到工行国际化发展的程度仍然是大有潜力可挖的。

2008年以来,金融危机的爆发既给我国金融机构海外扩张带来风险,也带来机遇。风险在于宏观经济与金融市场动荡,机遇则是外资金融机构的"去杠杆化"为我国金融机构挪腾市场空间,中资银行明显开始介入海外本地企业金融业务,而后者有助于建立长期良好的业务关系。我们应该加大大型中资金融机构海外扩张的脚步,但同时要平衡好惧怕风险和盲目扩张之间的关系。

三、金融机构国际化策略

随着我国经济的进一步对外开放和金融体制改革的深入,我国金融机构面临参与国际竞争的外在压力和实现全球化的内在要求。金融机构国际化过程中还应注意相应的策略。

(一)金融机构国际化的发展阶段

金融机构国际化发展的阶段可以分为三个阶段:母国国际金融业务阶段、离岸金融业务阶段和东道国跨国金融业务阶段。

任何事物的成长都不是一蹴而就的,我国金融机构的国际化发展也不能超越这个逻辑。金融机构国际化表现为金融机构走向世界的过程,这一过程具有渐进性的特征。这种渐进性表现在以下四个方面:金融市场范围扩大的渐进性,通常是先熟悉后陌生,先相似后相异,逐步扩大;跨国经营方式的渐进性,先易后难,逐渐升级;组织结构的渐进性,往往是按照代理行、代表处、分支机构、附属机构的顺序逐渐完善;经营战略的渐进性,由国际化战略、跨国化战略,直至全球化战略。金融机构国际化过程的渐进性使得银行国际化发展表现出阶段性的特征。

金融机构国际化后所面临的经营环境更加陌生、复杂,经营成本和风险也更大,难度也是可想而知的,因此,金融机构国际化的成长过程必然是渐进的,这种渐进性已经为大多数银行走向世界的历史所证明。

(二)金融机构国际化地域扩展策略

1.金融机构地域扩展的整体部署

首先,在国内外汇业务量比较大的城市设立国际业务部。从金融机构效益角度考虑,金融机构国际化地域扩展的第一步,应该是选择在业务量大的开放性城市设立国际业务部,主要从事外汇存贷款、外汇结算业务,为该地区的外向型经济发展服务。当然,国际业务部的设立也要随着经济的逐步开放而逐级设立。

其次,实施合理的区位发展战略,在全球范围内实施重点布局。所谓区位发展战略,是指国际化金融机构根据区位优势理论选择海外机构的地区战略分布。区位优势主要包括东道国的法律环境、金融管制程度、经济发展程度、人均收入水平、与母国之间的经济贸易依存度、社会政治稳定性、进出口便利程度等。发挥区位优势,一是有利于金融机构获得一定规模的零售业务、批发业务、风险资产管理和其他中间业务,形成规模和范围经济,降低经营成本,提高竞争能力;二是较低程度的金融管制能够提高金融机构经营业务的自由度,降低市场进入成本,获得成本优势;三是稳定的社会政治、经济、法律环境能够减少金融机构的非市场风险。

第三,我国金融机构应结合区位优势,在海外机构的地域扩展上有所倾斜。(1)向国际金融中心倾斜。在伦敦、纽约、法兰克福、东京、香港、新加坡、巴林、巴哈马等全球著名的国际金融中心设置分支机构,可以更为广泛地同其他国家的金融机构进行业务往来,扩大业务发展的范围,另外还可以获得更多关于国际金融业务和管理方面的信息。(2)向业务量大的国家或地区倾斜。例如,美国是我国最大的贸易和投资伙伴之一,而且我国的外汇资产多以美元为主,因此,在美国设立分支机构对于我国国际贸易、国际投资和外汇资产的管理来讲都是明智的选择。香港与内地的经贸联系很广泛,而且我国同美国等其他国家的许多贸易都是通过香港进行转口贸易,因此,在香港设立分行比在其他地方更有必要。(3)向华侨集居地倾斜。美国纽约、旧金山,加拿大温哥华、多伦多等地都是中国华侨聚集的地方,在这些地区设立分支机构更容易打开市场。

最后,实施全球化发展战略,在全球范围内使资源得到最为优化的配置。全球化是最终目标,在金融机构的重点发展战略实施到一定的阶段后,金融机构自身的人力资源和管理素质都达到了全球化的水平,金融机构就可以在全球范围内扩展业务地域。当然,全球化目标是远景,要经济金融发展到相当水平才能达到。

2.金融机构实施地域扩展的战略步骤

根据区位优势和当前的实际情况,我国金融机构国际化进而实现全球化可以分三步进行区位拓展:第一步是在世界主要的国际金融中心设立分支机构。这些地区不仅金融管制宽松,而且具有较大的市场规模,进入成本和运营成本都较低,并且能够及时把握国际金融市场发展的脉搏。第二步是在与中国具有密切经贸关系的国家的主要经济中心和经济发展快的国家和地区设立分支机构。在具有成熟的市场经济框架的国家可以设立分行,在市场发展框架正在建设中的国家可以设立代表处。虽然经历了 2008 年金融危机,这些国家的金融自由化道路可能延缓,但是大多数国家不会走回头路,估计在不久的将来,经过一定时期的调整,会重新走上快速发展的轨道。因而我国应该抓住这些国家和地区推行金融自由化的有利时机率先进入这些国家的金融服务市场,通过先动优势获得竞争优势。第三步,中东、非洲、南美、东欧等政治经济尚不稳定或者发展程度较低的国家或地区正处在调整和改革中,短期内中国不可能在这些地区广泛扩展金融机构的分支机构,但是应该选择有利的时机,选择政治相对稳定、同中国经贸关系密切、转轨过程已经基本完成、能够形成一定的规模和范围经济的国家或地区的一些经济中心城市设立代表处或分行。

(三)金融机构国际化业务拓展策略分析

业务国际化是金融机构国际化的重要内容。为了适应新世纪金融机构的国际化,我国金融机构必须进行业务调整。对于我国刚刚开始起步进入国际化的金融机构来说,业务调整主要是进行业务种类的扩展。

1.金融机构业务拓展的方向

国际化竞争必须从各个方面增加金融机构利润,无论是表内业务还是表外业务,无论是零售业务还是批发业务。尽管金融机构国际业务在其发展的不同阶段有所不同,但是从金融机构开展的最基本的国际业务的内容看,各发展阶段有共同之处。金融机构最基本的国际业务主要包括:外汇业务、国际贸易融资与结算、国际信贷、国际投资、国际租赁、同业资金拆放以及提供金融、财务咨询等。我国金融机构国际化尚处于初级阶段,业务领域狭窄,急需得到拓展。主要表现在:

首先,我国金融机构的业务类型单一,国际业务品种比较少,主要是进出口结算和贸易融资。金融机构国际业务的增长速度比较缓慢,主要是伴随着中国实质经济的对外开放而扩展,金融机构自身并没有通过国际化扩展业务范围的意识。

其次,金融机构的业务创新能力不足,监管当局对金融机构业务的监管还过于严格,这不适应信息时代金融机构通过不断创新谋取发展的时代潮流。我国金融机构实施的国际化发展战略应该主要致力于创新型业务,通过业务的创新提高竞争力。我国金融机构的国际业务大多限于传统的业务。实际上,随着全球金融市场的发展和实质经济结构的调整,创新业务发展空间远远大于传统业务,因而我国金融机构要善于开拓创新业务。

2.金融机构业务国际化战略的模式选择

国际化竞争是对客户吸引力的竞争,这种竞争要求金融机构为客户提供多元化全面的服务。业务多元化可以提高金融机构抗风险的能力,分散投资风险。但是,金融机构的国际化的竞争优势亦可以是专业化优势。在金融机构国际化经营中,在各方面拥有比较优势固然好,但关键是金融机构的资源都是有限的,资源的过度分散往往得不偿失。因而金融机构应该根据自己的实际情况来选择采用多元化经营还是专业化经营,在这方面国际经验值得借鉴。

我国各家金融机构必须进行适当的业务分工,在发展战略上力求特色,在国际化方面发挥优势,避免趋同,在国际化竞争中找到自己的立足点。经过十几年的金融体系改革,不同类型的金融机构具有不同的资源优势和业务优势,其资源特色、管理水平也不尽相同。因而我国金融机构在国际化进程中,不能寻求单一的模式。

金融机构国际化进程中必须拓展业务,这里的业务拓展包括两个方面:广度和深度。从广度上看,金融机构必须扩展自己的业务范围,通过业务范围的扩大获取范围经济效益;从深度上看,金融机构应该在某个业务上获得全球或者地区优势,从而获取国际竞争力。这两者是对立统一的关系,不能过于强调其中任何一个方面。金融机构国际化必须在综合化和专业化之间寻求一种平衡,以取得收益最大化与风险合理规避的平衡。

第三节 金融市场国际化

一、全方位对外开放格局的形成

随着经济的发展、对外开放的加深,我国在金融市场国际化方面取得了长足的进展,形成了货币市场、证券市场全方位的对外开放,金融市场国际化的格局基本形成。

(一)货币市场国际化

1.以 Shibor 为中心的货币市场国际化

于 2007 年 1 月 4 日起开始运行的上海银行间同业拆放利率(Shibor)被称为中国的"联邦利率",能够充分、及时、准确地反映中国境内货币市场资金供求变化,成为连接中央银行、金融市场、商业银行和居民企业的利率纽带,它的推出是中国利率市场改革中的标志性事件,具有重要的价值和影响。

首先,Shibor 开创了利率新时代。在 Shibor 之前,中国没有真正意义上的基准利率,Shibor 是由货币市场上人民币交易相对活跃、信息披露比较充分的银行拆借利率构成,而这种拆借利率的形成机制,又基本上是由资金供求双方在市场上通过竞争来决定的。拆借利率品种丰富,也便于从期限结构上来反映资金供求态势。

其次,Shibor 的运行有助于提高中央银行宏观调控的有效性。Shibor 的推出,将为中央银行金融调控从数量型转向价格型创造了条件,即将现行以货币供应量为中介目标的货币政策调控方式转变为以通货膨胀或利率为中介目标的调控方式。

最后,Shibor 的运行促进了货币市场的快速发展,有助于加快我国货币市场走向国际化的步伐。以 2007 年为例,银行间市场交易总量共计 71.3 万亿元,较上年增长 32.2 万亿,增幅达到 82%。截至 2011 年,银行间市场交易总量已达 199 万亿。货币市场与 Shibor 发展已经形成了良性互动的格局,随着我国经济实力的增强,Shibor 有望成为国际金融市场资金价格的重要参考利率。

2.货币市场国际化评析

在货币市场国际化过程中,我国商业银行的经营地域从国内扩展到国外,经营业务从国内业务扩展到国际业务再扩展到离岸业务。到目前为止,我国四大国有控股商业银行在国外都设有分支机构,股份制商业银行中有的也已经跨出国门,譬如招商银行在 2008 年年底在美国设有分支机构。同时,积极引进外资银行到中国境内开展银行业务,如花旗银行、汇丰银行、东亚银行等国际知名银行都在我国开展国际业务,既引进了外资,又让国内银行学习了外国先进经验和信息技术,积极推进了银行业务国际化。

Shibor 完全是信用交易,不需要抵押和担保,参与成员的信用等级如何将至关重要,要确保 Shibor 成为"基准利率",必须建立健全的信用评级体系。再者必须提高金融机构和企业对基准利率的敏感度,从而发挥 Shibor 的利率效应,提高中央银行的货币政策传导效果,提高拆借市场的流动性和报价银行的报价能力,增强拆借交易品种的可交易性和活跃程度等,使 Shibor 成为合格的基准利率。总之,我国推出 Shibor 意义深远,是中国利率市场化改革的关键性一步,应以此为契机,进一步深化利率市场化改革,实现利率市场化。

以此为契机,实现资本项目下人民币可兑换,积极推进人民币国际化。首先,要深化改革,进一步扩大对外开放,达到自由兑换的基本条件,2009 年 1 月 20 日,中国人民银行与香港金融管理局签署了货币互换协议,进而实现人民币资本项目可兑换以及人民币国际化。其次,要采取积极稳妥的步骤和有力的措施,尽量减少资本项目可兑换对经济和金融的冲击。在人民币完全可自由兑换之后,中国要在继续保持经济快速增长、稳步推进人民币汇率市场化、保持人民币币值稳定和建立国际金融中心等方面的基础上,积极推进人民币国际化。

(二)证券市场国际化

1.证券市场国际化发展进程

国际债券融资方面,自 1982 年 1 月中国国际信托投资公司在日本东京资本市场上采用私募方式发行了 100 亿日元的债券以来,随着我国宏观经济进一步发展和金融体制改革进程的深入,我国证券市场对外开放步伐也大大加快。到目前为止,我国企业、金融机构及政府有关部门先后在东京、法兰克福、香港、新加坡及伦敦等国际证券市场发行了以日元、美元、欧元为币种的国际证券。同时亚洲开发银行也已经在我国境内成功发行人民币特种债券。

在国际股票融资方面,目前我国有 B 股市场,不仅筹集了外汇资金,而且开辟了一条在人民币不能够自由兑换的情况下通过股票市场向境外投资者筹集外资的渠道。同时,中资企业在海外直接上市,目前我国在香港联合交易所、纽约证券交易所等海外市场上市的企业不在少数。与此同时,还有多家中资企业通过入股、买壳、分拆业务等方式在香港或纽约实现间接上市,另外还有向外商转让上市公司非流通股等实现证券市场国际化的手段和形式。2010 年,有关部门就在酝酿股票市场的国际版有关事宜,2011 年已经制定交易细则,这将成为我国金融市场国际化的一个重要步骤。

我国证券市场自从 2002 年 12 月 1 日起开始实施 QFII 制度以来，境外合格机构投资者可以在我国境内进行证券交易。外国机构投资者只要如注册资本数额、近几年财务状况、经营期限、是否有违规违纪记录等符合一定条件后，就可以进入我国证券市场。QFII 制度建立了资本可兑换的一条通道，对境外合格投资者开设专门资金账户，其流程在我国外汇管理局监督下进行，可以有效地避免短期资金(Hot Money)行为，防止资本市场过度投机。这是鼓励外资进入中国证券市场的重要方式。在此基础上，2007 年 5 月 11 日，我国证券市场正式推出了 QDII 制度，中国银监会发布通知，允许商业银行办理投资在境外证券交易所上市股票的代客理财业务。这样，QDII(国内机构投资者赴海外投资资格认定制度，Qualified Domestic Institutional Investor)投资的开闸，意味着"银行系"合格境内机构投资者投资渠道进一步拓宽，成为走出去的重要手段，中国证券市场国际化步伐加快。在机构 QDII 的基础上，目前在条件成熟的区域，正在试点个人 QDII 制度。

2.证券市场国际化评析

我国明确提出把培育上海国际金融中心作为中国资本市场的国际化战略目标。要把上海建成区域直至世界国际金融中心，根据全球主要国际金融中心的历史发展经验，资本市场的国际化可以有力推动国际金融中心的建立和发展。

另外，一个成熟的、国际化的资本市场必定要在境内证券海外上市的同时，让海外证券在本国(地区)上市，国际资本的双向型流动是资本市场国际化的基本形式，正是在这个意义上，上海证券交易所目前正在积极筹划国际板的有关事宜。实施中国证券市场国际化的步骤，可以借鉴韩国、印度、日本和中国台湾等国家和地区的经验，逐步实现 A、B 股的合并，推进中国证券市场国际化的渐进式发展。从有限度的开放阶段逐步推进，直到全面开放阶段，实现中国证券市场的真正国际化。要对证券市场的法律、会计准则、上市公司进行改革和调整，规范证券发行和证券交易市场，逐步向 WTO 准则靠拢，以吸引更多的外国投资者。

同时,发展共同基金,培育能与国际竞争的证券公司。积极鼓励国内规模较大的证券商到海外设立分支机构,同时大力引进国外证券机构,积极推进证券机构国际化和证券投资国际化的进程。

二、金融市场国际化的策略

（一）深化外汇体制改革,实现人民币完全自由兑换

目前,人民币还不是完全可自由兑换的货币,这严重阻碍了我国金融市场国际化的进程。因此,必须加快外汇体制改革,采取积极、渐进、有序地方式,创造资本项目开放所需的必要条件,并最终使人民币成为国际货币。

（二）深化金融管理体制改革,实现利率市场化

实现利率市场化,是我国金融市场与国际金融市场接轨的前提条件。目前,我国利率市场化改革取得了巨大的进展:不仅实现了同业拆借利率、国债发行利率市场化、扩大金融机构贷款利率浮动区间,而且还实现了存款利率管上限、贷款利率管下限、放开1年期以上小额外币存款利率,特别是Shibor正式运行,是中国利率市场进程中关键的一步,开创了利率新时代。今后按照利率市场改革的总体思路,在建立有效的金融管理体制、完善利率结构体系、加强金融机构自身建设、构建良好的社会信用制度和信用环境等的基础上,逐步实现利率市场化。

（三）参与国际金融市场,培育本国的金融中心

我国积极参与国际金融市场运作, 表现为合格境内机构投资者（QDII）投资规模继续扩大,截至2010年年末,累计批准90家QDII机构,投资额度共计696.61亿美元,中国证监会共批准31家基金管理公司和9家证券公司获得QDII业务资格,37只QDII基金和4只QDII资产管理计划获批,28只QDII基金和2只QDII资产管理计划成立,资产净值约计734亿元人民币。

基金管理公司、托管银行与境外金融机构建立了较为规范的业务

流程,配合比较顺畅。QDII产品的类型和投资方向日益丰富,投资地域涵盖全球,并且出现了指数基金、债券基金、黄金基金、商品主题基金等新品种。随着全球经济复苏和市场回暖,QDII产品业绩和净值稳步提高,分散风险的作用初步显现。

截至2010年年底,中国保险业境外投资总额83.9亿美元。其中货币市场投资14.4亿美元(含活期存款7.45亿美元、货币市场基金6.9亿美元),固定收益类投资1.7亿美元(含债券1.4亿美元),股票等权益类投资67亿美元。

2010年,全国社会保障基金理事会继续增加对外投资,进一步优化境外投资组合,取得了较好收益。截至2010年年末,境外委托股票组合规模为40.03亿美元,境外债券组合规模为4.19亿美元。

截至2010年年底,共有166家境内公司到境外上市,筹资总额为1631.6亿美元。其中在香港主板上市128家(其中香港、纽约同时上市10家,香港、伦敦同时上市4家,香港、纽约、伦敦同时上市1家),在香港创业板上市35家,在新加坡单独上市3家。166家H股公司中有67家已发行A股。

但对中国大陆而言,应重建上海国际金融中心。上海在20世纪20至30年代是远东地区的国际金融中心。上海金融市场国际化可在目前基础上借鉴新加坡和香港的经验,先把上海建成一个离岸金融市场,然后建成国际金融中心,成为中国金融市场与国际金融市场联系的纽带。

(四)加快金融监管国际对接,应对金融业全球化

我国金融管理当局积极参与国际金融监管合作。2010年,中国人民银行、中国银监会、中国证监会和中国保监会积极参与国际金融监管合作,全面参与金融稳定理事会(FSB)、国际清算银行(BIS)、巴塞尔银行监管委员会(BCBS)、国际证监会组织(IOSCO)和国际保险监督官协会(IAIS)等国际组织和国际标准制定机构的工作,为有关国际金融标准的形成做出了贡献。同时,配合国际货币基金组织和世界银行顺利开

展了中国金融部门评估规划(FSAP)工作。

中国人民银行积极利用国际清算银行提供的平台,参与探讨并深入研究宏观经济金融政策领域的重要问题。自2006年周小川行长当选为 BIS 董事会成员以来,中国人民银行进一步加强与全球主要中央银行和监管机构的对话与合作,及时了解和把握世界经济形势和国际金融热点问题,并就全球经济平衡、货币合作等重要政策进行协调。作为 FSB 和 BCBS 的成员,中国人民银行继续深入参与国际金融监管改革政策以及银行体系资本和流动性、宏观审慎管理框架、金融基础设施建设等具体金融监管标准的制定与修改。中国人民银行充分借鉴BCBS 的改革成果,结合国情研究建立逆周期的金融宏观审慎管理制度框架,研究减少监管真空、制定金融控股公司及交叉性金融工具的监管规范,研究加强对系统重要性金融机构的管理。此外,中国人民银行、财政部、银监会通过加入 FSB 识别不合作国家(地区)专家组、同行评估小组、执行情况监测网络工作组、脆弱性评估工作组和跨境危机管理工作组等,参与加强金融稳定的国际交流与合作。

中国银监会作为 FSB 和 BCBS 的成员,全面参与国际监管标准的修订工作,协助完成多项调研和专题评估工作。银监会还参与资本定义、杠杆率、流动性指标的全球定量测算(CQIS)工作,完善资本充足率、动态拨备率、杠杆率和流动性比率等监管工具,设定合理的时间表,稳步推进各项标准的贯彻落实,推动国内银行业向新的国际标准过渡。2010年,银监会还成功举办了中国银行(国际)监管联席会议,与有关国家和地区的金融监管当局就银行集团的经营情况进行信息交换,就相应监管手段和方法进行沟通协调。此外,银监会继续加强与有关监管当局的日常交流,协助开展对中资银行设立海外分支机构的申请审批;加强与海外机构东道国监管当局的信息沟通和监管合作,出具监管意见;在已签署双边监管合作谅解备忘录和合作协议的框架下,与境外监管当局合作,实施跨境现场检查。

中国证监会积极参加国际证监会组织(IOSCO)多边合作,深入参

改革中的中国金融

与 IOSCO 相关工作并发挥重要作用。在 2010 年 6 月召开的 IOSCO 蒙特利尔年会上,证监会再度当选为执委会成员,尚福林主席连任执委会唯一副主席。证监会深入参与 IOSCO 技术委员会各常设委员会、新兴市场委员会各工作组以及执委会战略方向等特别工作组工作,在修改和拟定 IOSCO 新的战略方向、监管原则和监管合作原则等方面发挥了重要作用。中国证监会还认真参与 G20 宏观经济政策互相评估、FSB 薪酬评估、风险披露评估等评估工作,积极促进评估机制和内容合理化。此外,证监会继续加强双边跨境监管合作。截至 2010 年年底,证监会已与 43 个国家和地区的监管机构签署了 47 项备忘录。

随着我国经济实力的增强,对外开放水平的继续提高,我国人民币、金融机构和金融市场必将走向世界,在全球经济大舞台确立自己的地位,体现自身的价值,为中国和世界经济的发展发挥更大作用。

附录一:2006—2011 年中国主要货币政策

2006 年

1 月 3 日,发布实施《关于进一步完善银行间即期外汇市场的公告》(中国人民银行公告[2006]第 1 号),旨在完善以市场供求为基础,参考一篮子货币进行调节,有管理的浮动汇率制度,促进外汇市场发展,丰富外汇交易方式,提高金融机构自主定价能力。《公告》宣布自 2006 年 1 月 4 日起,在银行间即期外汇市场上引入询价交易(OTC)方式,并保留撮合方式。在银行间外汇市场引入做市商制度,为市场提供流动性。中国人民银行授权中国外汇交易中心于每个工作日上午 9 时 15 分对外公布当日人民币对美元、欧元、日元和港币汇率中间价,作为当日银行间即期外汇市场(含 OTC 方式和撮合方式)以及银行柜台交易汇率的中间价。

1 月 12 日,与财政部、劳动和社会保障部联合发布《关于改进和完善小额担保贷款政策的通知》(银发[2006]5 号),明确进一步完善小额担保贷款的管理办法,加快信用社区建设,推动建立小额担保贷款、创业培训与信用社区建设的有机联动协调机制。

1 月 24 日,发布实施《关于开展人民币利率互换交易试点有关事宜的通知》(银发[2006]27 号)。开展利率互换交易试点,有利于丰富银行间债券市场投资者风险管理及资产负债管理工具,解决资产负债结构错配问题,加快利率市场化进程。

2 月 22 日,授权全国银行间同业拆借中心公开发布银行间债券市

改革中的中国金融

场回购定盘利率。有利于加强我国市场利率指标体系建设,增强银行间债券市场价格发现功能,完善市场收益率曲线以及推动金融衍生产品的发展。

3月1日,中国人民银行农村信用社改革试点专项中央银行票据发行兑付考核评审委员会第四次例会决定,对92个县(市)农村信用社发行专项中央银行票据,总额度为50亿元。

3月10日,经中国人民银行批准,中国外汇交易中心与芝加哥商业交易所(CME)正式签署了国际货币产品交易合作协议。引入芝加哥商业交易所的相关金融产品,有利于促进我国金融机构在金融交易实践中提高自主定价和风险管理能力,更加有效地进行国际货币汇率和利率的风险管理。

4月14日,经国务院批准,中国人民银行发布第5号公告,调整经常项目外汇账户、服务贸易售付汇、境内居民个人购汇以及银行代客外汇境外理财、保险机构和证券经营机构对外金融投资等六项外汇管理政策。

4月18日,中国人民银行、中国银行业监督管理委员会和国家外汇管理局共同发布《商业银行开办代客境外理财业务管理暂行办法》(银发[2006]121号),允许境内机构和居民个人委托境内商业银行在境外进行金融产品投资。

4月24日,会同中国银行业监督管理委员会联合印发《农村信用社改革试点专项中央银行票据兑付考核工作指引》(银发[2006]130号),进一步明确兑付考核标准和程序,支持符合条件的农村信用社及时兑付专项票据资金。

4月28日,上调金融机构贷款基准利率。其中一年期贷款基准利率上调0.27个百分点,由5.58%提高到5.85%。其他各档次贷款利率也相应调整。金融机构存款利率保持不变。

6月1日,中国人民银行农村信用社改革试点专项中央银行票据发行兑付考核评审委员会第五次例会决定,对江苏等6个省(市)辖内的 18 个县（市）兑付专项票据，额度为 9.8 亿元，农村信用社改革试点专项票据兑付工作正式启动。同时，对新疆等 3 个省（区、市）辖内 34 个县（市）农村信用社发行专项票据，额度为 3.4 亿元。

6 月 2 日，颁布《中国人民银行外汇一级交易商准入指引》，为银行间外汇市场引入外汇一级交易商提出了具体的执行办法。

4 月 27 日、5 月 18 日和 6 月 13 日，分别召开"窗口指导"会议，传达国务院常务会议精神，要求商业银行统一思想，全面、正确、积极地理解和贯彻中央确定的宏观调控政策措施，合理均衡发放贷款，更好地发挥金融在加强和改善宏观调控中的作用。

6 月 16 日，经国务院批准，中国人民银行宣布，从 7 月 5 日起上调存款类金融机构人民币存款准备金率 0.5 个百分点，执行 8% 的存款准备金率，农村信用社（含农村合作银行）暂不上调。

7 月 6 日，发布《中国人民银行关于货币经纪公司进入银行间市场有关事项的通知》（银发[2006]231 号），以规范货币经纪公司业务行为，提高银行间债券市场、银行间同业拆借市场流动性，促进银行间市场的健康发展。

7 月 11 日，建设部、商务部、国家发展改革委、中国人民银行、工商总局、国家外汇管理局联合发布《关于规范房地产市场外资准入和管理的意见》（建住房[2006]171 号），就外商投资房地产市场准入、加强外商投资企业房地产开发商经营管理、境外机构和个人购房管理等提出意见，并进一步规划和落实了监管责任。

7 月 21 日，经国务院批准，中国人民银行决定从 8 月 15 日起提高存款类金融机构人民币存款准备金率 0.5 个百分点，执行 8.5% 的存款准备金率，农村信用社（含农村合作银行）暂不上调。

8 月 14 日，中国人民银行决定从 9 月 15 日起提高外汇存款准备金率 1 个百分点，执行 4% 的外汇存款准备金率。

8 月 15 日，召开"窗口指导"会议，要求商业银行进一步统一思想，全面、正确、积极地理解和贯彻中央确定的宏观调控政策措施，合理均衡发放贷款,更好地发挥金融在加强和改善宏观调控中的作用。

8月19日,上调金融机构人民币存贷款基准利率。金融机构一年期存款基准利率上调0.27个百分点,由2.25%提高到2.52%;一年期贷款基准利率上调0.27个百分点,由5.85%提高到6.12%;其他各档次存贷款基准利率也相应调整,长期利率上调幅度大于短期利率上调幅度。同时,商业性个人住房贷款利率的下限由贷款基准利率的0.9倍扩大为0.85倍,其他商业性贷款利率下限保持0.9倍不变。

9月4日,中国人民银行农村信用社改革试点专项中央银行票据发行兑付考核评审委员会第六次例会决定,对江苏等6个省(市)辖内60个县(市)农村信用社兑付专项票据,额度为35.78亿元。同时,对新疆等2个省(市)辖内8个县(市)农村信用社发行专项票据,额度为3.26亿元。

9月11日,发布《中国人民银行关于调整存款类金融机构同业拆借期限相关事宜的通知》(银发[2006]322号),延长存款类金融机构拆入资金最长期限至1年,拆出资金期限不得超过中国人民银行规定对手方的拆入最长期限。

9月25日,中国人民银行和财政部联合颁布了《中央国库现金管理商业银行定期存款业务操作规程》,以加强财政政策与货币政策的协调配合,规范中央国库现金管理操作。

11月3日,经国务院批准,中国人民银行决定从11月15日起提高存款类金融机构人民币存款准备金率0.5个百分点,执行9%的存款准备金率。

11月3日、12月8日,分别召开"窗口指导"会议,要求商业银行进一步统一思想,全面、正确、积极地理解和贯彻中央确定的宏观调控政策措施,合理均衡发放贷款,更好地发挥金融在加强和改善宏观调控中的作用。

11月30日,中国人民银行农村信用社改革试点专项中央银行票据发行兑付考核评审委员会第七次例会决定,对江苏等7个省(市)辖内 82 个县(市)农村信用社兑付专项票据,额度为 49 亿元。

12 月 25 日,发布"中国人民银行令[2006]第 3 号",公布《个人外汇管理办法》,对个人结汇和境内个人购汇实行年度总额管理,进一步便利个人贸易外汇收支活动,明确和规范了资本项目个人外汇交易和相关外汇收支活动等。

12 月 27 日,印发《中国人民银行关于中小企业信用担保体系建设相关金融服务工作的指导意见》(银发[2006]451 号),要求鼓励和支持中小企业发展,加大金融产品和服务方式创新,做好中小企业信用担保体系建设等相关金融服务工作。

12 月 29 日,经中国人民银行批准,中国外汇交易中心建立独立清算所,有利于完善金融市场基础设施建设,控制清算风险,提高清算效率和市场流动性。

2007 年

1 月 4 日,上海银行间同业拆放利率(Shanghai Interbank Offered Rate,简称 Shibor)正式运行。对社会公布的 Shibor 品种包括隔夜、1 周、2 周、1 个月、3 个月、6 个月、9 个月及 1 年。

1 月 5 日,中国人民银行决定从 1 月 15 日起提高存款类金融机构人民币存款准备金率 0.5 个百分点。

1 月 11 日,中国人民银行与中国银行业监督管理委员会联合发布《关于认真落实专项中央银行票据资金支持政策,切实转换农村信用社经营机制的指导意见》(银发[2007]11 号),提出进一步切实发挥农村信用社改革试点资金支持政策的正向激励作用,推动农村信用社不断深化改革,转换经营机制,促进其稳定健康发展的政策措施。

1 月 14 日,发布[2007]第 3 号公告,内地金融机构经批准可在香港发行人民币金融债券,进一步扩大了香港人民币业务,有利于维护香港国际金融中心的地位,增加香港居民及企业所持有人民币回流内地的渠道。

改革中的中国金融

2月1日,《个人外汇管理办法》(中国人民银行令[2006]第3号)正式施行,《个人外汇管理办法实施细则》开始实行。

2月16日,中国人民银行决定从2月25日起提高存款类金融机构人民币存款准备金率0.5个百分点。

2月26日,中国人民银行农村信用社改革试点专项中央银行票据发行兑付考核评审委员会第八次例会决定,对江苏等8个省(市)辖内125个县(市)农村信用社兑付专项票据,额度为93亿元。

3月14日,召开"窗口指导"会议,要求商业银行进一步统一思想,全面、正确、积极地理解和贯彻中央确定的宏观调控政策措施,合理均衡发放贷款,更好地发挥金融在加强和改善宏观调控中的作用。

3月18日,中国人民银行决定上调金融机构人民币存贷款基准利率。金融机构一年期存款基准利率上调0.27个百分点,由2.52%提高到2.79%;一年期贷款基准利率上调0.27个百分点,由6.12%提高到6.39%;其他各档次存贷款基准利率也相应调整。

4月5日,中国人民银行决定从2007年4月16日起提高存款类金融机构人民币存款准备金率0.5个百分点,执行10.5%存款准备金率。

4月9日,中国外汇交易中心推出新一代外汇交易系统,人民币外汇即期、远期、掉期交易和外币对交易统一通过该平台交易。

4月17日,发布《国家外汇管理局关于调整银行即期结售汇业务市场准入和退出管理方式的通知》(汇发[2007]20号),规范银行业金融机构开办即期结售汇业务的市场准入和退出程序。

4月25日,中国人民银行决定从2007年5月15日起提高外汇存款准备金率1个百分点,执行5%的外汇存款准备金率。

4月29日,中国人民银行决定从2007年5月15日起提高存款类金融机构人民币存款准备金率0.5个百分点,执行11%的存款准备金率。

5月11日,召开"窗口指导"会议,传达国务院常务会议精神,要求各金融机构切实做好货币信贷和金融服务工作，防止经济由偏快转向过热，促进国民经济又好又快发展。

5月18日，中国人民银行决定从2007年6月5日起提高存款类金融机构人民币存款准备金率0.5个百分点，执行11.5%的存款准备金率。

5月18日，发布《中国人民银行关于扩大银行间即期外汇市场人民币兑美元交易价浮动幅度的公告》（中国人民银行公告 [2007]9号），宣布自5月21日起将银行间即期外汇市场人民币兑美元交易价日浮动幅度由3‰扩大至5‰。

5月19日，中国人民银行决定小幅上调金融机构人民币存贷款基准利率。金融机构一年期存款基准利率上调0.27个百分点，由2.79%提高到3.06%；一年期贷款基准利率上调0.18个百分点，由6.39%提高到6.57%；其他各档次存贷款基准利率也相应调整。个人住房公积金贷款利率相应上调0.09个百分点。

6月4日，中国人民银行农村信用社改革试点专项中央银行票据发行兑付考核评审委员会第九次例会决定，对江苏等14个省(市)辖内220个县(市)农村信用社兑付专项票据，额度为123亿元。

6月8日，中国人民银行与国家发展和改革委员会联合发布《境内金融机构赴香港特别行政区发行人民币债券管理暂行办法》（中国人民银行国家发展和改革委员会公告[2007]第12号）；6月26日，人民币债券开始在香港发行。

6月22日，发布《中国人民银行关于完善全国银行间债券市场到期收益率计算标准有关事项的通知》（银发[2007]200号），将银行间债券市场的到期收益率计算标准从"实际天数/365"法调整为更为精确的"实际天数/实际天数"法。

6月29日，发布《中国人民银行关于改进和加强节能环保领域金融服务工作的指导意见》（银发[2007]215号），从统一思想、区别对待、严格管理和加强合作四个方面，对银行系统切实改进和加强对节能环

改革中的中国金融

保领域的金融服务提出了具体要求。

7月3日,发布《同业拆借管理办法》(中国人民银行令[2007]第3号),自2007年8月6日实施。《同业拆借管理办法》全面调整了同业拆借市场的准入管理、期限管理、限额管理、备案管理、透明度管理、监督管理权限等规定,是近十年最重要的同业拆借管理政策调整。

7月21日,中国人民银行决定上调金融机构人民币存贷款基准利率。金融机构一年期存款基准利率上调0.27个百分点,由3.06%提高到3.33%;一年期贷款基准利率上调0.27个百分点,由6.57%提高到6.84%;其他各档次存贷款基准利率也相应调整。个人住房公积金贷款利率相应上调0.09个百分点。

7月30日,中国人民银行调整柜台远期结售汇头寸的管理方式,对主要商业银行柜台远期结售汇以贴现的方式计入头寸。

7月30日,中国人民银行决定从2007年8月15日起提高存款类金融机构人民币存款准备金率0.5个百分点,执行12%的存款准备金率。

8月12日,发布《国家外汇管理局关于境内机构自行保留经常项目外汇收入的通知》(汇发[2007]49号),取消对境内机构外汇账户的限额管理,境内机构可根据经营需要自行保留其经常项目外汇收入。

8月17日,发布《中国人民银行关于在银行间外汇市场开办人民币外汇货币掉期业务有关问题的通知》(银发[2007]287号),在银行间外汇市场开办人民币兑美元、欧元、日元、港币、英镑五个货币对的货币掉期交易,为企业和居民提供更全面灵活的汇率、利率风险管理工具。

8月20日,国家外汇管理局发布《关于开展境内个人直接投资境外证券市场试点的批复》(汇复[2007]276号),研究在风险可控前提下开展境内个人直接对外证券投资业务试点。

8月22日,中国人民银行决定上调金融机构人民币存贷款基准利率。金融机构一年期存款基准利率上调0.27个百分点,由3.33%提高到 3.60%；一年期贷款基准利率上调 0.18 个百分点，由 6.84%提高到 7.02%；其他各档次存贷款基准利率也相应调整。个人住房公积金贷款利率相应上调 0.09 个百分点。

9 月 3 日，成立银行间债券市场、拆借市场、票据市场、外汇市场和黄金市场参与者共同的自律组织——中国银行间市场交易商协会。

9 月 4 日，中国人民银行农村信用社改革试点专项中央银行票据发行兑付考核评审委员会第十次例会决定，对江苏等 19 个省（区、市）辖内 330 个县（市）农村信用社兑付专项票据，额度为 237 亿元。

9 月 5 日，中国人民银行按照差别存款准备金率制度有关标准，对实行差别存款准备金率的金融机构进行了调整，继续发挥差别存款准备金率政策的正向激励与约束功能。

9 月 6 日，中国人民银行决定从 2007 年 9 月 25 日起提高存款类金融机构人民币存款准备金率 0.5 个百分点，执行 12.5%的存款准备金率。

9 月 15 日，中国人民银行决定上调金融机构人民币存贷款基准利率。金融机构一年期存款基准利率上调 0.27 个百分点，由 3.60%提高到 3.87%；一年期贷款基准利率上调 0.27 个百分点，由 7.02%提高到 7.29%；其他各档次存贷款基准利率也相应调整。个人住房公积金贷款利率相应上调 0.18 个百分点。

9 月 24 日，召开经济金融形势分析会议。研究分析经济运行由偏快转向过热的风险，深入认识信贷控制对维护宏观经济稳定和可持续发展的重要意义。引导金融机构树立正确的市场份额观念，自觉把握贷款投放进度，根据实体经济需求，注重均衡放款，改善信贷服务，大力拓展中间业务，努力实现稳健经营和可持续发展。

9 月 27 日，中国人民银行、中国银行业监督管理委员会印发《关于加强商业性房地产信贷管理的通知》（银发[2007]359 号），重点调整和细化了房地产开发贷款和住房消费贷款管理政策。

9 月 29 日，发布《远期利率协议管理规定》（中国人民银行公告

改革中的中国金融

[2007]第 20 号),推出远期利率协议业务。

10 月 13 日,中国人民银行决定从 2007 年 10 月 25 日起提高存款类金融机构人民币存款准备金率 0.5 个百分点,执行 13% 的存款准备金率。

11 月 10 日,中国人民银行决定从 2007 年 11 月 26 日起提高存款类金融机构人民币存款准备金率 0.5 个百分点,执行 13.5% 的存款准备金率。

11 月 30 日,中国人民银行农村信用社改革试点专项中央银行票据发行兑付考核评审委员会第十一次例会决定,对江苏等 24 个省(区、市)辖内 349 个县(市)农村信用社兑付专项票据,额度为 238 亿元。

12 月 5 日,中国人民银行、中国银行业监督管理委员会印发《关于加强商业性房地产信贷管理的补充通知》(银发[2007]452 号),就严格住房消费贷款管理的有关问题做出明确规定。

12 月 8 日,中国人民银行决定从 2007 年 12 月 25 日起提高存款类金融机构人民币存款准备金率 1 个百分点,执行 14.5% 的存款准备金率。

12 月 21 日,中国人民银行决定上调金融机构人民币存贷款基准利率,一年期存款基准利率上调 0.27 个百分点,由 3.87% 提高到 4.14%;一年期贷款基准利率上调 0.18 个百分点,由 7.29% 提高到 7.47%;其他各档次存贷款基准利率也相应调整。个人住房公积金贷款利率保持不变。

2008 年

1 月 16 日,中国人民银行决定从 2008 年 1 月 25 日起提高存款类金融机构人民币存款准备金率 0.5 个百分点,执行 15% 的存款准备金率。

1 月 18 日,中国人民银行和中国银行业监督管理委员会联合发布《关于印发〈经济适用住房开发贷款管理办法〉的通知》(银发[2008]13

号），在利率、期限、项目资本金方面做出特殊规定，以引导有关金融机构在风险可控的基础上支持政府主导的经济适用住房开发建设，进一步发挥金融机构在解决低收入家庭住房困难方面的作用。

1 月 18 日，中国人民银行发布《关于开展人民币利率互换业务有关事宜的通知》（银发[2008]18 号），全面推出利率互换业务。

1 月 31 日，中国人民银行印发《关于抗御严重雨雪冰冻灾害做好金融服务工作的紧急通知》（银发[2008]36 号），引导和协调金融机构合理摆布资金投入结构、进度和节奏，加大对抗灾救灾必要的信贷支持力度，并紧急安排 50 亿元支农再贷款；加强发行基金调运管理，保证市场现金供应，做好灾后恢复生产和春耕备耕的各项金融服务工作。

2 月 27 日，召开经济金融形势分析会。在强调从紧货币政策要求的同时，引导金融机构坚持贷款投放有保有压，加大信贷结构调整力度，优先保证对灾后恢复重建和春耕备耕生产的信贷支持。

3 月 18 日，中国人民银行决定从 2008 年 3 月 25 日起提高存款类金融机构人民币存款准备金率 0.5 个百分点，执行 15.5% 的存款准备金率。

3 月 19 日，印发《中国人民银行 中国银行业监督管理委员会 中国证券监督管理委员会 中国保险监督管理委员会关于金融支持服务业加快发展的若干意见》（银发[2008]90 号），要求金融机构继续深化改革，完善机制，为服务业加快发展创造良好金融环境，加大对服务业发展的金融支持力度，支持服务业关键领域和薄弱环节加快发展，加快金融业基础设施建设，打造支持服务业加快发展的金融服务平台。

3 月 25 日，中国人民银行农村信用社改革试点专项中央银行票据发行兑付考核评审委员会第十二次例会决定，对江苏等 25 个省（区、市）辖内 276 个县(市)农村信用社兑付专项票据，额度为 210 亿元。

4 月 3 日，中国人民银行和中国银行业监督管理委员会联合发布《关于村镇银行、贷款公司、农村资金互助社、小额贷款公司有关政策的通知》（银发[2008]137 号），对这四类机构的存款准备金管理、存贷款利率管理、支付清算管理、会计管理、金融统计和监管报表、征信管理、现金管理、风险管理等方面做出了全面规范,积极鼓励,引导督促这四类机构以面向农村、服务"三农"为目的,扎扎实实依法开展业务经营。

4月16日,中国人民银行决定从2008年4月25日起提高存款类金融机构人民币存款准备金率0.5个百分点,执行16%的存款准备金率。

5月12日,中国人民银行决定从2008年5月20日起提高存款类金融机构人民币存款准备金率0.5个百分点,执行16.5%的存款准备金率。

5月19日,中国人民银行和中国银行业监督管理委员会联合发布《关于全国做好地震灾区金融服务工作的紧急通知(第1号)》(银发[2008]152号),对受到地震灾害影响的四川、甘肃、陕西、重庆、云南等重灾省市实行恢复金融服务的特殊政策。取消灾区法人金融机构信贷规划约束,引导其充分运用资金,满足抗震救灾和灾后重建需求,并引导全国性金融机构加强系统内信贷资源调剂,加大对灾区的信贷投入。

6月4日,中国人民银行农村信用社改革试点专项中央银行票据发行兑付考核评审委员会第十三次例会决定,对江苏等24个省(区、市)辖内296个县(市)农村信用社兑付专项票据,额度为190亿元。

6月7日,中国人民银行决定上调存款类金融机构人民币存款准备金1个百分点,执行17.5%的存款准备金率,于2008年6月15日和25日分别按0.5个百分点缴款。

7月2日,国家外汇管理局、商务部、海关总署联合颁布实施《出口收结汇联网核查办法》,以加强跨境资金流动监管,完善出口与收结汇的真实性及一致性审核。

7月3日,中国人民银行发布2008年第12号公告,决定自2008年8月1日起在全国银行间债券市场全面实现券款对付结算方式。

7 月 28 日，召开经济金融形势分析会。8 月 1 日，与中国银行业监督管理委员会联合上报国务院关于优化信贷结构加强对"三农"、小企业发展和灾后恢复重建金融支持的若干意见，引导金融机构将扩大总量与优化结构相结合，加大对"三农"、中小企业和灾区重建等重点领域和经济薄弱环节的信贷投放。

8 月 4 日，中国人民银行、财政部、人力资源和社会保障部联合印发《关于进一步改进小额担保贷款管理 积极推动创业促就业的通知》（银发[2008]238 号），进一步改进下岗失业人员小额担保贷款管理，积极推动创业促就业。

8 月 5 日，国务院颁布新修订的《中华人民共和国外汇管理条例》，条例自公布之日起实施。

8 月 6 日，中国人民银行、银监会、证监会、保监会联合印发《关于汶川地震灾后重建金融支持和服务措施的意见》（银发 [2008]225 号），全方位做好汶川地震灾后重建的金融支持与服务工作。

8 月 15 日，为增强汶川地震受灾地区农村信用社贷款能力，人民银行决定，对用于灾后恢复重建的支农再贷款自 2008 年 5 月 1 日起至 2011 年 6 月 30 日实行优惠利率，各期限利率在农村信用社再贷款利率基础上分别下调 0.99 个百分点。

9 月 15 日，中国人民银行宣布从 2008 年 9 月 25 日起，除工商银行、农业银行、中国银行、建设银行、交通银行、邮政储蓄银行暂不下调外，其他存款类金融机构人民币存款准备金率下调 1 个百分点，汶川地震重灾区地方法人金融机构存款准备金率下调 2 个百分点。

9 月 16 日，中国人民银行决定下调金融机构人民币贷款基准利率。金融机构一年期贷款基准利率下调 0.27 个百分点，由 7.47% 下调至 7.20%，其他各档次贷款基准利率相应调整。同时下调个人住房公积金贷款利率。五年期以下由 4.77% 下调到 4.59%，下调 0.18 个百分点；五年期以上由 5.22% 下调到 5.13%，下调 0.09 个百分点。存款基准利率保持不变。

改革中的中国金融

9月28日,中国人民银行、中国银行业监督管理委员会联合印发《关于做好金融服务促进我国奶业持续健康发展有关工作的通知》(银发[2008]275号),强调做好有关金融服务工作,维护我国奶业发展的根基,保持奶业市场稳定,支持和促进我国奶业持续健康发展。

10月8日,中国人民银行决定从2008年10月15日起下调存款类金融机构人民币存款准备金率0.5个百分点。

10月9日,中国人民银行决定下调金融机构人民币存贷款基准利率。金融机构一年期存款基准利率下调0.27个百分点,由4.14%下调至3.87%;一年期贷款基准利率下调0.27个百分点,由7.20%下调至6.93%;其他各档次存贷款利率相应调整。个人住房公积金贷款利率相应下调0.27个百分点。

10月15日,中国人民银行和中国银行业监督管理委员会联合印发《关于加快推进农村金融产品和服务方式创新的意见》(银发[2008]295号),进一步推进农村金融改革和农村金融制度创新,决定在中部六省和东北三省选择粮食主产区或县域经济发展有扎实基础的部分县、市,开展农村金融产品和服务方式创新试点,促进金融机构进一步改进和提升农村金融服务,积极满足多层次、多元化的"三农"金融服务需求,大力支持和促进社会主义新农村建设。

10月20日,召开经济金融形势分析会。继续引导金融机构加大对"三农"、中小企业和灾区重建等重点领域和薄弱环节的信贷支持。

10月22日,中国人民银行决定自2008年10月27日起,扩大商业性个人住房贷款利率下浮幅度,调整最低首付款比例。商业性个人住房贷款利率的下限扩大为贷款基准利率的0.7倍;最低首付款比例调整为20%。个人住房公积金贷款利率相应下调0.27个百分点。

10月22日,中国人民银行和中国银行业监督管理委员会联合印发《关于做好汶川地震灾区农村居民住房重建信贷服务工作的指导意见》(银发[2008]304号),强调进一步贯彻落实《国务院关于支持汶川地震灾后恢复重建政策措施的意见》(国发[2008]21号)精神,做好农房重建的信贷服务工作,加快灾区农村居民住房重建步伐。

10 月 30 日,中国人民银行决定下调金融机构人民币存贷款基准利率。金融机构一年期存款基准利率下调 0.27 个百分点,由 3.87%下调至 3.60%;一年期贷款基准利率下调 0.27 个百分点,由 6.93%下调至 6.66%;其他各档次存贷款利率相应调整。个人住房公积金贷款利率保持不变。

11 月 26 日,中国人民银行决定从 2008 年 12 月 5 日起,下调工商银行、农业银行、中国银行、建设银行、交通银行、邮政储蓄银行等大型存款类金融机构人民币存款准备金率 1 个百分点,下调中小型存款类金融机构人民币存款准备金率 2 个百分点,继续对汶川地震灾区和农村金融机构执行优惠的存款准备金率。

11 月 27 日,中国人民银行决定下调人民币存贷款基准利率。一年期存款利率由 3.60%下调至 2.52%,下调 1.08 个百分点;一年期贷款利率由 6.66%下调至 5.58%,下调 1.08 个百分点;其他期限档次存贷款基准利率做相应调整。五年期以下个人住房公积金贷款利率下调至 3.51%,下调 0.54 个百分点;五年期以上(含)下调至 4.05%,下调 0.54 个百分点。同时,下调人民银行对金融机构存贷款利率。其中,法定准备金存款利率由 1.89%下调至 1.62%,下调 0.27 个百分点;超额准备金存款利率由 0.99%下调至 0.72%,下调 0.27 个百分点;一年期流动性再贷款利率由 4.68%下调至 3.60%,其他再贷款利率相应下调;再贴现利率由 4.32%下调至 2.97%。

12 月 2 日,中国人民银行农村信用社改革试点专项中央银行票据发行兑付考核评审委员会第十四次例会决定,对安徽等 22 个省(区)辖 440 个县(市)农村信用社兑付专项票据,额度为 327 亿元;对陕西等 5 个省(区)辖内 127 个县(市)农村信用社发行专项票据,额度为 35 亿元。

12 月 3 日,中国人民银行和中国银行业监督管理委员会联合印发《关于印发〈廉租住房建设贷款管理办法〉的通知》(银发[2008]355 号),

改革中的中国金融

强调贯彻落实中央关于扩大内需促进经济平稳较快增长的重大举措和《国务院关于解决城市低收入家庭住房困难的若干意见》(国发[2007]24号)精神,支持廉租住房开发建设,保障民生。

12月5日,召开经济金融形势分析会。引导金融机构注重均衡平稳投放贷款;同时,加大对扩大内需重点领域的信贷支持,避免盲目投放信贷,切实提高信贷支持经济发展的质量。

12月11日,印发《中国人民银行关于进一步做好农田水利基本建设金融服务工作的意见》(银发[2008]361号),强调贯彻落实党的十七届三中全会精神和国务院召开的全国冬春农田水利基本建设电视电话会议精神,做好农田水利基本建设融资支持和服务工作,促进扩大内需和提高我国农业可持续发展的能力,扎实推进社会主义新农村建设。

12月18日,为进一步加大对汶川地震受灾地区的再贷款支持力度,增强受灾地区农村信用社贷款能力,中国人民银行决定从12月22日起用于灾后恢复重建的支农再贷款优惠利率的适用范围,由极重灾区、重灾区扩大至一般灾区。

12月22日,中国人民银行决定从2008年12月25日起,下调金融机构人民币存款准备金率0.5个百分点。

12月23日,中国人民银行决定下调金融机构人民币存贷款基准利率。一年期存款利率由2.52%下调至2.25%,下调0.27个百分点;一年期贷款利率由5.58%下调至5.31%,下调0.27个百分点;其他期限档次存贷款基准利率做相应调整。五年期以下个人住房公积金贷款利率下调至3.33%,下调0.18个百分点;五年期以上下调至3.87%,下调0.18个百分点。同时,下调人民银行对金融机构再贷款(再贴现)利率。其中,一年期流动性再贷款利率由3.60%下调至3.33%,下调0.27个百分点;对农村信用社再贷款(不含紧急贷款)一年期利率由3.42%下调至2.88%,下调0.54个百分点;其他档次利率相应下调。再贴现利率由2.97%下调至1.80%,下调1.17个百分点。

12月31日，中国人民银行和中国银行业监督管理委员会联合印发《关于汶川地震灾前贷款因灾延期偿还有关政策的通知》（银发[2008]392号），补充规定对灾区灾前已经发放、灾后不能按期偿还的个人和企业贷款再给予一定的宽限期，在新的宽限期内继续按不催收催缴、不罚息、不作为不良记录、不影响借款人继续获得灾区其他信贷支持的政策处理。

2009 年

1月7日，中国人民银行发布公告（中国人民银行公告[2009]第1号），取消了在银行间债券市场交易流通的债券发行规模须超过5亿元才可交易流通的限制条件，为中小企业通过发债进行小额融资创造了较好的政策条件。

1月20日，中国人民银行与香港金融管理局签署货币互换协议，互换规模为2000亿元人民币/2270亿港元，协议有效期为3年。

1月22日，中国人民银行发布《关于2009年上海银行间同业拆放利率建设工作有关事宜的通知》（银发[2009]24号），提出继续完善Shibor形成机制，积极推动金融产品以Shibor为基准定价或参照其定价。

2月8日，中国人民银行和马来西亚国民银行签署双边货币互换协议，互换规模为800亿元人民币/400亿林吉特，协议有效期为3年。

2月9日，中国人民银行印发《关于完善支农再贷款管理 支持春耕备耕 扩大"三农"信贷投放的通知》（银发[2009]38号），适当调整完善了支农再贷款政策，同时对西部地区和粮食主产区安排增加支农再贷款额度100亿元。

3月3日，中国人民银行农村信用社改革试点专项中央银行票据发行兑付考核评审委员会第十五次例会决定，对安徽等14个省（区）辖内98个县（市）农村信用社兑付专项票据，额度为36亿元。

3月11日，中国人民银行发布公告（中国人民银行公告[2009]第4

号），同意中国银行间市场交易商协会将原《中国银行间市场金融衍生产品交易主协议》与《全国银行间外汇市场人民币外汇衍生产品主协议》合并，发布新的《中国银行间市场金融衍生产品交易主协议》，使我国场外金融衍生产品交易均受统一的主协议管辖。

3月11日，中国人民银行和白俄罗斯共和国国家银行签署双边货币互换协议，互换规模为200亿元人民币/8万亿白俄罗斯卢布，协议有效期为3年。

3月17日，国家外汇管理局发布《关于2009年度金融机构短期外债指标核定情况的通知》（汇发[2009]14号），适当上调金融机构短期外债指标，强调增量部分全部用于支持境内企业进出口贸易融资，促进对外贸易健康平稳发展。

3月18日，中国人民银行发布公告（中国人民银行公告[2009]第5号），允许基金管理公司以特定资产管理组合名义在全国银行间债券市场开立债券账户，并对其业务运作进行了规范。

3月18日，中国人民银行、中国银行业监督管理委员会联合印发《关于进一步加强信贷结构调整，促进国民经济平稳较快发展的指导意见》（银发[2009]92号），要求人民银行系统和各金融机构深入贯彻落实党中央、国务院关于进一步扩大内需、促进经济增长的十项措施和《国务院办公厅关于当前金融促进经济发展的若干意见》（国办发[2008]126号）精神，认真执行适度宽松的货币政策，促进国民经济平稳较快发展。

3月23日，中国人民银行和印度尼西亚银行签署双边货币互换协议，互换规模为1000亿元人民币/175万亿印尼卢比，协议有效期为3年。

3月25日，中国人民银行发布《全国银行间债券市场金融债券发行管理操作规程》（中国人民银行公告[2009]第6号），进一步规范与完善金融债券发行管理，提高金融债券发行审核的透明度，健全市场约束与风险分担机制。

3 月 26 日,中国人民银行发布《银行间债券市场债券登记托管结算管理办法》(中国人民银行令[2009]第 1 号),进一步规范债券登记、托管和结算业务开展。

4 月 8 日,国务院第 56 次常务会议决定在上海市和广东省广州市、深圳市、珠海市、东莞市开展跨境贸易人民币结算试点。

5 月 13 日,中国人民银行、中国银行业监督管理委员会在京联合召开了货币信贷工作座谈会,引导金融机构合理把握信贷投放进度,进一步优化信贷结构,平衡好金融支持经济发展与防范金融风险的关系。

5 月 14 日和 6 月 24 日,经国务院同意,中国人民银行分别批准东亚银行(中国)和汇丰银行(中国)两家港资法人银行赴香港发行人民币债券 40 亿元和 30 亿元。

5 月 26 日,中国人民银行农村信用社改革试点专项中央银行票据发行兑付考核评审委员会第十六次例会决定,对福建等 12 个省(区、市)辖内 39 个县(市)农村信用社兑付专项票据,额度为 27 亿元。

6 月 10 日,国家外汇管理局发布《关于进一步完善企业贸易信贷登记和出口收结汇联网核查管理有关问题的通知》(汇综发[2009]78 号),明晰贸易信贷登记管理职责,改进出口收结汇联网核查系统,促进贸易便利化,进一步稳定外需。

7 月 1 日,中国人民银行、财政部、商务部、海关总署、国家税务总局和中国银行业监督管理委员会联合发布公告[2009]第 10 号,公布实施《跨境贸易人民币结算试点管理办法》,规范试点企业和商业银行的行为,防范相关业务风险,以促进贸易便利化,保障跨境贸易人民币结算试点工作的顺利进行。

7 月 3 日,为贯彻落实《跨境贸易人民币结算试点管理办法》,中国人民银行印发《跨境贸易人民币结算试点管理办法实施细则》(银发[2009]212 号)。

7 月 13 日,为明确跨境贸易人民币结算中有关国际收支统计申报事宜,便于试点企业和银行办理相关业务,国家外汇管理局发布《关于跨境贸易人民币结算中国际收支统计申报有关事宜的通知》（汇综发[2009]90号）。

7月，中国人民银行对部分贷款增长过快的商业银行发行定向央票，引导其注重贷款平稳适度增长。

9月1日，中国人民银行和中国银行业监督管理委员会联合发布公告[2009]第14号，明确汽车金融公司和金融租赁公司的发债条件，规范两类机构的发债行为。

9月2日，中国人民银行农村信用社改革试点专项中央银行票据发行兑付考核评审委员会第十七次例会决定，对辽宁省辖内5个县（市）农村信用社发行专项票据，额度为4亿元，对四川等9个省（区、市）辖内26个县（市）农村信用社兑付专项票据，额度为5亿元。

9月9日，印发《中国人民银行、商务部、中国银行业监督管理委员会、中国证券监督管理委员会、中国保险监督管理委员会、国家外汇管理局关于金融支持服务外包产业发展的若干意见》（银发[2009]284号），要求加大金融对产业转移和产业升级的支持力度，做好金融支持服务外包产业发展工作。

11月4日，中国人民银行成立货币政策二司。

11月11日，为促进个人本外币兑换市场的合理竞争，进一步提升我国个人兑换服务的整体水平，国家外汇管理局发布《关于扩大个人本外币兑换特许业务试点的通知》（汇发[2009]54号）。

11月12日，在中国人民银行的指导下，中国银行间市场交易商协会发布《银行间债券市场中小非金融企业集合票据业务指引》。

11月23日，中国人民银行农村信用社改革试点专项中央银行票据发行兑付考核评审委员会第十八次例会决定，对四川等11个省（区、市）辖内22个县（市）农村信用社兑付专项票据，额度为40亿元。

11月28日，银行间市场清算所股份有限公司在上海挂牌成立。

12月22日，中国人民银行会同中国银行业监督管理委员会、中国证券监督管理委员会、中国保险监督管理委员会出台《关于进一步做好金融服务支持重点产业调整振兴和抑制部分行业产能过剩的指导意见》(银发[2009]386 号),提出金融业要保证重点产业调整振兴合理的资金需求,着力扩大内需、优化信贷结构,推动经济发展方式转变和经济结构调整,淘汰落后产能,提高经济发展质量和效益,保持国民经济平稳可持续发展。

2010 年

1 月 12 日,中国人民银行决定从 2010 年 1 月 18 日起上调存款类金融机构人民币存款准备金率 0.5 个百分点, 农村信用社等小型金融机构暂不上调。

1 月 13 日,中国人民银行办公厅印发《关于进一步做好大学生"村官"创业富民金融服务工作的通知》(银办发[2010]5 号),提出积极加强信贷政策指导,有针对性地创新金融产品和服务方式,为大学生"村官"创业富民及时提供有效融资支持,并做好专项监测。

2 月 12 日,中国人民银行决定从 2010 年 2 月 25 日起上调存款类金融机构人民币存款准备金率 0.5 个百分点, 农村信用社等小型金融机构暂不上调。

3 月 4 日,中国人民银行召开信贷形势座谈会。按照宏观调控的总体部署和要求,引导金融机构贷款合理均衡增长,同时着力优化信贷结构,增强风险防范意识。

3 月 8 日,中国人民银行发布《人民币跨境收付信息管理系统管理暂行办法》(银发[2010]79 号),加强人民币跨境收付信息管理系统的管理,保障人民币跨境收付信息管理系统安全、稳定、有效运行,规范银行业金融机构的操作和使用。

3 月 19 日, 中国人民银行会同中共中央宣传部等八个部委出台《关于金融支持文化产业振兴和发展繁荣的指导意见》(银发[2010]94 号), 督促金融机构认真落实金融支持文化产业发展振兴的政策措施, 进一步改进和提升对我国文化产业的金融服务, 促进文化产业的振兴和发展繁荣。

3月24日,中国人民银行与白俄罗斯国家银行签署《中白双边本币结算协议》。该协议是我国与非接壤国家签订的第一个一般贸易本币结算协议,也是人民币跨境贸易结算试点实施后的区域金融合作的新进展,有利于进一步推动中白两国经济合作,便利双边贸易投资。

3月29日,中国人民银行印发《关于做好春季农业生产和西南地区抗旱救灾金融服务工作的紧急通知》(银发[2010]100号),要求加大政策支持力度,确保金融机构支持春季农业生产和抗旱救灾必需的流动性需求,切实加大对春季农业生产和抗旱救灾的有效信贷投入。

4月21日,中国人民银行会同中国银行业监督管理委员会、中国证券监督管理委员会、中国保险监督管理委员会出台《关于全力做好玉树地震灾区金融服务工作的紧急通知》(银发[2010]121号),及时出台支持灾区抗震救灾的特殊金融服务措施,要求加强灾区现金调拨和供应,确保支付清算、国库等系统通畅运营,引导金融机构切实加大对抗震救灾和灾区重建的信贷投入,满足灾区群众的基本生活需求。

5月2日,中国人民银行决定从2010年5月10日起,上调存款类金融机构人民币存款准备金率0.5个百分点,农村信用社、村镇银行暂不上调。

5月19日,中国人民银行、中国银行业监督管理委员会、中国证券监督管理委员会、中国保险监督管理委员会联合印发《关于全面推进农村金融产品和服务方式创新的指导意见》(银发[2010]198号),要求以创新农村金融产品和服务方式为突破口,大力推广普及在实践中经被证明是行之有效的金融产品;根据农村发展的新形势,积极研发和推出一些适合农村和农民实际需求特点的创新类金融产品;通过完善农村金融服务流程,再造农村金融服务模式,让广大农村和农民得到更多便捷和优质的现代化金融服务。

5月28日,中国人民银行会同中国银行业监督管理委员会出台《关于进一步做好支持节能减排和淘汰落后产能金融服务工作的意见》

(银发[2010]170 号),要求金融机构进一步加强和改进信贷管理,多方面改进和完善金融服务,密切跟踪监测并有效防范信贷风险,做好金融支持节能减排工作。

6 月 9 日,经国务院批准,中国人民银行与冰岛中央银行签署了金额为 35 亿元人民币的双边本币互换协议, 以推动双边贸易和投资,加强双边金融合作。

6 月 19 日,根据国内外经济金融形势和我国国际收支状况,中国人民银行决定进一步推进人民币汇率形成机制改革,增强人民币汇率弹性。改革重在坚持以市场供求为基础,参考一篮子货币进行调节。中国人民银行将继续按照已公布的外汇市场汇率浮动区间, 对人民币汇率浮动进行动态管理和调节。

6 月 21 日,中国人民银行会同中国银行业监督管理委员会、中国证券监督管理委员会、中国保险监督管理委员会出台《关于进一步做好中小企业金融服务工作的若干意见》(银发[2010]193 号),提出加强中小企业信贷管理制度的改革创新,完善中小企业金融服务的多层次金融组织体系, 拓宽符合中小企业资金需求特点的多元化融资渠道,发展中小企业信用增强体系,多举措支持中小企业"走出去"开拓国际市场。

6 月 22 日,中国人民银行、财政部、商务部、海关总署、国家税务总局、中国银行业监督管理委员会联合下发了《关于扩大跨境贸易人民币结算试点范围有关问题的通知》(银发[2010]186 号),扩大跨境贸易人民币结算试点范围,增加国内试点地区,不再限制境外地域,试点业务范围扩展到货物贸易之外的其他经常项目结算,以进一步满足企业对跨境贸易人民币结算的实际需求,发挥跨境贸易人民币结算的积极作用。

7 月 23 日,为推动双边贸易和直接投资,中国人民银行和新加坡金融管理局签署了规模为 1500 亿元人民币 / 约 300 亿新加坡元的双边本币互换协议。

7月26日,中国人民银行、国家发展和改革委员会、工业和信息化部、财政部、国家税务总局和中国证券监督管理委员会联合发布《关于促进黄金市场发展的若干意见》(银发[2010]211号),明确了黄金市场未来发展的总体思路和主要任务。

7月30日,财政部、国家发展和改革委员会、中国人民银行、中国银行业监督管理委员会联合印发《关于贯彻〈国务院关于加强地方政府融资平台公司管理有关问题的通知〉相关事项的通知》(财预[2010]412号),对《国务院关于加强政府融资平台公司管理有关问题的通知》(国发[2010]19号)有关内容进行解释说明,并要求各地上报地方政府融资平台公司债务清理核实情况。

8月15日,中国人民银行和中国银行业监督管理委员会联合印发《关于全力做好甘肃、四川遭受特大山洪泥石流灾害地区住房重建金融支持和服务工作的指导意见》(银发[2010]226号),提出落实好灾前住房重建贷款因灾延期偿还政策、对灾区实行住房信贷优惠政策、加强贷款管理、加大支农再贷款支持力度、加快恢复灾区各项金融服务功能等意见。

8月16日,中国人民银行发布《关于境外人民币清算行等三类机构运用人民币投资银行间债券市场试点有关事宜的通知》(银发[2010]217号),允许境外中央银行或货币当局、港澳人民币业务清算行和跨境贸易人民币结算境外参加银行使用依法获得的人民币资金投资银行间债券市场。

8月30日,中国人民银行农村信用社改革试点专项中央银行票据发行兑付考核评审委员会第十九次例会决定,对四川等8个省(区)辖内喜德等27个县(市)农村信用社兑付专项票据,额度为9.61亿元。

9月2日,中国人民银行发布《境外机构人民币银行结算账户管理办法》(银发[2010]249号),明确境外机构可申请在银行开立人民币银行结算账户,用于依法开展的各项跨境人民币业务,该办法自2010年10月1日起实施。

9 月 21 日,中国人民银行、中国银行业监督管理委员会、中国证券监督管理委员会、中国保险监督管理委员会联合印发《关于进一步做好汶川地震灾后重建金融支持与服务工作的指导意见》(银发[2010]271号),强调保持对灾区金融支持政策的连续性和稳定性,进一步增强对灾区金融服务的针对性和有效性。

9 月 29 日,为进一步贯彻落实《国务院关于坚决遏制部分城市房价过快上涨的通知》(国发[2010]10 号)的有关精神,巩固房地产市场调控成果,促进房地产市场健康发展,中国人民银行会同中国银行业监督管理委员会印发《关于完善差别化住房信贷政策有关问题的通知》(银发[2010]275 号),要求商业银行更加严格地执行贷款购买商品住房的首付款比例及贷款利率等相关政策,明确了暂停发放第三套及以上住房贷款等相关规定,坚决遏制房地产市场投机行为。同时,要求商业银行继续支持保障性住房建设贷款需求,支持中低价位、中小套型商品住房项目建设,引导房地产市场健康发展。

9 月 30 日,中国证券监督管理委员会、中国人民银行、中国银行业监督管理委员会联合发布了《关于上市商业银行在证券交易所参与债券交易试点有关问题的通知》(证监发[2010]91 号)。

10 月 20 日,中国人民银行决定上调金融机构人民币存贷款基准利率,其中,一年期存款基准利率上调 0.25 个百分点,由 2.25%提高到 2.50%;一年期贷款基准利率上调 0.25 个百分点,由 5.31%提高到 5.56%;其他期限档次存贷款基准利率做相应调整。

11 月 9 日,为防范跨境资本流动带来的金融风险,国家外汇管理局发布《关于加强外汇业务管理有关问题的通知》(汇发[2010]59 号)。

11 月 10 日,中国人民银行决定从 2010 年 11 月 16 日起,上调存款类金融机构人民币存款准备金率 0.5 个百分点。

11 月 11 日,《中国人民银行关于印发〈农村信用社改革试点专项中央银行票据兑付后续监测考核办法〉的通知》(银发[2010]316 号)发布,明确中国人民银行各分支行要认真履行专项票据兑付后续监测考

改革中的中国金融

核工作职责,准确把握监测考核重点,坚持激励与约束并举原则,充分发挥货币政策工具和金融市场准入政策的作用,促进农村信用社巩固前期改革成果,增强可持续发展能力,提高农村金融服务水平。

11月19日,中国人民银行决定从2010年11月29日起,上调存款类金融机构人民币存款准备金率0.5个百分点。

11月22日,为促进中国与俄罗斯之间的双边贸易,便利跨境贸易人民币结算业务的开展,满足经济主体降低汇兑成本的需要,经中国人民银行授权,中国外汇交易中心在银行间外汇市场开办人民币对俄罗斯卢布交易。12月15日,俄罗斯莫斯科货币交易所正式挂牌人民币对俄罗斯卢布交易。

11月23日,中国人民银行召开信贷形势座谈会,分析经济金融和货币信贷形势,引导金融机构保持贷款合理适度增长,加强优化信贷结构,提升风险抵御能力。

12月10日,中国人民银行决定从2010年12月20日起,上调存款类金融机构人民币存款准备金率0.5个百分点。

12月15日,中国人民银行召开信贷形势座谈会,传达中央经济工作会议精神,引导金融机构执行好稳健的货币政策,按照宏观审慎要求,加强自我调整信贷行为,保持信贷适度增长,增强风险防范能力。

12月26日,中国人民银行决定上调金融机构人民币存贷款基准利率。其中,一年期存款基准利率上调0.25个百分点,由2.50%提高到2.75%;一年期贷款基准利率上调0.25个百分点,由5.56%提高到5.81%;其他期限档次存贷款基准利率做相应调整。同时,上调中国人民银行对金融机构贷款利率,其中一年期流动性再贷款利率由3.33%上调至3.85%;一年期农村信用社再贷款利率由2.88%上调至3.35%;再贴现利率由1.80%上调至2.25%。

2011 年

2011 年年初,中国人民银行引入差别准备金动态调整机制,构建宏观审慎政策框架。

1 月 6 日,国家发展和改革委员会、商务部,中国人民银行会同国家外汇管理局制定发布了《境外直接投资人民币结算试点管理办法》(中国人民银行公告[2011]第 1 号),跨境贸易人民币结算试点地区的银行和企业可开展境外直接投资人民币结算试点。

1 月 14 日,中国人民银行决定从 2011 年 1 月 20 日起上调存款类金融机构人民币存款准备金率 0.5 个百分点。

2 月 9 日,中国人民银行决定上调金融机构人民币存贷款基准利率,其中,一年期存款基准利率上调 0.25 个百分点,由 2.75%提高到 3%;一年期贷款基准利率上调 0.25 个百分点,由 5.81%提高到 6.06%;其他期限档次存贷款基准利率及个人住房公积金贷款利率做相应调整。

2 月 14 日,为进一步丰富外汇市场交易品种,为企业和银行提供更多的汇率避险保值工具,国家外汇管理局发布《关于人民币对外汇期权交易有关问题的通知》(汇发[2011]8 号),批准中国外汇交易中心在银行间外汇市场组织开展人民币对外汇期权交易。

2 月 18 日,中国人民银行决定从 2011 年 2 月 24 日起上调存款类金融机构人民币存款准备金率 0.5 个百分点。

2 月 22 日,中国人民银行办公厅印发《关于安排增加支农再贷款,支持重点地区做好春耕抗旱金融服务工作的通知》(银办发[2011]45 号),对河南、山东、河北等受旱灾影响严重的 8 省安排增加支农再贷款额度 100 亿元,积极鼓励和引导金融机构全力做好抗旱救灾金融服务工作,支持粮食稳定增产。

3 月 18 日,中国人民银行决定从 2011 年 3 月 25 日起上调存款类金融机构人民币存款准备金率 0.5 个百分点。

3 月 18 日,为合理引导跨境资金流动,防范违法违规资金流入,维护国家涉外经济金融安全,国家外汇管理局发布《关于进一步加强外汇业务管理有关问题的通知》(汇发[2011]11 号)。

3 月 28 日,中国人民银行农村信用社改革试点专项中央银行票据发行兑付考核评审委员会第二十次例会决定,对海南等 4 个省(区)辖内屯昌等 19 个县(市)农村信用社兑付专项票据,额度为 19.9 亿元。

3 月 31 日,中国人民银行办公厅印发《关于认真组织落实县域法人金融机构新增存款一定比例用于当地贷款激励政策及农村信用社专项票据兑付后续监测考核激励约束政策的通知》(银办发[2011]82 号),自 2011 年 4 月 1 日至 2012 年 3 月 31 日,对经考核达到新增存款一定比例用于当地贷款政策考核标准的县域法人金融机构,执行低于同类金融机构正常标准 1 个百分点的存款准备金率;对同时达到新增存款一定比例用于当地贷款和专项票据兑付后续监测考核政策标准的 425 个县(市)农村信用社和 16 个村镇银行,安排增加支农再贷款额度 200 亿元。

4 月 6 日,中国人民银行决定上调金融机构人民币存贷款基准利率,其中,一年期存款基准利率上调 0.25 个百分点,由 3%提高到 3.25%;一年期贷款基准利率上调 0.25 个百分点,由 6.06%提高到 6.31%;其他各档次存贷款基准利率及个人住房公积金贷款利率相应调整。

4 月 9 日,发布中国人民银行公告[2011]第 3 号,对全国银行间债券市场交易管理提出了具体要求,引入了重大异常交易披露制度、异常交易事前报备制度等,有利于进一步规范全国银行间债券市场债券交易行为。

4 月 15 日,中国人民银行、财政部联合发布中国人民银行、财政部公告[2011]第 6 号,就新发关键期限国债做市有关事宜提出具体要求,以进一步改善市场价格发现机制,有利于完善国债收益率曲线。

4 月 17 日,中国人民银行决定从 2011 年 4 月 21 日起,上调存款类金融机构人民币存款准备金率 0.5 个百分点。

4 月 18 日，中国人民银行与新西兰储备银行签署金额为 250 亿元人民币 /50 亿新西兰元的双边本币互换协议，有效期为 3 年，经双方同意可以展期。

4 月 19 日，中国人民银行与乌兹别克斯坦共和国中央银行签署金额为 7 亿元人民币 /1670 亿乌兹别克斯坦苏姆的双边本币互换协议，有效期为 3 年，经双方同意可以展期。

5 月 6 日，中国人民银行与蒙古国中央银行签署金额为 50 亿元人民币 /10 万亿图格里特的双边本币互换协议，有效期为 3 年，经双方同意可以展期。

5 月 12 日，中国人民银行决定从 2011 年 5 月 18 日起，上调存款类金融机构人民币存款准备金率 0.5 个百分点。

6 月 13 日，中国人民银行与哈萨克斯坦共和国国家银行签署金额为 70 亿元人民币 /1500 亿坚戈的双边本币互换协议，有效期为 3 年，经双方同意可以展期。

6 月 14 日，中国人民银行决定从 2011 年 6 月 20 日起，上调存款类金融机构人民币存款准备金率 0.5 个百分点。

6 月 23 日，中国人民银行与俄罗斯联邦中央银行签订新的双边本币结算协定。协定签订后，中俄本币结算从边境贸易扩大到一般贸易，并扩大地域范围。协定规定两国经济活动主体可自行决定用自由兑换货币、人民币和卢布进行商品和服务的结算与支付。协定将进一步加深中俄两国的金融合作，促进双边贸易和投资增长。

7 月 7 日，中国人民银行决定上调金融机构人民币存贷款基准利率。其中，一年期存款基准利率上调 0.25 个百分点，由 3.25% 提高到 3.50%；一年期贷款基准利率上调 0.25 个百分点，由 6.31% 提高到 6.56%；其他各档次存贷款基准利率及个人住房公积金贷款利率相应调整。

7 月 15 日，中国人民银行发布《关于开展涉农信贷政策导向效果评估的通知》(银发[2011]181 号)，明确从 2011 年开始，人民银行分支

改革中的中国金融

机构对县域金融机构开展涉农信贷政策导向效果评估，促进金融机构更好地服务"三农"，着力提高涉农信贷政策导向效果。

7月22日,中国人民银行发布《关于开展中小企业信贷政策导向效果评估的通知》(银发[2011]185号),明确从2011年开始,人民银行分支机构对省级及省级以下金融机构开展中小企业信贷政策导向效果评估,促进金融机构进一步改进和提升对中小企业的综合金融服务水平,提高中小企业信贷政策导向效果。

8月4日,中国人民银行、中国银行业监督管理委员会联合印发《关于认真做好公共租赁住房等保障性安居工程金融服务工作的通知》(银发[2011]193号),明确和重申公共租赁住房等保障性安居工程信贷支持政策,要求银行业金融机构在加强管理、防范风险的基础上,加大对保障性安居工程建设的信贷支持。

8月22日,中国人民银行会同五部委发布《关于扩大跨境贸易人民币结算地区的通知》(银发[2011]203号),将跨境贸易人民币结算境内地域范围扩大至全国。

8月,国务院批准境内机构赴港发行人民币债券共500亿元,其中境内金融机构发行人民币债券250亿元,境内非金融企业发行人民币债券250亿元。

9月14日,为便利俄罗斯莫斯科银行间货币交易所人民币对卢布交易的开展,中国人民银行发布《关于俄罗斯莫斯科银行间货币交易所人民币对卢布交易人民币清算有关问题的通知》(银发 [2011]222号),允许在莫斯科银行间货币交易所开展人民币对卢布交易的俄罗斯商业银行在中国境内商业银行开立人民币特殊账户,专门用于人民币对卢布交易产生的人民币资金清算。

10月14日,中国人民银行发布《外商直接投资人民币结算业务管理办法》(中国人民银行公告[2011]第23号),明确银行可按照相关规定为境外投资者办理外商直接投资人民币结算业务。

10月26日, 中国人民银行与韩国央行续签中韩双边本币互换协议,互换规模由原来的 1800 亿元人民币 /38 万亿韩元扩大至 3600 亿元人民币 /64 万亿韩元,有效期为 3 年,经双方同意可以展期。

10 月 26 日,中国人民银行发布《关于境内银行业金融机构境外项目人民币贷款的指导意见》(银发[2011]255 号),对境内银行开展境外项目人民币贷款业务进行了明确规定,有助于规范和促进相关业务发展。

11 月 22 日,中国人民银行与香港金融监管局续签货币互换协议,互换规模由原来的 2000 亿元人民币 /2270 亿港币扩大至 4000 亿元人民币 /4900 亿港币,有效期为 3 年,经双方同意可以展期。

11 月 25 日,中国人民银行农村信用社改革试点专项中央银行票据发行兑付考核评审委员会第二十一次例会决定,对辽宁省等 6 个省辖内辽阳县等 11 个县（市）农村信用社兑付专项票据,额度为 10.84 亿元。

11 月 30 日,中国人民银行决定从 2011 年 12 月 5 日起下调存款类金融机构人民币存款准备金率 0.5 个百分点。

11 月,四省(市)开展地方政府自行发债试点。上海市、广东省、浙江省和深圳市政府分别在银行间市场发行债券 71 亿元、69 亿元、67 亿元和 22 亿元。

12 月 16 日,中国证券监督管理委员会、中国人民银行、国家外汇管理局联合发布《基金管理公司、证券公司人民币合格境外机构投资者境内证券投资试点办法》(中国证券监督管理委员会 中国人民银行 国家外汇管理局第 76 号令),允许境内基金管理公司、证券公司的香港子公司作为试点机构,运用其在香港募集的人民币资金在经批准的人民币投资额度内开展境内证券投资业务。

12 月 22 日,中国人民银行与泰国银行签署规模为 700 亿元人民币 /3200 亿泰铢的双边本币互换协议,有效期为 3 年,经双方同意可以展期。

12 月 23 日,中国人民银行与巴基斯坦国家银行签署规模为 100

亿元人民币/1400亿卢比的双边本币互换协议,有效期为3年,经双方同意可以展期。

12月27日,中国人民银行等五部委联合发布了《关于加强黄金交易所或从事黄金业务交易平台管理的通知》(银发[2011]301号),明确除上海黄金交易所和上海期货交易所外,其他任何地方、机构或个人均不得设立黄金交易所(交易中心),也不得在其他交易场所(交易中心)内设立黄金交易平台。银行业金融机构应停止为非法黄金交易所或黄金交易平台提供开户、托管、资金划汇、代理买卖、投资咨询等中介服务。

12月31日,中国人民银行发布《关于实施〈基金管理公司、证券公司人民币合格境外机构投资者境内证券投资试点办法〉有关事项的通知》(银发[2011]321号),进一步规范试点机构的账户管理、资金汇出入、资产配置、银行间债券市场投资和信息报送等行为。

(资料来源:根据中国人民银行货币政策司"货币政策大事记"整理)

附录二:2006—2011 年中国金融大事记

2006 年

1.央行加强金融宏观调控,确保金融经济平稳运行

2006 年 11 月 15 日,央行将存款类金融机构人民币存款准备金率上调 0.5 个百分点,由 8.5%调高至 9%,这是央行针对银行体系流动性过剩问题,于年内第三次小幅上调存款准备金率。此前央行已于 4 月 28 日和 8 月 19 日先后两次加息,并于 7 月 5 日和 8 月 15 日两次上调存款准备金率 0.5 个百分点。

2.《反洗钱法》颁布,构建预防监控洗钱"法网"

2006 年 10 月 31 日,《中华人民共和国反洗钱法》经第十届全国人大常委会第二十四次会议审议通过,于 2007 年 1 月 1 日开始施行。《中华人民共和国反洗钱法》的颁布,正式建立了我国预防、监控洗钱活动的基本法律制度,与《中华人民共和国刑法》有关制裁、打击洗钱犯罪的法律条款共同构成了我国全面预防、控制和打击洗钱犯罪活动的基本法律框架,形成了一道全面预防、监控洗钱活动的反洗钱"法网"。

3.中国银行业迎来全面开放,中外资银行同台竞技

2006 年 12 月 11 日,根据我国加入世界贸易组织的承诺,我国向外资银行全面开放了中国境内公民的人民币业务,取消开展人民币业务的地域限制和其他非审慎性限制,并对外资银行实行国民待遇。

从这一天起,新版的《中华人民共和国外资银行管理条例》及其细

改革中的中国金融

则开始施行,同时,由银监会颁发的《商业银行金融创新指引》也同时实施,中国的金融市场由此真正进入中外资银行同台竞技时代。

4.国有商业银行股改上市,金融改革取得阶段性成果

2006年10月27日,中国工商银行在A股和H股市场筹资约191亿美元,以全球资本市场上募资额最大的IPO身份同时在上海和香港两地挂牌上市。之前的6月1日,中国银行在香港完成面向全球投资者的IPO后在香港成功挂牌上市,并于7月5日回归内地市场,在上海挂牌上市。从金融改革角度而言,我国最大商业银行完成"世纪IPO"计划,标志着中国国有商业银行股改取得历史性的突破,中国金融改革取得阶段性胜利;从资本市场来看,中国工商银行此番首次实现A+H同步发行上市,解决了境内外信息披露一致、境内外发行时间表衔接、两地监管的协调和沟通等诸多制度和技术上的难题,开创了A股、H股同时同价发行和同步上市的先河。

5.农村地区银行业金融机构准入政策放宽

2006年12月22日,银监会发布《调整放宽农村地区银行业金融机构准入政策的若干意见》,按照商业可持续原则,适度调整和放宽农村地区银行业金融机构准入政策。据此政策,五类农村银行业金融机构在注册资本、营运资金、投资人资格和入股比例、业务准入条件和范围、高级管理人员准入资格、机构审批、公司治理等方面均享受调整放宽的优惠待遇。五类农村银行业金融机构包括三类新设立的机构,两类现有机构。三类新型农村银行业金融机构是村镇银行、社区性信用合作组织和专营贷款业务的子公司,由商业银行和农村合作银行设立。两类现有机构,一是支持各类资本参股、收购、重组农村信用社,将农村信用社代办站改造为新型农村银行业金融机构;二是支持现有银行业金融机构在农村地区增设分支机构。

6.《银行业监督管理法》修订,银监机构获相关调查权

2006年10月31日,十届全国人大常委会第二十四次会议审议通过了《银行业监督管理法》修正案,修改后的《银行业监督管理法》

赋予银行业监管机构在依法对银行业金融机构进行检查时，有对与涉嫌违法事项有关的单位和个人进行调查的权力。《银行业监督管理法》是以法律形式确立的银行业监管机构对银行业金融机构以外调查权的延伸，不仅使银行业监管机构更能有效地履行监管职责，而且标志着我国银行业监管工作在法制化和国际化的轨道上又迈出了关键的一步。

7.股权分置改革基本完成，证券市场突破制度性障碍

暂停一年多的 IPO 于 2006 年 5 月 25 日重新启动，"中工国际"成为全流通 IPO 第一股。为了规范全流通背景下的收购行为，中国证监会公布了《上市公司收购管理办法》。在上市公司股权分置改革取得重大进展的基础上，沪深交易所从 10 月 9 日起，取消已完成股改公司的股票简称中的"G"标记，恢复原有股票简称。股权分置改革基本结束，中国证券市场从此突破了基础性障碍，摆脱了被边缘化的局面，开启了全流通时代。

8.股指及市值屡创新高，资本市场各项功能优化

沪深股市具有历史性意义的一幕在 2006 年出现。阔别 5 年 6 个月后，上证指数在 2006 年 12 月 14 日冲破 2001 年创下的历史高点，并屡创新高。得益于大市值公司不断加盟，中国内地股市规模迭创历史新高，A 股市场总市值规模已经从 2006 年上半年的 4 万多亿元快速膨胀到突破 9 万亿元的水平，资本化率从 20%迅速上升到 35%左右，经济晴雨表功能得到初步显现。

9.保险"国十条"颁布，未来保险业发展蓝图绘就

2006 年 5 月 31 日，温家宝总理主持召开国务院常务会议，讨论并原则通过《国务院关于保险业改革发展的若干意见》(简称保险"国十条")，并指出今后一个时期保险业改革发展的四大任务。6 月 26 日，《国务院关于保险业改革发展的若干意见》正式颁布。同日，保险工作座谈会召开，黄菊副总理做出重要批示，指出"经济越发展，社会越进步，保险越重要"，华建敏、吴定富出席会议并做讲话。在科学界定保险业在

整个经济社会发展中的定位的基础上,保险"国十条"提出了保险业改革发展的总体目标和主要任务,明确了中国特色保险业的发展方向、主攻重点和具体措施,描绘了未来一个时期保险业的发展蓝图。

10."交强险"正式实施,保险更深介入和谐社会构建

2006年3月28日,《机动车交通事故责任强制保险条例》颁布,自7月1日起,全国所有上道路行驶的机动车辆,包括汽车、摩托车和拖拉机,都应当在3个月内前往保监会指定的保险公司投保机动车交通事故责任强制保险(简称"交强险")。

2007年

1.中央经济工作会议提出"从紧"货币政策

2007年12月5日结束的中央经济工作会议明确提出了2008年要"实施稳健的财政政策和从紧的货币政策"。这是继中共中央政治局会议提出"要把防止经济增长由偏快转为过热、防止价格由结构性上涨演变为明显通货膨胀作为当前宏观调控的首要任务"之后,中央再次表明对防止经济过热、防止物价过快上涨的决心。这是中国10年来首次提出从紧的货币政策,已实施十年的稳健货币政策结束,货币政策由"稳健"直接改为"从紧",从紧的货币政策由此"全新登场",并在2008年的宏观调控中发挥重要作用。

2.六次加息、十次上调存款准备金率,央行宏观调控不断加力

2007年12月20日,央行宣布从12月21日起上调金融机构人民币存贷款基准利率,以贯彻中央经济工作会议确定的从紧货币政策,防止经济增长由偏快转为过热,防止物价由结构性上涨演变为明显的通货膨胀。此次调整后,一年期存款基准利率由3.87%提高到4.14%,贷款基准利率由7.29%提高到7.47%,其他各档次存、贷款基准利率相应调整。这是中国在2007年第六次上调存贷款基准利率。此外,央行还在此前连续十次上调存款准备金率,并使其达到历史最高14.5%。针对依然严峻的流动性过剩局面,央行宏观调控不断加力。

3.中国人民银行和银监会联合发文加强商业银行房贷管理

2007 年 9 月 27 日,中国人民银行和银监会联合发布了《关于加强商业性房地产信贷管理的通知》,从严格房地产开发贷款管理、住房消费贷款管理和商业用房贷款管理等方面进一步加强了对商业性房地产信贷的调控,引导个人住房消费与投资行为。12 月 5 日,为进一步贯彻落实《关于加强商业性房地产信贷管理的通知》,依据国家住房消费政策和相关规定,中国人民银行和银监会在充分听取有关部门和部分商业银行意见的基础上又联合下发了《关于加强商业性房地产信贷管理的补充通知》,就严格住房消费信贷管理的有关问题做出明确规定。

4.银监会调整放宽农村地区银行业金融机构准入政策

为解决农村地区银行业金融机构网点覆盖率不高、金融供给不足、竞争不充分等问题,2006 年年底,银监会发布了《关于调整放宽农村地区银行业金融机构准入政策 更好支持社会主义新农村建设的若干意见》(银监发[2006]90 号)。按照"低门槛、严监管"原则,引导各类资本到农村地区投资设立新型农村金融机构, 鼓励银行业金融机构到农村地区设立分支机构。2007 年,银监会新型农村金融机构试点工作全面推开。自 2006 年 12 月银监会调整放宽农村地区金融机构准入政策以来,已有 25 家新型农村金融机构开业, 其中村镇银行 13 家、贷款公司 4家、农村资金互助社 8 家。

5.银监会放宽银行系 QDII 投资范围,产品销量大幅提高

2007 年 12 月 17 日,银监会宣布,中、英两国金融监管部门已就商业银行代客境外理财业务做出监管合作安排, 中国的商业银行可代客投资于英国的股票市场以及经英国金融监管当局认可的公募基金。

截至 2007 年 10 月末, 共有 23 家中外资银行取得了银行 QDII 业务的开办资格。截至 2007 年 9 月末,QDII 总额度已经达到 421.7 亿美元,其中,21 家商业银行获得代客境外理财投资购汇额度 161 亿美元。QDII 制度正在发挥对外证券投资的重要作用,成为境内居民投资多元

化和分散风险的有效渠道。

6.中国被接纳为 FATF 正式成员,反洗钱国际合作取得重要进展

2007 年 6 月 28 日,金融行动特别工作组(FATF)全体会议以协商一致方式,同意中国成为该组织正式成员。这是继 2004 年中国加入欧亚反洗钱与反恐融资小组(EAG)之后,我国反洗钱国际合作的又一里程碑。以此为标志,中国的反洗钱、反恐融资工作开启了新的一页

7.商业银行"出海"步伐加快

中国工商银行 2007 年 10 月 25 日与标准银行集团有限公司("标准银行")联合宣布,双方已就股权交易和战略合作事宜达成协议。根据协议,中国工商银行将支付约 366.7 亿南非兰特(约 54.6 亿美元)的对价,收购标准银行 20%的股权,成为该行第一大股东。标准银行是南非乃至非洲规模最大的商业银行。此作为工行上市以来的最大一笔境外收购,无论从收购成本,还是从标准银行所处的地域范围来看,都称得上国际化进程的重要一步。2007 年 11 月 8 日,招商银行在纽约设立分行的申请获美联储批准,招商银行纽约分行获准设立,是招行发展史上的重要一步。招行纽约分行获批,表明招行自身经营管理状况达到了美联储的审批标准和要求,也标志着中国金融环境的改善,特别是银行业监管状况所发生的重大变化获得了国际认可。

8.基金业规模呈爆炸式增长,沪深两市总市值首超 GDP 总量

2007 年,基金产品创新有所推进,投资范围有所拓展,基金业资产净值总额猛增到 3 万多亿元,基金开户数超过 1 亿,基金深入千家万户。

9.大盘蓝筹股集体回归

2007 年成批的蓝筹股集体回归上市。大盘蓝筹股的回归,使中国诞生了一批大市值公司。中国石油 A 股上市后,一举成为全世界市值最大的公司。工商银行成为全球市值最大银行。中国人寿成为全球市值最大保险公司。

10."交强险"运行一年争议不断

备受关注的机动车交通事故责任强制保险费率调整听证会 12 月 14 日下午在京举行，这是我国金融业第一个全国性的听证会。听证会以"提保额、降保费"为主题，中国保险行业协会提出调整方案建议，责任限额由现行的 6 万元上调至 12 万元。此前，11 月 30 日，"交强险"首份盈亏报告出炉，根据中国会计准则，"交强险"首年财务报告汇总出现账面亏损 39 亿元，如按国际会计准则核算，则出现一定盈利。6 月 28 日，中国保监会会同公安部制定的《机动车交通事故责任强制保险费率浮动暂行办法》，经公开征求意见之后正式出台，"交强险"开始自 7 月 1 日起实行费率浮动。

2008 年

1.国务院常务会议研究部署金融促进经济发展九条政策措施

2 月 3 日，国务院总理温家宝主持召开国务院常务会议，研究确定了金融促进经济发展的政策措施。(1)落实适度宽松的货币政策，促进货币信贷稳定增长。(2)加强和改进信贷服务，满足资金合理需求。(3)加快建设多层次资本市场体系，发挥市场的资源配置功能。(4)发挥保险的保障和融资功能，促进经济社会稳定运行。(5)创新融资方式，通过并购贷款、房地产信托投资基金、股权投资基金和规范发展民间融资等多种形式，拓宽企业融资渠道。(6)改进外汇管理，大力推动贸易投资便利化。(7)加快金融服务现代化，全面提高金融服务水平。(8)加大财税政策支持力度，发挥财政资金的杠杆作用，增强金融业化解不良资产和促进经济增长的能力。(9)深化金融改革，完善金融监管体系，强化风险监测和管理，切实维护金融安全稳定。

2.货币政策由"从紧"转向"适度宽松"，央行连续降息

11 月 5 日，国务院总理温家宝主持召开国务院常务会议，明确决定，当前实行积极的财政政策和适度宽松的货币政策。11 月 26 日，央行决定下调金融机构一年期人民币存贷款基准利率各 1.08 个百分点。

同时下调中央银行再贷款、再贴现等利率。大型存款类金融机构和中小型存款类金融机构人民币存款准备金率分别下调1个百分点和2个百分点。12月22日，央行再次决定下调存贷款基准利率和存款准备金率，这是央行2008年第五次减息、第四次下调存款准备金率。此举旨在贯彻落实适度宽松的货币政策，保证银行体系流动性充分供应，促进货币信贷稳定增长，发挥货币政策在支持经济增长中的积极作用。

3.金融业全力支持中小企业破解融资难题

2008年年初以来，受原材料价格波动、出口退税率缩减、经济结构调整、自然灾害和人民币升值等因素影响，特别是受全球性金融危机影响，我国一些中小企业抗风险能力削弱，生产经营陷入困境。为防止出现大面积破产和失业潮，帮助中小企业渡过难关，促进经济增长，2008年5月，央行和银监会联合发布《关于小额贷款公司试点的指导意见》，推动有效配置金融资源，引导资金流向农村和中小企业。

4.金融业积极投身抗震救灾和灾后重建工作

2008年，我国相继发生了南方冰雪灾害和四川地震灾害，人民生命和财产遭受了巨大损失。灾害发生后，我国金融业高度重视并积极应对。1月底，正值现金投放旺季，部分地区交通严重受阻、中断，央行各分支机构立即采取措施，确保春节前现金供应工作。2月1日，央行就加大对抗灾救灾必要的信贷支持力度、做好群众灾后恢复生产和春耕备耕的各项金融服务等工作进行了部署。5月12日，四川汶川发生了8.0级特大地震，地震发生后不久，央行和银监会即发布了《关于全力做好地震灾区金融服务工作的紧急通知》，切实履行"六项服务承诺"，保证各项捐赠和救助资金及时到位；紧急布设服务网点，确保受灾群众在安置点就近获得银行服务；千方百计做好资金调度，采取灵活有效措施，确保受灾群众方便提取存款；尽快做好受灾群众金融权益调查、跟踪和确认工作，尽力保障客户存款和银行资金等重要信息的安全。在不到两个月时间里，银行业金融机构累计向四川等受灾地区发放救灾及灾后重建贷款超过 446 亿元,有力地支持了救灾与重建工作。

5.参与奥运,金融服务水平大幅提升

北京奥运会、残奥会期间,来自 204 个国家和地区的 1 万余名运动员、教练员和数以万计的外籍游客来到我国,我国金融业以优质的服务配合了北京奥运的完美举行。央行引领完善奥运支付环境建设,为提高金融服务水平打造操作平台;银监会系统全面部署奥运金融服务工作,统一建设了金融服务应急机制;中国银行业协会全面推进文明规范服务系列活动;各银行金融机构在网点建设、流程设计、服务创新、资源保障、系统安全、应急反应和人员培训方面做了大量卓有成效的工作。各经营机构服务意识进一步增强,服务环境进一步优化,服务设施进一步改善,服务流程进一步规范,服务效率进一步提高,全行业文明规范服务水平得到大幅度提升,充分展示了中国银行业良好的服务形象。国家外汇管理局也积极采取措施,就奥运期间外汇业务做好部署;银行业、证券业和保险业纷纷积极投身奥运金融服务并取得喜人成绩。

6.国有商业银行和政策性银行股份制改革取得新进展

11 月 6 日,汇金公司向中国农业银行注资 1300 亿元人民币等值美元,并持有农行 50%的股份,与财政部并列成为农行第一大股东。农行作为最后一家国有大型商业银行,股份制改革因此进入实质性阶段。12 月 6 日,根据国务院的决定,经中国银行业监督管理委员会批准,"国家开发银行股份有限公司"在京召开成立大会,标志着国家开发银行改革发展进入了新阶段,我国政策性银行改革取得重大进展。国家开发银行是我国首家进行商业化改革的政策性银行。成立股份有限公司是政策性银行股改的起点,是破冰之举。国家开发银行商业化改革为中国农业发展银行和中国进出口银行未来的改革提供了宝贵借鉴。

7.证券交易印花税由双边征收改为单边征收

改革中的中国金融

从 2007 年 10 月的 6124 点,到 2008 年的最低点 1600 多点,我国股市经历了前所未有的速降过程。在股市振荡、市场低迷之际,经国务院批准,财政部决定从 2008 年 9 月 19 日起,对证券交易印花税由双边征收改为单边征收,只对出让方按 1‰税率征收股票交易印花税,不再对受让方征收股票交易印花税。

8.中资银行实力增强,"出海"步伐加快

招商银行出资超过 300 亿港元收购香港有 75 年历史的家族制银行永隆银行,中国银行收购法国洛希尔银行股权案,标志着中资银行国际化中股权收购的展开。10 月 8 日,招商银行纽约分行开业。10 月 15 日,中国工商银行纽约分行在纽约曼哈顿设立。12 月 8 日,中国建设银行设立纽约分行的申请也获得美国联邦储备委员会批准。招行、工行、建行相继获准设立纽约分行,与中国银行业改革后银行盈利能力增强及自身体制健全深有关系。而在次贷危机重创华尔街之际,中资银行进军华尔街意义不凡。

9.中国保险保障基金有限责任公司挂牌

根据中国保监会、财政部、中国人民银行联合发布的《保险保障基金管理办法》,中国保险保障基金有限责任公司于 9 月份挂牌成立。该公司是由国务院批准成立的国有独资公司,属于非营利性企业法人,注册资本为 1 亿元人民币,董事会 9 名董事成员分别来自保监会、财政部、央行、国税总局、国务院法制办及 3 家保险公司。

10.汇金公司增持工、中、建三大行股票

从 9 月 23 日至 11 月 28 日,汇金公司通过上交所交易系统,避开上市公司业绩快报或定期报告发布前这一不得增持的时间段,轮番对工、中、建三行 A 股进行增持。据初步测算,汇金公司在此期间用于增持工行 A 股的资金约为 7.63 亿元,增持中行 A 股的资金约为 1.77 亿元,增持建行的资金约为 2.77 亿元,累计投入资金总计达 12.17 亿元。汇金公司持续的大幅增持行为,在市场低迷期间稳定了工、中、建三行的 A 股价格,并借助这三只股票在上证综指中的巨大权重,一定程度上扭转了大盘颓势,维护了市场的稳定。

2009 年

1.适度宽松的货币政策成效显著

2009 年 12 月 5 日在北京举行的中央经济工作会议明确:为保持宏观经济政策的连续性和稳定性,要继续实施适度宽松的货币政策。而过去一年的实践证明,在国际金融危机的重创下,实施适度宽松的货币政策,为经济发展创造了良好的货币信贷环境,充分发挥了货币政策在支持经济发展中的积极作用,是完全正确和及时有效的。

总体来看,适度宽松的货币政策得到了有效传导。2009 年 11 月末,广义货币供应量(M2)余额为 59.46 万亿元,同比增长 29.74%,增幅比上年年末高 11.92 个百分点。狭义货币供应量(M1)余额为 21.25 万亿元,同比增长 34.63%。2009 年 1 至 11 月份人民币各项贷款增加 9.21 万亿元,同比多增 5.06 万亿元;1 至 11 月人民币各项存款增加 12.63 万亿元,同比多增 5.32 万亿元。2009 年,货币信贷总量快速增长,信贷结构继续优化,对扭转经济增长下滑趋势、提振市场信心发挥了重要作用。

2.创业板开市,为中小企业发展插上腾飞的翅膀

2009 年 10 月 30 日,随着开市钟声的敲响,中国创业板首批公司上市仪式在深圳成功举行,创业板正式迎来了首批 28 家上市公司。酝酿了十年之久的创业板,终于登上了中国资本市场的舞台,自此我国多层次资本市场建设迈上新台阶,并给众多中小企业提供了更为广阔的实现梦想的舞台。

据了解,创业板首批 28 家公司的股票全天共成交 219.06 亿元,换手率均超过八成。28 只股票的平均发行市盈率高达 50 倍以上,经过上市首日的大幅上涨后,平均市盈率增至 100 倍以上,大约比沪市高 3 倍,比深市主板和中小板高 2 倍。截至 2009 年年末,第二批 8 家公司也已登陆创业板市场,第三批 6 家公司于 2009 年 12 月 25 日成功发行。

3.跨境贸易人民币结算试点启动,人民币迈出汇通天下重要一步

2009年7月2日,中国人民银行、财政部、商务部、海关总署、税务总局、银监会共同制定并发布了《跨境贸易人民币结算试点管理办法》,人民币迈出"汇通天下"重要一步。7月6日,首批跨境贸易人民币结算试点业务开通。

在全球金融危机影响不断扩散的情况下,为顺应国内外市场和企业的要求,保持我国与周边国家和地区的贸易正常发展,为企业提供更多便利,国务院决定在上海市和广东省广州、深圳、珠海、东莞四城市先行开展跨境贸易人民币结算试点工作,境外地域范围暂定为港澳地区和东盟国家,并要求人民银行会同有关部门尽快制定出台《跨境贸易人民币结算试点管理办法》。这样做有利于企业规避汇率风险,节约汇兑成本,有利于增强企业开拓国际市场的信心,更好地应对国际金融危机的影响,促进国际贸易回暖,确保我国对外贸易的稳定发展。

《跨境贸易人民币结算试点管理办法》的出台及跨境贸易人民币结算业务的开办标志着金融服务于实体经济,特别是对外贸易便利化又向前迈出了一大步。

4.银监会发布管理办法,推进商业银行投资保险公司股权试点

2009年11月26日,中国银监会发布《商业银行投资保险公司股权试点管理办法》,旨在稳步推进商业银行投资保险公司股权试点工作,促进银保深层次合作,进一步提高服务水平,提升银行业综合实力与国际竞争力。

5.商业银行不良贷款余额和比例保持"双降"

数据显示,截至2009年9月末,我国境内商业银行(包括国有商业银行、股份制商业银行、城市商业银行、农村商业银行和外资银行)不良贷款余额5045.1亿元,比年初减少558.0亿元;不良贷款率1.66%,比年初下降0.76个百分点。商业银行拨备覆盖率144.1%,比年初上升27.7个百分点。

2009年以来,在贷款高速增长的同时,银行业金融机构风险管控

不断加强。为了进一步加强监管,银监会先后颁布了《固定资产管理暂行办法》和《项目融资业务指引》,以及《商业银行流动资金贷款管理办法》、《个人消费贷款管理办法》、《商业银行资本充足率信息披露指引》。银监会对商业银行年底前信贷审慎风险管理提出三点要求,部署各商业银行按照审慎监管要求做好年底前的信贷风险管理工作。在一系列防范信贷风险措施的有效保障下,商业银行不良贷款余额和比例继续保持"双降"态势。

6.中小企业集合票据成功发行,企业直接融资之路越拓越宽

2009 年 11 月 13 日,北京市顺义区中小企业集合票据、山东省诸城市中小企业集合票据和山东省寿光市"三农"中小企业集合票据产品,通过银行间市场交易商协会的注册程序正式上线,标志着银行间市场中小非金融企业集合票据成功发行。中小企业集合票据的成功发行是银行间债券市场为缓解中小企业融资难、支持其进行直接债务融资的又一创新之举。

根据公开披露的信息,首批注册的三单集合票据产品是交易商协会根据市场需求,组织银行间市场成员继中期票据之后,推出的又一直接债务融资工具创新产品,为市场提供了一个全新的投资品种。值得一提的是,2009 年境内首单美元中期票据也成功登陆银行间市场,金融租赁公司和汽车金融公司也获准发行金融债券。上述市场创新产品的推出,不仅推动了企业直接融资的发展,有效发挥了市场资源配置功能,而且对促进金融市场的全面发展具有重要意义。

7.新《保险法》凸显对保险消费者权益保护

2009 年 10 月 1 日,十一届全国人大常委会第七次会议表决通过了新修订的《保险法》,并正式实施。新版《保险法》的保险合同章节调整最多,更强调维护投保人及被保险人的合法权益。

新《保险法》的一个重要亮点是,拓宽了保险资金运用的渠道。进一步完善了商业保险的基本行为规范和国家保险监管制度的主体框架,对于促进保险事业的长远健康发展具有重要意义。新《保险法》进一步

明确了保险公司的准入和运行规定，并在原版本基础上扩大了保险资金运用形式。首次明确"保险业和银行业、证券业、信托业实行分业经营、分业管理"，"保险公司与银行、证券、信托业务机构分别设立"等内容。针对财产保险的经营范围，新《保险法》增加了"保证保险"。

8.消费金融公司"试水"金融领域新"蓝海"

2009年8月13日，中国银监会正式发布了《消费金融公司试点管理办法》，启动了消费金融公司试点审批工作。

消费金融是向各阶层消费者提供消费贷款的现代金融服务方式。消费金融公司是经银监会批准，在中华人民共和国境内设立的，不吸收公众存款，以小额、分散为原则，为中国境内居民个人提供以消费为目的的贷款的非银行金融机构。此类专业公司具有单笔授信额度小、审批速度快、无需抵押担保、服务方式灵活、贷款期限短等独特优势。

设立消费金融公司这一新型金融机构不仅有利于促进国内消费需求增长，支持经济可持续发展，也有利于完善我的金融组织体系，丰富我的金融机构类型，促进金融产品创新。设立专业的消费金融公司，为商业银行无法惠及的个人客户提供新的可供选择的金融服务，有利于满足不同群体消费者不同层次的需求，提高消费者生活水平。

9.外汇储备突破2万亿美元，挑战与机遇并存

2009年9月末，国家外汇储备余额为22726亿美元，而在4月末，我国外汇储备余额已首次突破了2万亿美元，为20088.8亿美元。

亚洲金融危机之后，伴随着我国经济快速发展，我国的外汇储备节节攀升。2006年4月，中国外汇储备总额超过储备第一大国日本，跃居世界首位。同年11月，我国外汇储备首次突破1万亿美元，并保持全球第一外汇储备大国的地位。庞大的外汇储备对维护我国涉外经济金融安全、增强外汇管理对经济发展的服务功能、推动出口稳定增长、促进国际收支平衡起到重要作用。同时，巨额的外汇储备，也让我国在机遇面前面临挑战。

10.上海清算所"诞生",为银行间市场"护航"

2009年11月28日,"银行间市场清算所股份有限公司"在上海正式成立。作为专业化的、独立的清算机构,银行间市场清算所股份有限公司(即"上海清算所")主要为金融市场提供直接和间接的本外币清算服务。

银行间市场是我国金融市场体系的重要组成部分,在宏观调控、资金配置、价格形成和风险管理中发挥着日益重要的作用。近年来,银行间市场的快速发展客观上要求提供更加高效安全的清算服务。在2008年国际金融危机发生后,各国在控制金融交易风险方面达成共识,降低交易对手风险和进行有效监管是保证场外衍生品市场安全、有序发展的关键,而建立集中清算制度能够为此提供最有效的技术保障。

2010 年

1.货币政策由适度宽松转为稳健

2010年12月25日,中国人民银行宣布上调金融机构人民币存贷款基准利率,这既是中国人民银行2010年第二次加息,也是中央宣布实施稳健的货币政策以来的首次加息。这是央行对2011年年初可能加剧的通胀压力做出的前瞻性应对措施。自2010年年初以来,中国人民银行就根据新形势、新情况着力提高政策的针对性和灵活性,综合运用数量型工具和价格型工具,加强金融宏观调控,引导货币条件从应对危机状态稳步向常态回归。全年先后6次上调存款准备金率,2次上调存贷款基准利率,并灵活开展公开市场操作,引导金融机构合理把握信贷投放总量和节奏,支持经济发展方式转变和结构调整。

2.进一步推进人民币汇率形成机制改革

根据国内外经济金融形势和我国国际收支状况,中国人民银行决定进一步推进人民币汇率形成机制改革,增强人民币汇率弹性。在2008年国际金融危机最严重的时候,许多国家货币对美元大幅贬值,而人民币汇率保持了基本稳定,为抵御国际金融危机发挥了重要作用,为亚洲乃至全球经济的复苏做出了巨大贡献，也展示了我国促进全球经济平衡的努力。中国人民银行进一步推进人民币汇率形成机制改革，坚持以市场供求为基础，参考一篮子货币进行调节。继续按照已公布的外汇市场汇率浮动区间，对人民币汇率浮动进行动态管理和调节，保持人民币汇率在合理均衡水平上的基本稳定，维护宏观经济和金融市场稳定。

3.国有商业银行股份制改革完满收官

2010 年 7 月 15 日、16 日，中国农业银行分别在上海和香港两地成功上市，成为 A 股第三大上市公司、全球第七大上市银行，实现了向境内外大型公众持股银行的重大转变，国有商业银行股份制改革顺利收官。

4.跨境贸易人民币结算试点范围不断扩大

2010 年 6 月 17 日，中国人民银行、财政部、商务部、海关总署、国家税务总局、银监会联合签署《关于扩大跨境贸易人民币结算试点范围有关问题的通知》，通知显示，经国务院批准，跨境贸易人民币结算的试点地区将扩大到 20 个省份，而且不再限制境外地域，以进一步发挥人民币结算对贸易和投资便利化的促进作用。与此同时，货币互换国家也增加到 8 个，双边货币互换协议规模也在不断增加，为扩大使用人民币结算提供了资金来源。同年 10 月，新疆启动跨境贸易与投资人民币结算试点工作，成为首个开展跨境直接投资人民币结算试点的省区。12 月初，人民银行、财政部、商务部、海关总署、税务总局和银监会联合审定包括北京、天津、内蒙古等 16 个省（自治区、直辖市）共计 67359 家企业参加出口货物贸易人民币结算试点。这些试点企业自 2010 年 12 月 3 日起可按照《跨境贸易人民币结算试点管理办法》开展出口货物贸易人民币结算试点，按照相关规定办理出口报关手续，并享受出口货物退（免）税政策。实践证明，人民币跨境贸易结算在帮助企业度过国际金融危机、支持经济金融对外开放、促进对外贸易稳定增长方面发挥了重要作用。

5.银监会加强对地方融资平台和房地产信贷管控

银行业认真贯彻落实财政部、发展改革委、人民银行、银监会 2010 年 8 月联合颁发的《关于贯彻〈国务院关于加强地方政府融资平台公司管理有关问题的通知〉相关事项的通知》精神，按照银监会"逐包打开、逐笔核对、重新评估、整改保全"的要求，全面启动地方政府融资平台公司的清理工作，防范化解地方融资平台信贷风险。银监会引导督促银行业强化微观审慎管理，防止信贷资金被挪用于实体经济之外。同时，银监会督促银行业金融机构坚决贯彻、认真落实党中央、国务院各项房地产市场调控政策，提出完善差别化的住房信贷政策，调节和引导住房需求。对贷款购买商品住房，首付款比例调整到 30% 及以上；对贷款购买第二套住房的家庭，严格执行首付款比例不低于 50%、贷款利率不低于基准利率 1.1 倍的规定；暂停发放居民家庭购买第三套及以上住房贷款，坚决遏制房地产市场投机行为。

6.股指期货交易启动

2010 年 1 月 8 日，国务院批复同意推出股指期货新品种；3 月 26 日，证监会正式批复中金所同意股指期货于 4 月 16 日起正式上市交易；4 月 8 日，中金所举行了股指期货上市启动仪式；4 月 16 日，股指期货正式上市交易。股指期货交易的正式推出，标志着中国 A 股市场结束了单边市，迎来"做空"时代。

7.国际货币基金组织通过份额改革方案，我国份额占比排名跃居第三

国际货币基金组织执行董事会（以下简称"执董会"）于北京时间 2010 年 11 月 6 日 7 时 30 分就份额和治理改革一揽子方案达成一致。根据该方案，我国份额占比将增加 2.398 个百分点，达到 6.394%，排名从并列第六跃居第三。执董会是代表 187 个成员国的基金组织日常决策机构，由 24 个执董组成。在获执董会通过后，份额和治理改革一揽子方案生效还需满足一些条件，其中最主要的是该方案以多数票获理事会通过后，还需通过多数成员国国内立法机构的审批。

改革中的中国金融

8.银行业全面贯彻落实"三个办法、一个指引"贷款新规

继 2009 年颁布《固定资产贷款管理暂行办法》、《项目融资业务指引》后,银监会又于 2010 年 2 月颁布了《流动资金贷款管理暂行办法》和《个人贷款管理暂行办法》。

上述被称为"三个办法、一个指引"贷款新规的相继颁布,初步构建和完善了我国银行业金融机构的贷款业务法规框架,有利于银行业金融机构实现信贷的精细化管理,进一步规范和强化贷款风险管控。

9.支付体系建设取得显著成效

为促进支付服务市场健康发展,规范非金融机构支付服务行为,防范支付风险,保护当事人的合法权益,2010 年 6 月 21 日,中国人民银行对外发布了《非金融机构支付服务管理办法》,12 月 1 日出台了《非金融机构支付服务管理办法实施细则》,对首批提出申请并符合条件的非金融机构准备颁发《支付业务许可证》。为进一步完善支付清算基础设施,中国人民银行于 2010 年 8 月底建成运行网上支付跨行清算系统(俗称"超级网银"),为商业银行网上支付业务的跨行清算及业务创新提供了公共平台,有效支持并促进了电子商务的发展,减轻了银行柜台服务压力。2010 年 6 月 28 日,人民银行电子商业汇票系统在全国范围内推广上线运行,接入电子商业汇票系统的机构共计 316 家,网点 64681 个,完成了电子商业汇票系统的全国推广,推动形成全国统一、规范、高效的票据市场。

10.保险投资渠道全面放开

2010 年 8 月 5 日,保监会发布《保险资金运用管理暂行办法》,明确了保险资金运用的原则、目的、运作模式、风险管控和监督管理。针对新《保险法》中放开的不动产投资和股权投资两大渠道,首次明确了投资比例上限。8 月 11 日,保监会发布《关于调整保险资金投资政策有关问题的通知》,制定了相配套的投资政策细则。9 月 3 日,保监会同时发布《保险资金投资不动产暂行办法》和《保险资金投资股权暂行办法》,明确表示允许保险资金投资不动产和未上市企业股权。

2011 年

1.稳健货币政策取得明显成效

2011 年,中国人民银行按照国务院统一部署,围绕保持物价总水平基本稳定这一宏观调控的首要任务,实施稳健的货币政策,综合、交替使用数量型和价格型工具以及宏观审慎政策工具,6 次上调存款类金融机构人民币存款准备金率共计 3 个百分点,3 次上调金融机构人民币存贷款基准利率,灵活开展公开市场操作,实施差别准备金动态调整机制,加强流动性管理,引导货币信贷增长平稳回调,保持合理的社会融资规模,引导金融机构着力优化信贷结构。在多项调控措施的综合作用下,货币信贷增长进一步向常态回归,保持了物价总水平的基本稳定,在管理通胀预期方面取得了明显成效。在经济增速放缓、物价上涨压力减缓的背景下,2011 年 11 月 30 日,中国人民银行决定,从 2011 年 12 月 5 日起下调存款类金融机构人民币存款准备金率 0.5 个百分点。

2.加入世界贸易组织十周年,中国金融业实现跨越式发展

加入世贸组织十年来,中国金融业逐步履行对外开放的承诺,坚持改革开放,金融业总资产大幅增长,资本实力、资产质量和经营效益不断提高,金融机构已从单一走向多元,形成多种形式并存、功能互补、协调发展的多样化体系。从 2001 年年底到 2006 年年底,中国银行业开始按照承诺,积极主动地实施各项自主开放措施,稳步实施对外开放。从 2006 年年底以后至今,过渡期结束,中国银行业取消了对外资银行经营的地域限制、客户限制和其他非审慎性限制,在承诺基础上对外资银行实行国民待遇,人民币业务对外资银行全面开放。十年来,中国证券业在行业规模、产业结构布局、治理方法和监管制度等方面基本具备了一个相对完整的现代金融行业形态。证券公司在定向增资、上市融资、引入战略投资者、增加公积金和风险准备金等政策支持下,不断充实资本,完善资本补充机制,加速行业整合和外延式发展。按照承诺,中国保

险业于 2003 年年底放开了对外资保险公司的所有业务限制,实现了全面对外开放,成为我国金融系统开放最早、开放程度最高的行业,目前中国已成为全世界最重要的新兴保险大国。

3.社会融资规模成为宏观监测的重要指标之一

2011 年 4 月 14 日,中国人民银行首次对外公布我国社会融资规模。社会融资规模指标将除贷款外的其他融资,即金融机构表外融资业务如银行承兑汇票、委托贷款、信托贷款等以及直接融资都纳入统计范畴。较长时期以来,我国宏观调控重点监测和分析的指标是 M2 和新增人民币贷款。近年来,随着我国金融市场快速发展,金融与经济关系发生较大变化。金融市场和产品不断创新,金融结构多元发展,证券、保险类机构对实体经济资金支持加大, 对实体经济运行产生重大影响的金融变量不仅包括传统意义上的货币与信贷,也包括信托、债券、股票等其他金融资产。因此,中国人民银行推出了新的中间指标即社会融资规模来全面反映金融与经济的关系。

4.推进跨境人民币业务均衡发展

2011 年 8 月 22 日,中国人民银行会同五部委发布《关于扩大跨境贸易人民币结算地区的通知》,将跨境贸易人民币结算境内地域范围扩大至全国, 发生人民币实际收付业务的境外国家和地区也扩大到 148 个。同时,旨在解决人民币回流问题的境外直接投资人民币和外商直接投资人民币结算试点也进展顺利。2011 年 1 月 13 日,中国人民银行发布《境外直接投资人民币结算试点管理办法》,跨境贸易人民币结算试点地区的银行和企业可开展境外直接投资人民币结算试点。2011 年 10 月 14 日, 中国人民银行发布《外商直接投资人民币结算业务管理办法》,允许境外企业和经济组织或个人以人民币来华投资,境外人民币直接投资正式出台。2011 年前三个季度,中国各地人民币对外直接投资结算逾 108 亿元,自试点以来累计结算 243 亿元;人民币外商直接投资自试点以来累计结算金额超过 608 亿元。2011 年 8 月 3 日,中国银行在赞比亚首都卢萨卡正式推出人民币现钞业务, 成为首家在非洲推出现钞业务的商业银行,这项全新的人民币业务可以为"走出去"的企业提供更便捷的金融服务和支持。

5.银行业新监管标准的政策框架初步形成

2011年5月3日,中国银监会发布《中国银行业实施新监管标准指导意见》,明确了资本充足率、杠杆率、流动性、贷款损失准备的监管标准,并根据不同机构情况设置差异化的过渡期安排,初步形成了我国银行业实施新监管标准的政策框架。为了督促没有达到监管要求的银行业金融机构降低杠杆化程度,提高稳健经营水平,并控制银行体系的杠杆化程度和系统性风险,2011年5月20日,中国银监会发布《商业银行杠杆率管理办法(征求意见稿)》,明确了杠杆率监管的基本原则、杠杆率的计算方法和监督管理等,并按照中国银监会关于监管新标准统一规划实施差异化的过渡期安排。对于杠杆率低于最低监管要求的商业银行,该办法明确了中国银监会可以采取的纠正措施。

6.金融部门多措并举,加强中小微企业金融服务

2011年,中小微企业生产经营和融资情况引起了社会各界的广泛关注。金融部门多措并举,加强中小微企业金融服务,对中小微企业的金融支持力度不断增强。中国人民银行按照2010年6月印发的《关于进一步做好中小企业金融服务工作的若干意见》,加强信贷政策指导,引导督促金融机构全方位提升金融服务,确保中小企业贷款合理增长。2011年6月7日,中国银监会发布《关于支持商业银行进一步改进小企业金融服务的通知》,通过差别化的监管和激励政策支持商业银行进一步加大对小企业的信贷支持力度。10月11日,中国银行出台了十项措施支持小微企业发展。10月12日,国务院召开常务会议,研究确定支持小型和微型企业发展的金融、财税政策措施。10月24日,中国银监会发布《关于支持商业银行进一步改进小型微型企业金融服务的补充通知》。11月4日,国内首批两只区域集优中小企业集合票据——广东佛山、山东潍坊区域集优中小企业集合票据成功发行,为中小企业融资提供了一种新的模式。

改革中的中国金融

7.证券期货稽查执法力度加大

2011 年以来，中国证监会加大了证券期货稽查执法力度，截至 2011 年 11 月末，共获取各类案件线索 245 件,立案调查 82 起,其中内幕交易案件占据多数。同期监管部门还做出了 50 项行政处罚决定和 7 项市场禁入决定,罚没金额总计 3.35 亿元。2011 年前 11 个月,中国证监会共获取各类案件线索 245 件。针对以上所有线索,中国证监会都做了仔细的核实和调查,并在核实基础上立案调查案件 82 起,其中内幕交易 39 起,市场操纵 9 起,上市公司信息披露违规 10 起;启动非正式调查 105 起,其中内幕交易 63 起,市场操纵 10 起,上市公司信息披露违规 14 起。从查处案件类型看,市场违法违规行为主要集中在内幕交易、市场操纵和信息披露违规方面,上述三类案件占比 77%,其中内幕交易占比最高,超过 50%。随着刑事立法和司法解释的逐步完善,中国证监会配合有关方面进一步加大了对违法违规行为的刑事追责力度。近年来,中国证监会不断加大证券期货稽查执法工作力度,查处了"绿大地"、"天山纺织"、李旭利涉嫌"老鼠仓"等一系列影响广泛的大案要案,许多涉案人员受到了应有的司法处理。

8.第三方支付正式进入监管时代

2011 年 5 月 26 日，中国人民银行公布了获得第三方支付牌照的首批企业名单,27 家第三方支付公司获得首批《支付业务许可证》。8 月 31 日,又有 13 家第三方支付企业获得中国人民银行颁发的支付牌照。第三方支付是指一些和国内外各大银行签约并具备一定实力和信誉保障的第三方独立机构提供的交易支持平台。第三方支付公司通过与银行的商业合作,以银行的支付结算功能为基础,向政府、企业、事业单位提供中立的、公正的、面向其用户的个性化支付结算与增值服务。为规范国内第三方支付行业发展, 央行规定第三方支付企业必须获得支付牌照后才能进行商业运营,否则自 2011 年 9 月 1 日起将被禁止继续从事支付业务。6 月 21 日,中国人民银行发布《非金融机构支付服务业务系统检测认证管理规定》,要求非金融机构在申请《支付业务许可证》前

6 个月内对其业务系统进行检测认证。

9.地方债从中央代理走向自行发债

2011 年 10 月 20 日,财政部网站发布《2011 年地方政府自行发债试点办法》的通知。经国务院批准,2011 年上海市、浙江省、广东省、深圳市四省(市)开展地方政府自行发债试点。自行发债是指试点省(市)在国务院批准的发债规模限额内,自行组织发行本省(市)政府债券的发债机制。11 月 15 日,上海市财政局招标发行总额为 71 亿元人民币的上海市地方政府债。11 月 18 日,广东省第一期、第二期地方政府债正式招标,两期债券的发行规模为 69 亿元。11 月 21 日,浙江省成功招标发行 67 亿元政府债券。11 月 28 日,深圳市发行总额为 22 亿元的地方政府债券。至此,沪、粤、浙、深四地试点自行发债全部完成,这也标志着 2011 年 2000 亿元地方债发行收官。

10.车险费率市场化改革提速

2011 年 9 月 23 日,中国保监会下发《关于加强机动车辆商业保险条款费率管理的通知(征求意见稿)》,预示着新一轮车险费率市场化改革开始启动。该《征求意见稿》根据分类监管的理念,对不同的保险公司规定了差别化的车险产品开发机制。车险费率逐步市场化对保险公司经营成本控制、后方运营、精算管理等提出了更高的要求,对于消费者来说,市场化的推行将使消费者拥有更多选择。但由于车险费率涉及的层面较多,数据和操作都十分复杂,所以具体的实施时间目前仍没有定论。10 月 10 日,中国保监会《关于加强机动车辆商业保险条款费率管理的通知(征求意见稿)》向社会公开征求意见。

参考文献

[1]孙宝祥.货币政策传导效应研究.长沙:湖南大学出版社,2007.

[2]中国人民银行货币政策司.2006—2011年货币政策大事记. http://finance.tom.com.

[3] 李礼辉. 从金融危机到经济衰退:全球面临巨大挑战. 金融时报,2008-12-30.

[4]周小川. 坚定不移地推进利率市场化改革. 中国人民银行. http://www.sina.com.cn/,2011-01-04.

[5]巴曙松. 中央经济工作会议提出"从紧"货币政策. http://bashu-songblog.blog.163.com,2007-12-24.

[6]温家宝. 政府工作报告,2011-03-16.

[7] 庄乾志. 中国银行业的国际化发展战略研究. 城市金融论坛, 2008(5).

[8]蒋民生等.金融监管理论与务实.长沙:湖南人民出版社,2004.

[9]谢平等.中国商业银行改革.北京:经济科学出版社,2002.

[10]邹沛江. 国有商业银行股份制改革的思考. 现代商业,2010(1).

[11]中国国有商业银行股份制改革实践——唐双宁副主席在华盛顿"国有金融角色"论坛上的演讲. http://www.law-lib.com,2004-04-26.

[12]中国人民银行. 中国货币政策执行报告. http://www.pbc.gov.cn.

[13]谢平. 国有商业银行股份制改革历史和理论逻辑. 中国金融40人论坛. http://www.cf40.org.cn/plus/view.php?aid=3863,2011-04-10.

[14]郑安楚,黄旋.政府注资与国有商业银行改革.江西社会科学,2007(07).

[15] 周小川.关于国有商业银行改革的几个问题.金融时报,2004年5月31日.

[16] 连平.历史性的跨越——中国银行业深化股份制改革的成果和展望.经济日报,2009年1月21日.

[17]李扬.中国金融改革开放30年研究.北京:经济管理出版社,2008.

[18]中国银行国际金融研究所课题组.新一轮市场化改革——"十二五"金融改革热点探讨.北京:人民出版社,2010.

[19]李强.中国证券市场规则:改革与创新.上海:上海社会科学院出版社,2011.

[20] 熊志刚.我国证券发行监管制度研究与思考.内江科技,2009(4).

[21] 赵晶晶.创业板市场投资风险与对策分析.知识经济,2011(19).

[22]雷增收.我国股票发行制度缺陷及完善对策.中小企业管理与科技,2011(11).

[23]汪建,康意,王国军等.后金融危机时代保险业的风险防范与战略选择.北京:法律出版社,2009.

[24]辜胜阻,易文.我国《保险法》第二次修订的立法精神.保险研究,2009(2).

[25] 霜晨月.新《保险法》主要修订内容、影响与应对.http://zmsz8888.blog.163.com/blog/static/376367262010026105454380/,2010-01-26.

[26]张俊岩.《保险法》热点问题讲座.北京:中国法制出版社,2009.

[27]江玲河.解读新《保险法》的三大焦点.河南科技,2009(10).

[28]胡滨.《保险法》修订及其对中国保险业的影响.金融与经济,2009(8).

[29]梁鹏. 从新《保险法》看如何保护消费者利益. http://money.stockstar.com/JL2009091800001293.shtml

[30]张欣男. 新《保险法》实施 车险有新变化.华西都市报—四川在线,2009-10-22.

[31]张谊. 理赔更合理——新《保险法》条款更倾向车主.汽车保险,2009(12).

[32]解元利. 新《保险法》10 月起实施 车险理赔更人性化.大河报,2009 年 10 月 15 日.

[33]周洋. 保险法典.北京:法律出版社,2011.

[34]孙祁祥,郑伟,王国军等.保险制度与市场经济——历史理论与实证考察.北京:经济科学出版社,2009.

[35]郁青峰. 新《保险法》在保险业法方面的主要修改内容探析.上海保险,2009(4).

[36]戚祥浩. 中国人民银行温州市中心支行发布《温州民间借贷市场报告》.http://www.wenzhou. gov.cn/art/2011/8/12/art_3906_175835.html,2011-08-12.

[37]人民银行南昌中心支行金融研究处课题组. 当前民间融资发展状况的调研报告.金融与经济,2008(11).

[38]莒娜. 论民间融资的规范化发展. 经济研究导刊,2007(2).

[39]张水平. 罗虚戴尔原则和我国农村金融生态建设的方向.科技和产业,2007(9).

[40]曹惠玲. 我国中小企业融资与民间金融问题研究.苏州大学硕士论文,2007.

[41]张立先. 我国民间借贷法律风险及防范路径研究. 金融发展研究,2009(1).

[42]文静. 民间融资法律规制研究. 苏州大学硕士论文,2010.

[43]金诚. 我国小额贷款公司可持续发展研究——以镇江市 A 小额贷款公司为例. 江苏大学硕士论文,2010.

[44]汪合黔. 创新与发展中的小额贷款公司. 北京:北京师范大学出版社,2010.

[45]滕云. 我国民间金融的监管问题研究. 现代商业,2010(11).

[46]卜亚. 银行业金融产品创新:现状、效应与策略. 技术经济与管理研究,2010(5).

[47]张艳. 创新金融工具的风险防范研究. 财经界,2011(8).

[48]石睿. 金融创新、金融风险与金融稳定的理论分析. 南方金融,2011(6).

[49]雍灏. 基于全面风险管理框架的金融产品创新关键风险研究. 浙江大学博士学位论文,2008.

[50]郑国英. 中国商业银行银行产品创新演化研究. 浙江大学博士学位论文,2009.

[51]付金环. 我国商业银行产品创新策略研究. 天津财经大学硕士论文,2010.

[52]姚良. 次贷危机下我国商业银行金融产品创新风险防范. 上海经济研究,2009(10).

[53] 张健. 对我国当前金融创新问题的思考. 山东社会科学,2008(9).

[54] 巫文勇. 基于金融混业经营视角重新审视金融创新与金融风险. 商场现代化,2009(8).

[55] 史梦琪. 浅谈我国商业银行金融业务创新. 中国市场,2010(52).

[56] 郭阳辉. 商业银行金融工具创新与应用. 山东大学硕士论文,2010.

改革中的中国金融

[57]夏斌. 中国金融创新总体评价. 调查研究报告, 2003(121).

[58]王大力. 证券创新三条主线. 新理财, 2011(4).

[59]刘邱金. 后危机时代我国金融衍生产品市场发展思路. 商业时代, 2011(19).

[60]宋健. 近期证券行业创新业务点评:以创新改变被动的业务状况. http://money.stockstar.com/JI2010052100013906.shtml

[61]2006—2007 中国证券业发展研究年度报告. 中国研究报告网, http://www.a8m.cn/2007-02/2006_2007zhengquanyefazhanyanjiu390Bao-Gao.html, 2007-02-27

[62]郑云娟, 陈东胜. 证券公司自主创新方式. 国信证券发展研究总部研究课题, 2008.

[63]林伟光. 保险产品创新的博弈:理论综述及政策建议. 华南农业大学学报(社会科学版), 2010(3).

[64]袁磊. 论后金融危机时代我国保险产品的创新. 保险职业学院学报, 2010(6).

[65] 许闲. 中国保险市场金融工具创新的现状与发展. 南方金融, 2009(4).

[66]中国银行业监督管理委员会 2006 年报. http://www.cbrc.gov.cn

[67]中国银行业监督管理委员会 2007 年报. http://www.cbrc.gov.cn

[68]中国银行业监督管理委员会 2008 年报. http://www.cbrc.gov.cn

[69]中国银行业监督管理委员会 2009 年报. http://www.cbrc.gov.cn

[70]中国银行业监督管理委员会 2010 年报. http://www.cbrc.gov.cn

[71]中国证券监督管理委员会年报(2007). http://www.csrc.gov.cn

[72]中国证券监督管理委员会年报(2008). http://www.csrc.gov.cn

[73]中国证券监督管理委员会年报(2009). http://www.csrc.gov.cn

[74]中国保险监督管理委员会 2006—2011 年统计数据, 中国保险监督管理委员会, http://www.circ.gov.cn

[75] 贺立平. 银行业开放趋势及对中国金融的影响. 国际金融研究, 2007(3).

[76] 陆福强. 中国企业国际化经营竞争战略分析. 企业导报, 2010(4).

[77]洪斌, 郭自云. 中国企业国际化的模式分析和战略新思维. 中国商贸, 2010(1).

[78] 陈秀良. 中国商业银行国际化经营路径探析. 西南金融, 2009(5).

[79] 李东栋. 我国中小企业国际化经营战略问题及对策. 企业导报, 2009(3).

[80] 凌慧珊. 人民币开启国际化破冰之旅. http://information-times. ayoo. com / htmL/2008—12/17/content. 412031. htm, 2008-12-20.

[81]王云. 中日韩将探讨联手救韩元. 经济参考报, 2008-12-12.

[82]王泰平. 中日韩合作迈入新阶段. 半月谈, 2009-01-12.

[83]马继鹏. 中日韩扩大货币互换规模应对危机. 国际金融报, 2008 年 12 月 16 日.

[84]郑宝银, 林发勤. 中韩两国贸易的均衡分析. 亚太经济, 2009(2).

[85]扬涛. 人民币国际化尚处于萌芽阶段. 四大难题有待破解. 半月谈, 2009 年 2 月 10 日.

[86]张瑜. 人民币国际化路线图. 瞭望东方周刊, 2009(16).

[87]Craigk Elwell. The Dollar's Future as the World's Reserve Currency:The Challenge of the Euro. Specialist in Macroeeonomics Government and Finance Division, 2007(6).

[88]周星. 关键是解决好人民币回流问题. 第一财经日报, 2009 年 4 月 1 日.

改革中的中国金融

[89]闵娟.人民币国际化研究综述及建议.沿海企业与科技,2008 (11).

[90]陈红泉,曹龙骐. 跨境贸易人民币结算试点与港澳人民币业务. 广东金融学院学报,2009(6).

[91] 肖岳. 推进粤港人民币结算业务的思考. 中国外汇,2009 (5).

[92]胡怀邦. 中资银行国际化问题. 中国金融,2009(6).

[93] 周小川. 关于改革国际货币体系的思考. http://www. pbc. gov. cn/detail asp?col=4200&id=279.

[94]左香乡,李连友. 人民币对美元汇率波动的实证检验. 湖南师范大学社会科学学报,2008(5).

[95]刘骏民,张云. 流动性膨胀下的中国困境与解决方案.改革, 2008(1).

[96]南开大学虚拟经济与管理研究中心课题组. 人民币国际化研究报告. 深圳:第四届全国虚拟经济研讨会,2006.

[97]南开大学虚拟经济与管理研究中心课题组. 金融危机、美元危机与人民币. 天津:第五届全国虚拟经济研讨会,2008.

[98]刘骏民,宛敏华. 经济虚拟化下的呆坏账问题研究. 经济与管理研究,2009(6).

[99]雷达,赵勇. 中国资本账户开放程度的测算. 经济理论与经济管理,2008(5).

[100]宋芳秀,李庆云. 美元国际铸币税为美国带来的收益和风险分析. 国际经济评论,2006(7)、(8).

[101]刘昌黎. 全球外汇储备迅速增加和东亚外汇储备过剩和运用问题. 世界经济研究,2006(3).

[102]刘昌黎. 论日本外汇储备过剩及运用的问题与出路. 太平洋学报,2006(2).

[103]刘昌黎. 美国美元流出流入循环的困境与中国的对策. 国际贸易,2008(9).

[104]陈雨露,王芳,扬明. 作为国家竞争战略的货币国际化:美元的经验证据——兼论人民币的国际化问题. 经济研究,2005(2).

[105]赵春明,李小瑛. 东亚货币合作与人民币核心货币地位探悉. 当代亚太,2007(2).

[106]戴慧. 上海合作组织区域经济合作的进程与前景分析. 吉林华侨外国语学院学报,2008(1).

[107]贾俐贞. 构建上海合作组织自由贸易区的战略思考. 俄罗斯中亚东欧研究,2007(1).

[108]陆峰. 中国证券市场国际化实证分析.青海金融,2009(5).

[109]王振宇.QDII 打造中国证券市场国际化地位.财经纵横,2007(10).

[110] 余文建等.中国金融市场国际化研究.区域经济研究,2009(11).

改革中的中国金融

后 记

经过一年多的不懈努力,《改革中的中国金融》一书终于完稿,得以呈献给读者,这实在是一件令人欣慰的事。此书问世于初夏,正是万物蓬勃生长之时,中国金融业的改革,亦如大地郁郁葱葱的树木,在探索中不断成长并渐趋成熟,一幅充满希望的蓝图正在广大从事金融理论研究和实际工作的人们面前展现。

早在 14 年前,我们共同撰写了《改革中的中国金融》,12 年前出版了共同心血《改革中的中国金融》(续),6 年前又出版了《改革中的中国金融》(第三卷)。这 3 本书分别是 1995—1996 年、1997—1999 年和2000—2005 年 3 个不同时段的阶段性重要金融史料和部分研究报告。2006 年以来,中国金融业改革力度显著加大,改革不断向纵深发展,在复杂的改革进程中,需要探讨的问题繁多。工作之余,大家一起研究思考,友情加深,学识增长,还著成一书,收获了意外的惊喜。

本书体系构架由石莉萍、方林佑负责设计拟定, 具体撰写分工如下:第一章由孙宝祥、朱清伟撰写,第二章由曾赛红、陈颖、邹浩撰写,第三章由胡玉明撰写,第四章由刘亚琳、张笑言撰写,第五章由杨柳明、王剑、朱清伟撰写,第六章由石莉萍、赵山儿撰写,第七章由颜家水撰写,第八章由邹浩撰写,附录"2006—2011 中国主要货币政策"和"2006—2011 中国金融大事记"分别由孙宝祥、朱清伟搜集整理。本书由石莉萍、孙宝祥审阅,全书由石莉萍总纂。

书稿付梓之时,想起为此书付出巨大心血的各位同仁,感激之情油然而生。特别是方林佑教授,对整个写作过程高度关注,及时给予多方面的指导，提升了本书的层次和水平。还有为本书出版付出了大量心血的各位编辑，他们的敬业努力也让我们感动。此外，本书在撰写过程中还参考了众多文献，广泛汲取了多方面的智慧，我们在参考文献中已一一列出，在此也予以感谢。

　　由于作者水平有限，书中错误、遗漏之处，敬请读者批评指正。

石莉萍

2012 年 8 月